拿破仑的第一骑兵

法国元帅缪拉传

[英]安德列·希利亚德·安特里奇 著

卡佩 译

台海出版社

图书在版编目（CIP）数据

拿破仑的第一骑兵：法国元帅缪拉传 /（英）安德
列·希利亚德·安特里奇著；卡佩译 . -- 北京：台海
出版社，2017.10（2024.9 重印）
　　ISBN 978-7-5168-1538-0

　　Ⅰ.①拿… Ⅱ.①安… ②卡… Ⅲ.①阿基姆·缪拉
－传记 Ⅳ.① K835.655.2

中国版本图书馆 CIP 数据核字 (2017) 第 211368 号

拿破仑的第一骑兵：法国元帅缪拉传

著　　者：[英] 安德列·希利亚德·安特里奇　　译者：卡佩

责任编辑：阴　鹏　　　　　　　　策划制作：指文文化
封面设计：周　杰　　　　　　　　责任印制：蔡　旭

出版发行：台海出版社
地　　址：北京市东城区景山东街 20 号　　邮政编码：100009
电　　话：010 － 64041652（发行，邮购）
传　　真：010 － 84045799（总编室）
网　　址：www.taimeng.org.cn/thcbs/default.htm
E - mail：thcbs@126.com

经　　销：全国各地新华书店
印　　刷：重庆长虹印务有限公司
本书如有破损、缺页、装订错误，请与本社联系调换

开　　本：787mm×1092mm　　　　1/16
字　　数：274 千　　　　　　　　印　张：16
版　　次：2017 年 9 月第 1 版　　印　次：2024 年 9 月第 2 次印刷
书　　号：ISBN 978-7-5168-1538-0

定　　价：79.80 元

目录

1 ── 译者序

3 ── 来自卡奥尔的骑兵 1767 年—1795 年

18 ── 意大利战役 1796 年—1798 年

32 ── 埃及和叙利亚 1798 年—1799 年

47 ── 雾月政变和马伦戈会战 1799 年—1800 年

60 ── 在意大利的指挥官 1800 年—1801 年

75 ── 在米兰的总司令 1801 年—1803 年

87 ── 巴黎总督 1803 年—1805 年

102 ── 乌尔姆战役和奥斯特里茨 1805 年

118 ── 贝格大公 1806 年

128 ── 帝国骑兵 1806 年—1807 年

144 ── 野心 1807 年—1808 年

153 ── 马德里暴乱 1808 年

170 ── 若阿基姆·拿破仑,那不勒斯国王 1808 年—1812 年

188 ── 俄罗斯战役 1812 年

204 ── 裂痕 1812 年—1813 年

218 ── 阵营与抉择 1813 年—1814 年

232 ── 与奥地利作战 1815 年

248 ── 附录 若阿基姆·拿破仑·缪拉遗骨寻踪

250 ── 译后记

译者序

若阿基姆·缪拉,拿破仑的骑兵统帅、那不勒斯国王。

若阿基姆·缪拉的命运可谓是与拿破仑关系最为密切,他不仅是娶了皇妹的元帅,更是帝国的骑兵统帅、贝格大公和那不勒斯的国王。他是拿破仑第一批封帅名单中的第二位,这足以看出缪拉在拿破仑心中的地位。国内读者了解拿破仑时代时,更愿意将目光投到皇座之上、手握权杖的拿破仑身上,而那些曾经成就并簇拥他的一众将领则少有人注意。

传记主人公缪拉,早年在波拿巴将军夺权的道路上发挥了关键作用,又在后来帝国一场又一场的胜仗中发挥举足轻重的作用。他出身宗教学校,尽管饱经战火,内心却敏感而善良;他衣着华丽,但在炮火密集的战场却如参加舞会般从容。缪拉也充满野心,他想成为国王,他想被他敬爱的皇帝欣赏,他也想让他的国民爱戴他,这些因素促成了缪拉与拿破仑前期的矛盾。1812年后,帝国岌岌可危,缪拉考虑得最多的已不再是拿破仑的帝国,而是自己的王位,这导致了他与拿破仑的决裂。1815年,拿破仑逃离厄尔巴岛,在法国登陆,兵不血刃地重登王位,这让缪拉也做起了那不勒斯人民响应他的号召,一统意大利王国的不切实际的美梦……

虽然缪拉的梦醒了,他也终以叛国罪、战争罪被处以枪决,但他为了巩固王座,而在意大利人民心中埋下的统一意大利的种子却慢慢生了根。

本书译自安德列·希利亚德·安特里奇20世纪初的著作《拿破仑的第一骑兵:法国元帅缪拉传》。原作者参考了多部同时代与缪拉有关的著作:早期科莱塔(巴黎,1821年)、加卢瓦(巴黎,

1828 年）和黑尔弗特（维也纳，1878 年）的缪拉传记，其中涵盖了多份被公开的信件；以及相对作者生活年代最新的传记（沙瓦农小姐和乔治－圣·伊夫出版于 1905 年的《若阿基姆·缪拉，1767 年—1815 年》）和同年由缪拉后裔公开的个人信件[1]；更包含了与缪拉同时代人的回忆录，如贝利亚尔的回忆录[2]（1842 年—1843 年出版）、迈松的《拿破仑与他的家人》。

作者又根据缪拉人生的不同时期参考了多本著作：昂吉安公爵事件，他参考了亨利·韦尔金格的《昂吉安公爵》以及阿加尔为缪拉做的辩护[3]；缪拉在贝格大公国短暂的治理则参考自德语著作《在拿破仑皇帝和若阿基姆·缪拉·拿破仑之下的贝格》[4]（科隆，1877 年）；半岛时期则参考自缪拉伯爵 1897 年公开的个人信件与原始文件《缪拉，帝国在西班牙的中将，1808 年》[5]；帝国后期，缪拉对阵营的选择，则参考了 M.H. 魏尔的《欧仁亲王与缪拉》[6]；缪拉最后的日子，参考了他的代理人马西罗内的叙述《缪拉的毁灭与死亡》[7]和萨塞奈男爵的《缪拉最后的岁月》[8]。

纵观缪拉的一生，有些时候与拿破仑的"主旋律"并不相符，有些时候又充满心机，但是上了战场，他的方向就只有一个——"前进"！所谓拿破仑时代，正是每个与拿破仑相关的人的生命之线相互交汇而织就的壮丽篇章。而这也是历史的魅力所在！

---

[1]《缪拉信件文件集》（Letters et documents pour servir à l'histoire de Joachim Murat），共四卷，由缪拉后裔出版。

[2] Le lieutenant-général comte Belliard, chef d'état-major de Murat.

[3] 出自由缪拉后裔公开的信件。

[4] Das Grossherzogthum Berg unter Joachim Murat Napoleon und Ludwing Napoleon.

[5] Murat, Lieutenant de l'Empereur en Espagne, 1808.

[6] Le Prince Eugène et Murat.

[7] Faits intétessants relatifs à la chute et à la mort de Joachim Murat.

[8] Les derniers mois de Murat.

第一章

来自卡奥尔的骑兵

1767 年—1795 年

法国吉耶讷（Guienne）地区的卡奥尔（Cahors）是一座古老的城市，若不是因为城中高耸的一座 12 世纪的天主教教堂，人们甚至会以为它只是一座普通的小乡镇。狭长陡直的街道延伸到山上，洛特河（Lot River）紧紧环绕这些山丘——这一河道是往日形成的，它一直充当着护城河的角色。废弃沟渠的历史更加久远，源

▼拉巴斯蒂-缪拉当地市政府

自罗马殖民地时代。卡奥尔附近的山坡满布葡萄园，葡萄酒交易使得小城熙熙攘攘；城郊则到处是散发着恶臭的皮革厂和烟气升腾的陶窑。

卡奥尔是当地首府，居民属于边境加斯科涅人种，虽然是法国人，但有些不同。他们的灵魂中燃烧着南方人的热情，喜欢冒险，思维大胆，充满丰富的想象力——时而表现为吹牛，时而表现为浪漫。机智敏感的多尔多涅省（Dordogne）、洛特和加龙省（The Lot and Garonne）居民有着神秘的巴斯克血统，可能还因曾被摩尔人统治而混入了非欧洲人血统。

若要讲述本书主角的传奇故事，我们必须了解加斯科涅的独特民风。我们的主角——若阿基姆·缪拉是乡村旅馆老板的儿子，约在大革命二十多年前生于卡奥尔。革命给了勇敢机敏的人很好的机遇，旅馆老板的儿子也因此为自己打拼出了一个王国。

缪拉的故乡，拉巴斯蒂村（La Bastide）位于卡奥尔以北几英里一处光秃秃的空地，它曾名为拉巴斯蒂·福蒂尼耶或拉巴斯蒂－昂凯西，现在则名为拉巴斯蒂－

▼拉巴斯蒂村缪拉故居

▲欧坦主教，塔列朗

缪拉。路易十五统治期间，皮埃尔·缪拉与妻子让娜·卢比埃经营着村里的旅馆和邮局。皮埃尔·缪拉很有钱，因为他不仅是旅馆老板，还是当地大地主塔列朗家族的代理人。

恐怖政治时期，有人试图想证明缪拉出身贵族，好将他划为法律上所谓的可疑分子，于是缪拉从拉巴斯蒂政府那儿弄来了父亲的结婚契约和自己的受洗证明。结婚契约显示，皮埃尔·缪拉虽然在村子里属于上层阶级，但结婚登记时他仍被划为"工人"（travailleur），而非哪怕最低级别的地主。

这份 1746 年 1 月的婚姻契约还显示，皮埃尔的父亲将一半财产分给了他，这说明所谓的"工人"是指他在父亲的土地上务工。妻子让娜·卢比埃的嫁妆如下：42 里弗尔；床单和亚麻布等家居用品；桌上摆放的锡器；一只母羊和它的羊羔；一个橡木箱子，里面盛满了法国乡下姑娘做针线活的物品。我们的主角——若阿基姆·缪拉出生前，旅馆老板夫妇生育了五个孩子。1767 年 5 月 25 日，若阿基姆出生，第二天在当地教堂受洗。他的名字取自教父若阿基姆·维迪厄。

若阿基姆不是长子，当时没有平等分配遗产的法律，因此他的哥哥安德烈将继承旅馆和小农场。对平民子女，尤其是乡下人的孩子来说，参军或是从政希望都很渺茫，只有贵族和有钱的城里人才能靠担任公职，晋升发财，也许这就是家人决定让若阿基姆当牧师的原因。塔列朗家族的资助将派上用场，刚开始时他们也的确帮了忙：正是因为塔列朗家族的庇护，若阿基姆十岁那年获得了卡奥尔学校的奖学金，在校学习古典文学，为进入神学院做准备。

缪拉在卡奥尔教堂学校的生活或在拉巴斯蒂的休假目前没有详细记录，我们只知道他成绩足够好到进入图卢兹大主教神学院。这位未来的猎骑兵和其他学生一样，在这里忙着学习哲学和神学，每逢周日和宗教盛会，他也会身披白长袍位列教堂唱诗班中。

缪拉并非生来注定要当副助祭，他渴望冒险刺激的生活，不想投身宗教。在他快 20 岁时，发生了一场我们不知缘由的危机①，只知道在 1787 年 2 月 23 日，缪拉在没有告知家人的情况下就突然离开了神学院，这使家人对他所有的期望都落了空。原先驻守欧什（Auch）的香槟猎骑兵团（后来改称第 12 猎骑兵团）调往卡尔卡松（Carcassonne），23 日那天正好停在图卢兹。内尔（Neil）上尉连的一个中士见到了一名想从戎的青年——脸刮得很干净，当时看来还没有军人样儿；但是四肢强健，高 5 法尺 6.5 法寸②，头发黝黑，瞳色较深，声音洪亮，举止神气。此人正是拉巴斯蒂村的若阿基姆·缪拉。

第二天，路易十六军中多了一个列兵，他刚刚脱下教士长袍，现在换上了白色前襟的绿军装，随军离开图卢兹。直到两年后的 1789 年，一切皆有可能，甚至连普通地方猎骑兵也会前途无量的时刻才会到来。

到卡尔卡松后，骑兵团于 1789 年被派去阿尔萨斯的施莱斯塔特（Schlestadt）驻防。同年，法国大革命爆发。

因为缪拉在卡奥尔和图卢兹受过良好教育，所以升职很快，两年之中他先后晋升下士、中士，后来是团里的中士（maréchal des logis）。1789 年夏，整个法国都回荡着巴士底狱陷落的消息；缪拉请了长假，从军后第一次返回拉巴斯蒂的旅馆家中。

他的假期拖了一月又一月，因为担任军需官职务的缪拉中士在卡奥尔和周边地区有事要做；当地正在招募训练国民卫队，年轻军需官的服役经历对不懂军事的市政人员很有用。缪拉全身心地投入进这些事务，他有充足的理由这么做——贵族和资产阶级曾垄断高级军职，但如今阻碍平民晋升的障碍不复存在了。1790 年春天，政府召集新组建的国民卫队前往巴黎；成千上万的公民战士们集结起来，参加保卫君主立宪政权的法国联盟（Federation of France）成立庆典。7 月 14 日，巴士底纪念日，路易国王在法国联盟武装代表的簇拥下，于战神广场宣誓忠于联盟。

以卡奥尔为首府的洛特省将缪拉派去了巴黎，让他管理拉巴斯蒂周边的蒙福孔区（Montfaucon）的联合国民卫队。他和 20 万人一起聚集在战神广场的祖国圣坛边，他看见路易十六在热烈的掌声中宣誓；他听见加农炮鸣炮敬礼，他听见巴黎附近的山顶炮台轰鸣回礼，他听见全国上下一片炮响：炮声从地中海沿岸的土伦港传来，从阿尔卑斯山一带格勒诺布尔（Grenoble）的城墙上传来，从莱茵河平原的施莱斯

---

① 一些小道消息称他与某个姑娘坠入爱河。
② 译注：1 法尺等于 0.324 米，1 法寸等于 0.027 米，缪拉身高约为 1.79 米。

塔特传来，从加来海峡传来，从大西洋的布雷斯特湾（Brest）和罗什福尔（Rochefort）传来。沉醉于喜悦的法国忘记了不久前才过去的黑暗，欢快地庆祝黄金时代的来临。这旷远嘹亮的鸣炮声效果立竿见影，阴云密布的天空随即降下倾盆大雨，扫了虔诚仪式的兴，有人甚至认为它是恶兆。临时搭建的祭坛上站着整场盛典的焦点人物，他就是缪拉的资助人——欧坦主教（Bishop of Autun）塔列朗·德·佩里戈尔；此人很快就会将牧杖扔到一边，转而投身革命政治，日后还会成为著名的"狡猾外交大臣"。

庆典结束后，缪拉在巴黎游荡了数月。起初他的日子就像度假，联盟的朋友和战友在巴黎举行了很多爱国盛会；庆祝氛围淡下来后，缪拉却还待在巴黎，原因很实际——他没钱回家，政府发薪速度不如他们承诺的快。1791 年新年，陆军部发来最后公告，断然通知缪拉长假已满，要他立刻返回施莱斯塔特的猎骑兵团。

1791 年 1 月 4 日，缪拉写信给洛特省政府求助。他说去年 6 月和蒙福孔区的国民卫队一同来巴黎后，由于无法预见的原因，卫队在巴黎滞留了；从巴黎政府出示的食宿标准可以看出，他被迫承担了比预算多上数倍的开销。他提醒省政府官员，他们应当按照国民公会的命令供给代表们必需费用，但他现在一分钱也没拿到，而人口密集的巴黎物价又很高；他已经花光了个人积蓄，请求他们至少先付上一笔钱，因为他马上要去施莱斯塔特了。

政府只给了缪拉可怜的 100 里弗尔，他收到钱后便匆匆离开巴黎，回到在孚日山脉和莱茵河之间的边境要塞，过着枯燥的守卫生活。

6 月初，法国东部有些部队的调动非常奇怪。布耶侯爵（Marquis de Bouillé）在蒙梅迪（Montmedy）边境集结小股军队，并不断沿着通向巴黎的道路向周边村镇派出骑兵。传闻即将有大量的重要财富从巴黎运到东部。在这些鬼鬼祟祟的调动中，一队猎骑兵也从施莱斯塔特被调到蒙梅迪，缪拉并不在其中。

精心防卫的大路迎来的不是运送财宝的使者，而是拖着笨重行李逃跑的路易十六和玛丽王后。最后，瓦雷讷的农民骚乱起来，抓住了他们，而熟知当地地形，本该接应他们去蒙梅迪的人睡过了头，或是迷了路。

国王和王后想逃出法国的消息传到施莱斯塔特，猎骑兵团中质疑陡起。既然布耶侯爵自己逃到国外去了，那么去往蒙梅迪的战友们命运将如何？大家爱国心切，急于向所有法国人民证明他们毫不知晓国王出逃的秘密。猎骑兵上校迪雷·德·莫朗（d' Urre De Molans）是一名贵族，但他觉得自己最好别干涉立宪政府的行为。

他同意派一个代表去蒙梅迪看看那队士兵的情况，并安排他们重新归队，而代表长官执行这项重要任务的正是中士缪拉。

缪拉在 1791 年 7 月 5 日从图尔（Toul）寄给哥哥皮埃尔的信中提到此事。他说自己很忙，也活得很刺激，但他还是抽空给"兄弟中最优秀者、我永远最爱的"皮埃尔写了信。他在信中让哥哥转告父母不必为他担心，他正为晋升而努力，并很快就会成为军需长。他还在信中提道："我刚从蒙梅迪回来，那里距国王被捕的瓦雷讷 3 里格①远；我受战友们所托，去蒙梅迪弄清那支分队的立场。国王本会到达蒙梅迪，而他们本该保卫国王。我看到了为国王准备的寓所。我随信附上两份演说，一份是我写的，另一份是其他副官写的。"

这两份演说意图向图尔人民保证猎骑兵是绝对的"爱国者"，他们不知道自己的任务是护送国王出逃。缪拉在信尾祝福所有亲朋好友，尤其是老家的小地主巴斯蒂特家族，该家族族长是当地公证员。他还特别提到了米翁·巴斯蒂特（Mion Bastit），他在拉巴斯蒂曾同她有感情纠葛。他在信中写道："代我向巴斯蒂特先生问好，不要忘了向迷人的米翁传达我的消息。勿忘。"接着又是一大段要求皮埃尔为他考虑，要向"向当地政府示好"的文字。皮埃尔是政府官员，而且明确提出要辞职；缪拉在附言里求他不要这样做，并抓住机会再次提到自己引以为豪的演说：

"不要辞职，不要忘了你的弟弟秉持着不爱国，毋宁死的信念。你的弟弟代表他的战友去见图尔人民，他证明自己的部队与蒙梅迪的阴谋完全无关，他有幸在市政府面前表白自己的爱国情怀，你若辞职就会让他食言。"此信可见贯穿他日后人生的炫耀心态，这是一种加斯科涅式的洋洋自得。

1792 年 2 月 8 日，缪拉成为宪兵队的一员骑兵。宪兵队名义上是立法委员会授予路易十六的荣誉王室卫队，实为防备其再次出逃的警备队；卫队官兵均由其所属省政府提名，未来的法国元帅让-巴蒂斯特·贝西埃尔也在其中，但此刻他还只是骑兵团的一员新兵。贝西埃尔也是洛特省人，他来自普雷萨克（Preissac），差不多是缪拉的邻居。后来有一份官方文件称贝西埃尔为缪拉的表兄弟，而事实上他们之间并无确凿的亲戚关系。

缪拉在宪兵队的服役时间最短，他 2 月 8 日加入卫队，3 月 4 日就离队了：因

---

① 译注：里格（League）是一种长度名称。在海洋中通常取 3 海里（1 海里等于 1.852 千米，折合 6000 英尺），相当于 5.556 公里。在陆地上时，一里格通常被认为是 3 英里（1 英里等于 1 609.344 米），即 4.827 公里。

▲年轻的士兵，缪拉   ▲未来的贝西埃尔元帅

为点名时缺席，缪拉要被关禁闭，尽管处罚不重，他还是宁愿离队。但他立刻就给洛特省政府写信，解释说他离开的真正原因是发现自己置身于"反动主义势力中"，并且被军官们怂恿离开法国，去科布伦茨参加流亡贵族的军队。缪拉还表示，德库尔（Descours）中校曾承诺，只要他接受建议，就会得到 40 金路易的赏金和旅费。省政府将缪拉的投诉递交给立法委员会，巴齐尔（Bazire）议员在指控宪兵队是培养王室分子的温床时便引用了缪拉的证词，并最终迫使其解散。

  缪拉以坚定爱国者的名声回归老部队（已改称第 12 猎骑兵团）。10 月 15 日，他晋升为少尉；10 月 31 日，也就是两周后，缪拉被擢升为中尉。

  8 月 10 日起，国王被囚禁于丹普尔堡（Temple）。夏初，法国与奥地利及其盟友宣战，盟军入侵法国。9 月，法军在瓦尔密取胜，接着共和国宣告成立。11 月，缪拉短暂造访巴黎，为上校和团里置办物品。缪拉从巴黎给皮埃尔写了信，信的日期落款体现了新旧风格的结合："共和一年，11 月 19 日。"他向皮埃尔告知了自己在巴黎的任务，并说随着共和国成立，自己的好运也来临了，"因为专制统治完全剥夺了我的光明未来"。在信里他还提到自己正和桑泰尔（Santerre）将军商议想得到一匹自用马匹的事宜。桑泰尔是当时的一位大人物，他原是圣安托万（St. Antoine）福堡（Faubourg）的酿酒商，8 月 10 日攻打杜伊勒里宫后成了国民卫队将军。

然后缪拉又提在信中了他的希望和前景："我交给（战争）部长一份备忘录，一个将军会帮我取到部长的回复，而这位将军很快就要成为部长了。如果他真的当上部长，那我的运气实在是太好了。我是个中尉，如果我的上校晋升为将军，我就会成为他的副官，并晋升为上尉，事实上他的升职已经确定下来了。我还年轻，又兼备勇气与军事才能，因此我还可以再升迁。上帝保佑我的希望不会落空。"

信上满是自信与自我肯定，至少当时他所谓的"军事才能"还没有机会在战场上得到体现，仅仅是在阅兵式上略有使用。

如果缪拉已经上过战场，这封信绝不可能只是在暗示事实，他根本不是那种深藏不露的人。根据缪拉过去在团里担任军需官的资历，他很可能已在补给站或后勤管理系统工作。猎骑兵团现在归属于驻扎在佛兰德（Flanders）、由迪穆里埃统帅的北方军团，该军团已赢得热马普之战，但缪拉的信件完全没夸耀这番功绩，因此他很可能还没上过战场。①

缪拉写信时完全不知他最爱的哥哥已经不在人世——一个多月前，皮埃尔葬于拉巴斯蒂教堂庭院。他于 10 月 8 日去世，留下三个孩子和怀孕的妻子。若阿基姆知道哥哥死讯后，主动承担起侄子侄女的教育费用，并且一直信守承诺。②

第二年年初，莫朗升为骑兵上校，缪拉顺利成了他的副官，但几个月后才晋升为上尉。1792 年 11 月至 1793 年 2 月中旬，迪穆里埃扫荡了比利时，但缪拉似乎仍未有实战的经历。猎骑兵团一直待在法国边境的阿图瓦（Artois）驻防并保卫交通线。

这段时间法国局势风云激荡：1 月，国王被处死；同日，国民安全委员会成立；几天后，它恐怖的下属机构——革命法庭成立，断头台从此再没闲着；一个又一个国家加入反法同盟，最后几乎整个欧洲都对共和国宣战，战争部长卡诺决定征集 30 万人保卫法国。

缪拉 1793 年 2 月 25 日写于巴黎的两封信保存至今，内容显示他又奉长官命令置办公事。缪拉写给拉巴斯蒂政府的信的字里行间充满了他一贯的雄辩风格。当时半个法国都上演着戏剧化的行为，而人们出于对共和国的荣誉感和保家卫国的责任

---

① 迈松在《拿破仑和他的家族》中提到缪拉擢升为中尉后，还把升迁归功于上校迪雷·德·莫朗，后者在升为旅级将军后让缪拉担任其副官。迈松还说道："人们会认为缪拉的首场战役是随北方军团参加的，他所在的团参与了格朗普雷（Grandpre）之战、朗德勒西（Landrecies）围城、热马普之战和圣－特雷登（Saint-Trond）之战，但我们不清楚他的升迁到底源于他参加的哪一场战斗。"

② 哥哥的长子让－安德烈·缪拉于特拉法加海战中（1805 年 11 月 4 日）在迪马努瓦尔（Dumanoir）旗舰上服役时阵亡。最小的孩子，安图奈特·缪拉于 1808 年 2 月 4 日嫁给了卡尔·霍恩索伦亲王。

感则坚持使用着半古典化的语言。缪拉这封信的目的是鼓励拉巴斯蒂的年轻人踊跃奔赴边境。一些不怀好意的人试图影射缪拉出身贵族，但他自豪地说道："我广为人知的勇气与爱国热情足以抵消一切怀疑。"

另一封信是写给另一个哥哥安德烈的。安德烈沉静、勤劳、恋家，不肯离开拉巴斯蒂，甚至当弟弟成了国王后，他也依然只满足于当一个小村长。安德烈刚刚丧妻，若阿基姆劝他不要再婚，还承诺自己愿尽一切努力供养父母。当然，他自己显然也还没放弃在拉巴斯蒂找一个姑娘成家的打算，但他对旧日恋情已不再执着，在给安德烈的信上他拐弯抹角地提道："你说米蓊·巴蒂斯特生我的气，对此我并不惊讶。我想他们与其他贵族一样反对我……我给米蓊写了信，你知道她对我的想法到底是什么吗？我完全没有她的消息，叫她马上给我回信，因为十天内我就要离开巴黎去荷兰了。我现在是一个将军的副官，我花六个路易买了一匹马，而且我还得再买一匹，它们都很贵。"

他跟安德烈谈到巴黎最近流传他当选国民公会议员的消息。"我才能不足，"他写道（不常见的谦虚），"但凭借我的志愿和勇气，我日后会超越他们中的很多人。"他建议哥哥告诫当地加入政府新征召的青年"无论如何，至少要当骑兵"，来自拉巴斯蒂的保宪神甫的兄弟已在他的连当上军需部中士。若阿基姆又把话题转到了米蓊上，询问她是否和拉巴斯蒂的年轻男子有暧昧。这封信写得很仓促，内容杂乱无章，信尾又提到了战争，缪拉回巴黎前，他曾于 15 日在瓦朗谢讷（Valenciennes）与当皮埃尔（Dampierre）将军共进晚餐；敌人均被击溃，法马（Famars）营地已经攻克，联军撤离图尔奈（Tournay）。缪拉谈起这些胜利时就好像只是在转述听来的消息一样。

缪拉也给米蓊·巴斯特特小姐写了信，但这封信最终信石沉大海。大约一个月后，4 月 22 日，他又给安德烈写了一封信，字里行间表达了他被忽视后的愤怒："米蓊没回我信，她爱怎么样就怎么样吧，我都一笑置之。"缪拉人生中这段求爱就此画上句号，此后他的来信几乎再不也提米蓊。几个月后，他在信里最后一次提到她，看来只是又想起了她，好奇她的现状，他写道："跟我说说米蓊吧。"①

缪拉在巴黎没待多久，很快就返回了北方前线，担任莫朗将军的副官。3 月，面对奥军的进攻，迪穆里埃开始全线撤退；18 日，他们在内尔温登（Neerwinden）

---

① 米蓊的哥哥弗朗索瓦后来靠缪拉的关系进入了执政时期的立法院，他俩的友谊保持了一生。

战败，屈斯蒂纳（Custine）则败于莱茵河。一支西班牙军出现在比利牛斯山，一支英军很快就要渡过英吉利海峡支援北方战线的奥军；巴黎有些恐慌，几乎将所有的兵力都投入到了战场。在国内，革命法庭获得了新权力，每个城镇都要成立革命委员会，以剔除不忠者并鼓励"爱国者"志愿保卫"受威胁的祖国"。

战败的迪穆里埃坚持缓慢撤退，他早就因为对革命事业缺乏热情而被政府怀疑了。顺便一提，迪穆里埃麾下有一个年轻的亲王——菲利普·埃加利特（Philippe Egalite），即未来的国王路易·菲利普，他坚称处死路易十六是愚蠢之举。4月2日，战争部长布努维尔（Bournouville）和四名国民公会代表来到迪穆里埃司令部，要将军和他们一同回巴黎并在公会法庭上解释自己的行为。迪穆里埃清楚这意味着什么，他当即扣押了部长和代表们，但他未能说动军队哗变，只好带着幕僚、一些德意志雇佣兵和五个被囚人质投奔了奥军。

2月，曾在瓦朗谢讷同缪拉共进晚餐的当皮埃尔重掌败退混乱的北方军团，他到任的第一件事就是擢升缪拉为上尉。若阿基姆于4月22日从阿图瓦省埃丹（Hesdin）写给安德烈的信中报告了这一喜讯。这是一封洋洋洒洒的信，充溢着拉巴斯蒂的快乐生活与面对战争的前线村庄艰难处境的夸张对比。他不屑地提到了迪穆里埃："我们的军队一认出迪穆里埃的真面目后，就抛弃了这个臭名远扬的叛徒；共和国的士兵同这些效忠暴君、声名狼藉的家伙们的战斗随处可见，这进一步证明了他们的勇气。"他提到了安德烈的来信，赞扬他作为平民的热心，也表示很高兴能听到家乡很多人想奔赴前线当志愿兵的消息，但他不建议他们遵循这股冲动。"如果他们来了，我会尽心照顾他们，"他写道，"但还是让他们安安稳稳做农民吧。我们的战场需要他们的劳动，共和国的士兵需要他们的面包；让他们安居本职，为我们提供粮食吧。"如果某个雅各宾派议员看到这封信，缪拉恐怕会处境不妙。他让安德烈无论发生何事都要待在家里照顾年迈的父母，如果其他人要来前线，就告诉他们去埃丹（Hesdin）找他。

获胜的联军开始系统性地摧毁法军的边境要塞。随着夏天约克公爵的前进以及英军准备围攻敦刻尔克，战争被引入了缪拉驻守的埃丹附近。迄今为止缪拉只干过驻防工作，但一次晋升让他离开了日常管理系统和第12猎骑兵团，他开始和一些陌生的战友从事更机动的活动。

当时战场上的非正规部队也与革命军队一样，人们加入其中，与其说是履行义务，倒不如说是寻找机遇，让·朗德里厄（Jean Landrieux）便是其中之一。他招募了一支非常规骑兵，自任指挥，这支队伍便是"偷猎者骠骑兵"（poacher hussars，Hussards-braconniers）。偷猎者在任何时候从事的都是对抗贵族特权的非法活动，但这名字现在不仅不可憎，还体现了朗德里厄的初始兵员来源。他没有同侵略者正面交锋过，但他的自由兵团归于雅各宾派麾下，负责搜寻"贵族"并劫掠财产。4月，迪穆里埃叛逃后不久，朗德里厄和他的"偷猎者"来到阿图瓦，从而与缪拉上尉展开了接触。巴黎军方并不是十分满意朗德里厄的行为，他们正着手组建新军以对抗联军，因此急于使自由兵团更为正规化，将其转变为可供驱使的骑兵团。朗德里厄建议缪拉转入他的团就任更高级的军官，缪拉届时会升任少校，他所受的军事训练和经验也有助于将"偷猎者骠骑兵"改组为正规编制团。缪拉同意了朗德里厄的建议，后者在1793年5月1日写给巴黎的信上夸赞了这位提名少校的良好公民道德及共和主义热情。虽然战争部直到9月才下达官方任命状，但实际上没过几天当皮埃尔便临时擢升缪拉为少校。可参见5月8日朗德里厄写给缪拉的信：

公民，我有幸通知你：凭我手头部长的命令和当皮埃尔将军的请求，你已被任命为我团二等少校。我恳求你将此事告知你隶属的将军，好让他尽快将你派来我团。请让我知晓他的决定。

"偷猎者骠骑兵"现在改为第16猎骑兵团，后来又改名为第21团。9月份，缪拉收到最终任命书，成了第21猎骑兵团少校。

此时他已在驻扎埃丹的朗德里厄军中服役了一段时间。缪拉不想成为非正规军中的一员，他严格对待工作，反过来督促这些前"偷猎者"要谙熟军纪，想将他们训练成具备真正战力的骑兵部队。而这导致了他和上司的冲突。

缪拉的第一次实战经历是发生在这支非正规军与敌人小规模前锋的冲突中。1794年1月，他在里尔给家中的信上提及刚过去的三天里他们有军事行动，而且自己在待了几个月的前哨阵地里"拼死战斗"；他们刚刚撤退到里尔，大家都穿着破烂的军服，并且盼着能很快调到敦刻尔克去。缪拉顺便提道，在这场艰苦的冬季战役中他损失了三匹马，不得不花大量金钱重新置办马匹；但他急着贴补老家，承诺每月为父母寄去一百法郎。他还在信中抱怨自己遇上了麻烦，颇为焦虑，因为他正遭受着那些"野心勃勃的阴谋家"的攻击。

毫无疑问，缪拉是在暗示朗德里厄及其支持者。2月，缪拉从敦刻尔克写来家书，要家里赶紧寄来他的受洗证明，以证实他出身平民。"他们想栽赃我，说我是贵族，"他写道，"这让我很愤怒。"他提到骑兵团很快要去荷兰了，还提了登船的事，因为可能会进攻英国。

当缪拉同第 21 猎骑兵团中的第 2 和第 3 中队从事岗哨工作时，朗德里厄和第 1 中队却在远离前线的布洛涅、阿布维尔（Abbeville）等北方城市从事搜查、扣押和逮捕的警务工作。朗德里厄回归猎骑兵团后，缪拉袒露了对他之前行为的看法，坚称如果想让猎骑兵团真正发挥作用，朗德里厄必须积极承担起指挥责任；此外，他也不赞同朗德里厄继续从事他的合法劫掠行为，于是，两人爆发了一场你死我活的斗争。朗德里厄已有准备，他试图证明缪拉不是真正的共和主义者，说他受莫朗的保护，是一个贵族；此外，他还指控缪拉本身就是一个同奥弗涅地区的缪拉家族有联系的贵族。缪拉否认了这一危险的指控，从拉巴斯蒂寄来的文件也证明他是人民的儿子。朗德里厄和缪拉私下相互攻击，指责对方是波旁王室派来的密探。朗德里厄说缪拉少校是一个会毁了第 21 团的纪律的政治煽动者，但多亏缪拉工作勤奋，在前线表现英勇，因而获得了所有认真严肃的军官们的支持。缪拉给战争部寄去一封指控朗德里厄的信，信上除了他自己的签名外，还有几乎所有同僚的签名；信中所述之事完全属实，声称朗德里厄总是远离战事中心，只顾为自己谋利。为了表明自己对共和国的一片忠心，他没有签缪拉的名字，而是签了"马拉"（Marat）这一名字。最终朗德里厄被移除指挥权，化名"马拉"的缪拉成为胜者。

但是到了 7 月，热月政变爆发，罗伯斯庇尔和恐怖政治的统治结束，所有曾同雅各宾派走得太近的人现在面临严重危险。朗德里厄想报复他的老对手，于是缪拉的化名"马拉"便成了他翻盘的撒手锏——他凭此指控后者是"罗伯斯庇尔分子"；缪拉被捕，被关进亚眠的监狱，后来因为"他在恐怖统治期间的密谋行为"受审。

"缪拉在公共安全委员会面前的辩护既娴熟又有力。他提醒法官们，这个曾经指控他为贵族的人现在正控告他为恐怖主义者。缪拉辩护道：'对朗德里厄这种只能靠阴谋和抢劫为生的不齿货色来说，指控一个总是直道而行、尽忠职守、在最近的战争中损失了胯下坐骑的人是再自然不过了。'如果他曾有两周化名马拉，那只是为了躲避迫害者的专制暴行。如果他'因被指控用无辜的方式躲避迫害而被判有罪，那巴黎地区所有叫马拉的人都该有罪'。倘若他当初没有拒绝将猎骑兵团的军官谢内尔（Chenel）送上断头台的任务，那他的战友们现在悲悼的会是谁呢？"①

---

① 出自沙瓦隆·德·伊夫的《约阿希姆·缪拉》（Chavanon de St. Yves, Joachim Murat）。

▲葡月13日，圣罗克教堂外

　　缪拉还出具了家乡洛特省政府提供的对他有利的证词。法庭最后判他无罪，让他回归原先的团。缪拉原指望能成为团长，但他暂时仍只能指挥其中一个中队。①

　　但是缪拉的命运转折点来了。在他被捕期间，第21猎骑兵团调往巴黎，出狱后他便去了首都加入部队。第二年，叛乱分子们孤注一掷。1795年5月20日，雅各宾派和"无套裤汉"冲击议会，少校缪拉率领第一波驻防骑兵赶来援助政府，组织防守。

　　后来督政府成立，巴黎国民卫队试图推翻这一"反动政权"。巴拉斯奉命统辖集结起来保卫政府的军队，这位政客公民需要一位军人作为他的下属并处理实际事物，他选中了年轻的拿破仑·波拿巴。著名的葡月13日（1795年10月5日），

_____

① 朗德里厄虽然在与缪拉的争执中处于劣势，但他仍留在革命军中，而且还获得了擢升。在1796年意大利战役初期，我们还能看到他指挥基尔迈纳（Kilmaine）的骑兵团，且与这位军将关系密切。后来，他受雇于波拿巴，从事秘密工作，帮助其在北意大利各地宣扬共和主义，反对奥地利革命。在这期间，他又与老对手缪拉再次相见；朗德里厄称他们会面友好，他甚至还要借钱给缪拉，但后者说自己已经不缺钱了。朗德里厄于回忆录中称自己在征兵中发现了生财之道，而且还说缪拉和其他共和国将领也是用同样的方法"致富"。再后来，朗德里厄失宠，离开了军队；在整个法兰西帝国期间他都生活在法国，拿破仑一直把他当可疑分子监视着。

巴黎最后一场反叛消散，大炮轰击了环绕杜伊勒里宫和圣罗克（St.Roch）教堂的街道与码头，波拿巴的将星则在这一片硝烟中冉冉升起。

在这场战斗中，波拿巴拥有很多大炮，但对方却没有一门大炮回击，这都归功于缪拉快速有效的行动。在这重要日子的前夜，还是少校的缪拉暂时接管了第21猎骑兵团，这时他才真正迎来好运。

午夜时分，他已迅速召集了260人，剩下的人则在各个点分别执行任务。波拿巴刚刚得知国民卫队的大炮放在萨布隆宫（Placedes Sablons），只有一个小队看守，人数不超过25人，缪拉的部队是距离目标最近的可调动骑兵。当缪拉被告知要夺取这40门大炮后，便带着骑兵在黑夜中轻快地驰往萨布隆。在他进入开阔地带时，缪拉发现国民卫队的一个营正从纵队变换成方阵。这个营来自拉·佩尔蒂埃区（La Pelletier），前来看管火炮。缪拉让自己的骑兵列阵，举起马刀威胁说，如果他们不立刻调头离开，他就要下令冲锋，将他们撕成碎片。面对猎骑兵的恐吓，国民武装撤走了，马匹被征用，大炮和运货车在缪拉的护送下"隆隆"地驶往杜伊勒里宫。

当晚萨布隆宫的大胆胜利给缪拉带来了好运，波拿巴将军不会忘记在开启他征服与帝国之路的巴黎街头为他带来大炮的人。缪拉所在团的上校立即褒奖了他的迅速行动，一个小小的机遇为缪拉开启了成功事业的大门。

第二章

意大利战役

1796 年—1798 年

得到拿破仑赏识的缪拉仍在法国北部军中任职。但他向家中写信说，战争结束时他就能返回家乡，像辛辛纳特斯那样，为家乡耕种土地。这封信很可能就是当时常见的古典形式。首先，他是一个士兵，他说过，如果"上帝和子弹愿意饶恕他，他会有所作为"。其次，在1794年年底之前，他已经把自己在家乡拉巴斯蒂的财产卖给了兄长安德烈；他升为了上校，也成了跟随法国一道冉冉升起的将军的出色军官之一。

当时缪拉有证据表明，波拿巴对他于1796年2月2日升迁为上校旅长（chef de brigade）一事表示赞同；[①]而按事态的正常发展，他会在下一场战役中指挥骑兵旅，并成为将军。但此刻有一些更好的机遇在等着他。当波拿巴离开普罗旺斯接管1796年战役的意大利军团时，他任命缪拉为他的参谋。在战役期间，他一次又一次地让缪拉指挥大规模的军队，或令其监督他下给别人的命令，或执行重要的谈判。缪拉被给了大量可以取得荣誉的机会，而且他也充分利用了其中的大部分。

一开始，衣衫褴褛、几乎没鞋穿的法国军团集结在蔚蓝海岸地区，奥地利人和撒丁人则占领着通向亚平宁（Apennines）北部的山口。在经历了两周不可思议的行军后，波拿巴打通了山口，将撒丁人和他的盟友分隔开，并强迫撒丁国王退出联军阵营，接受胜利者强加的条款。

在代戈（Dego），缪拉在激战中第一次带领部队冲锋。当时波拿巴带着一小股增援匆忙赶到，他们的部队中有两个龙骑兵中队。他派缪拉带领这两个中队冲锋，而这位参谋军官向奥地利军的阵地发起的壮丽冲锋，则在总司令向督政府所做的汇报上被光荣地提及。

在蒙多维（Mondovi），法军与科利（Colli）将军率领的皮埃蒙特人的最后战斗中，缪拉重整了溃散的骑兵旅，带领他们再次冲锋，将敌人驱逐过河并涉水一直追到对岸。在当时，他就已经展现出了用自己英勇无畏的作风鼓励士兵的能力；在重要时刻，他这种将个人意志作用于百人或千人的奇妙力量，也是其能成为伟大指挥官的秘密之一。

---

① 托马斯将军在《骑兵》中记述了任命缪拉的故事："第21猎骑兵团驻扎在凡尔赛，根据国内军团总司令兼师级将军波拿巴将军的命令，这些团每隔十天与在军校扎营的团交换位置。这期间，缪拉在巴黎接触了总司令的两个副官，朱诺和马尔蒙，他告诉二人自己想带领他们。经过二人的鼓励，缪拉前去面见总司令，带着性子里天生的莽撞自信，他对波拿巴说：'你还没有上校军衔的副官，我建议你可以任命我。'"这番自信说辞并未招致波拿巴的反感，他任命缪拉为首席副官，并且带上了他。

▲洛迪之战

　　蒙多维战役之后，科利请求停战，缪拉作为波拿巴条款的送递者前往敌人的参谋部；在停战协议签署后，他带着波拿巴的战争通告前往巴黎。1796 年 5 月 10 日，他被督政府擢升为旅级将军。作为一个 28 岁的将军，他的未来充满了无限的可能。

　　在派往巴黎期间，缪拉不止一次拜访过波拿巴夫人约瑟芬。虽然在葡月事件后，他就被介绍给了约瑟芬，但现在，当他带着她丈夫战场上的消息回来时，二者便有了交谈的机会，二人的接触为日后对这位骑兵将领大有帮助的友谊奠定了基础。

　　缪拉在巴黎期间，波拿巴已经夺取了洛迪（Lodi），占领米兰，并将奥地利驱

逐出了伦巴第。当缪拉在5月底回到军队时，他们已经向明乔（Mincio）河一线、加尔达（Garda）湖南岸行进。湖的东岸由博利厄（Beaulieu）的奥地利军队占领，河流每处都有哨点。这种布置也导致了奥军战线拉长，从而没有一处兵力足够强大，反而会在法军的集中攻势下变得非常羸弱。

5月30日，当波拿巴在瓦莱焦（Valeggio）强渡明乔河时，缪拉被任命指挥全部前锋部队。法军向奥地利防线上的指定哨点发起进攻，投入20000人对抗奥地利军队的3000名骑兵和4000名步兵。缪拉向奥地利骑兵发起冲锋，彻底将他们击溃；他还临时接管了基尔迈纳师，并获得了这一天的主要荣誉。这次进攻截断和俘虏了大量撤退的奥地利人。缪拉缴获9门大炮、2面军旗，还俘获两千余战俘。缪拉在波拿巴写给督政府的报告上被特别提及，报告中盛赞他在冲锋中展现出的个人英勇：不仅作为胜利冲锋的带领者，还拯救了大量险些落入敌手的猎骑兵。

此后，博利厄朝北向蒂罗尔撤去，波拿巴开始指挥部队包围曼图亚（Mantua）；此处守备强大，还有沼泽和水流方便稳固要塞。在封锁期间，法军增加了他们在意大利的兵力。6月，波拿巴派缪拉带信给热那亚共和国的法国公使，公民福伊普尔（Faypoult），信上命令福伊普尔警告热那亚元老院不要与奥地利有任何非法勾当，而且必须结束对边境上法国士兵的攻击。"倘若有一个法国士兵被暗杀，我就会烧了城市或村子，"波拿巴写道，"我会烧掉任何一座窝藏杀人者的房子。"公使的劝谏，加上瓦莱焦战斗英雄的出现，使元老院处于惊诧的状态，后者只能用卑微的道歉来予以回应。

缪拉在6月的第3周从任务中返回，根据这个月20日的命令，他被任命为沃布瓦（Vaubois）将军派去占领托斯卡纳（Tuscany）分队的前锋指挥。缪拉的前锋由小克勒曼的骑兵旅（第1骠骑兵团和第20龙骑兵团）与一个拉纳上校的掷弹营组成。经过强行军和突然转换行军方向，缪拉突袭了里窝那（Leghorn），缴获了港口仓库的大量物资，但英国停留在港口的舰船在最后一刻成功逃走。

7月初，回到明乔河参谋部的缪拉听命于正在封锁曼图亚的塞居尔（Sérurier）将军。7月16日，他们试图突袭拥有强力工事的要塞营地，但波河的水位突降，导致泥沼半干，让缪拉的船搁浅在了芦苇地里。马尔蒙的回忆录记述了一些缪拉的事迹，指责他因调动部队时产生了松懈而导致进攻失败。但塞居尔的报告对缪拉则更为公道，毕竟他无法去做不可能成功的事。两天后对敌军工事发动的成功攻击，让缪拉证明了自己指挥步兵，也能像指挥骑兵一样出色：他带领着由 1000 名掷弹兵组成的纵队，杀进了鲁卡维纳（Rukavina）将军所在的奥地利旅的防卫工事。

在曼图亚沼泽中夜以继日的工作，影响了缪拉铁一般的健康；他患了疟疾并住进了布雷西亚的医院。他在 7 月 26 日到达了这座只有 3 个法国步兵连守卫的城市。出乎意料的是，指挥奥军的武姆泽将军，在蒂罗尔集结以解曼图亚之围，他派了两路纵队进入北意大利。武姆泽带领着左侧的主力部队，库达诺维奇的部队在右侧，二人共同向西面加尔达湖推进。7 月 30 日，奥军突袭布雷西亚，缪拉成了俘房，但几天后他又在维罗纳成为自由人。8 月 8 日，他在维罗纳向战争部长卡诺写了一封信：

"高烧让我不得不离开军队修养。当敌人突袭布雷西亚时我已经在此地四天了，我成了俘房。这是我人生中第一次重大的不幸，我无法与我的战友们一起在这荣耀的日子里共担危险。您会明白我有多的遗憾。尽管我做出保证，但我并没有离开总司令——勇敢的波拿巴。"

"尽管我做出保证"，可以看出缪拉重获自由后，还是打破了对奥地利人的保证，

▼ 卡斯蒂廖内会战

后者认为他们释放了一个再也不想跨上马鞍的伤病军官。但缪拉对此没有什么良心上的不安，而且他的好体格让他很快便摆脱了高烧的折磨。给卡诺写完信两天后，他又重新勤恳地投入到了工作中。

▲波拿巴在巴萨诺战役后

缪拉所提及的因生病和被俘而错过的"荣耀的日子"，是指一周内，波拿巴连续地给敌人造成重创。波拿巴临时停止围攻曼图亚，集结兵力攻向库达诺维奇和被加尔达湖分隔开的武姆泽右侧；之后又重新夺取了布雷西亚，在洛纳托（Lonato）和代森扎诺（Desenzano）击溃库达诺维奇，把他赶进了阿尔卑斯山。同时，武姆泽已经和曼图亚取得联系并渡过了明乔河。波拿巴转到武姆泽后面，在卡斯蒂廖内（Castiglione）向他发起进攻，把他赶进了蒂罗尔；周末，曼图亚重新陷入围城状态。毫无疑问，缪拉此时正懊恼地幻想着他在这迅猛的大胜中所可能扮演的角色。

8月10日，缪拉带着一支骑兵纵队侦察布雷西亚北部。一周后，他带着拥有100名骑兵、2门炮和1个营步兵的机动纵队解除了卡萨尔马焦雷（CasalMaggiore）的当地武装。该地区在奥地利进攻时曾掀起叛乱，于是此地被征收了高达100万法郎的罚款，叛乱领袖被送上军事法庭并枪决，教堂里用于警戒的大钟被送到亚历山大港（Alessandria）①熔成了大炮。

9月初，缪拉临时指挥维罗纳要塞，他强迫威尼斯当局将仓库的所有物资移交给他。所有的团体都肆无忌惮地践踏威尼斯中立的领土，这个共和国已经到了分崩离析的最后日子，即将迎来悲剧的结局。9月3日夜，缪拉将维罗纳守军的指挥权交给基尔迈纳将军，赶忙加入了正向蒂罗尔进军的马塞纳军。

9月5日，马塞纳占领特伦特，缪拉则忙着追赶武姆泽向东撤退的后卫。奥地利人在阿维西奥（Avisio）河上的拉维斯（Lavis）村做了抵抗；缪拉带领第10猎骑兵团涉水过河，每个骑兵身后都驮了一个步兵，从而夺取了桥梁。武姆泽放弃特

_____
① 译注：位于意大利。

伦特后，沿原路经布伦塔河（Brenta）河谷，想再次解曼图亚之围。但是马塞纳在他身后紧追，波拿巴在前拦截。

在此期间，指挥马塞纳骑兵部队的杜布瓦（Dubois）在上布伦塔河峡部的罗韦雷多（Roveredo）战斗中阵亡，缪拉接替了他的位置。在 9 月 8 日击溃武姆泽的巴萨诺（Bassano）之战中，缪拉带领法军发起了决定性的冲锋，奥军撤退，奥地利将军带着他剩下的兵力成功抵达了曼图亚。

随着法军重新包围此处，两军产生了一些零星的交火，9 月 15 日圣乔治（San Giorgio）的行动中，缪拉发起了成功的进攻，他本人身受轻伤，这也是他第一次在战斗中负伤。

在第二次粉碎奥地利解围曼图亚的企图，并重新围城后，波拿巴开始重组军队。他将两个强大的旅改组成骑兵，基尔迈纳将军为最高指挥。布尔蒙将军指挥第 1 旅，参与曼图亚的封锁。缪拉将军指挥第 2 旅，"用于执行军团中的机动行动"。

根据早期缪拉传记中的记载，接下来的几个月缪拉几乎在波拿巴那儿失了宠。赞同此观点的人有各种理由解释此事，一些是来源于现成的书面资料的解释，比如波拿巴听闻他的副官在前往巴黎汇报期间试图与约瑟芬发生超出友谊的关系，所以急着想让缪拉保持距离，因为约瑟芬正要赶来北意大利。但这些臆测都是空穴来风，所谓缪拉的"失宠"无非是夸大了从葡月事件到意大利战役期间缪拉与波拿巴的关系。缪拉只是波拿巴留在身边众多聪慧而又野心勃勃的军官之一，他还没有进入波拿巴的核心圈子，也并没有迹象显示波拿巴将军对他有什么意见或怀疑。不过即便如此，缪拉对自己身居于基尔迈纳将军之下，也确实存在失望的可能性；在经历了急速的晋升后，他对还未升为师级将军而感到不耐烦。但实际上他晋升的速度已足够满足其正常的野心了，而且作为基尔迈纳的下属更多只是形式上的需要而已。老将军基尔迈纳几乎立即被命令封锁曼图亚，并直接指挥布尔蒙手下参与围城的骑兵。缪拉指挥第 2 旅，即独立行动又隶属于参谋部，还是指挥全军的将军之一，所以他没有理由再抱怨。

不过，他此时正加强与督政官巴拉斯的联络，他那段时间造访巴黎时曾多次见过后者。一封时间为共和五年，霜月 19 日，即 1796 年 12 月 9 日的信件表明，缪拉对此略有怨言；他又成了老式革命者，他想以此向巴拉斯证明他的共和主义信念，并获得在首都任职的"好处"。他曾向巴拉斯建议自己指挥督政府的卫队，这能让他与巴黎的掌权者共命运，而且可以为得到战场的独立指挥权而铺平道路。此时的缪拉还没有预见到掌管法兰西未来之人是波拿巴而非巴拉斯。

"这里一切顺利，"缪拉写道，"但我无法相信督政府在任命军队指挥时的判断错误。这里的人谈话都是互相称呼'某阁下''某男爵''某伯爵'，这种现象尤其在高级军官圈子里非常常见，我现在是在为这些家伙白白献身。"

缪拉像个普通士兵一样抱怨他对这种贵族式交谈方式的厌恶。支持缪拉"失宠论"的人通常都想象波拿巴已经知晓了这封信，但至今没有证据能证明这一点。

9月底，缪拉的骑兵并入马塞纳军，后者正驻守着威尼斯领土的西部地区，以掩护对曼图亚的封锁，并阻止奥地利军队向此方向的进发。缪拉在巴萨诺加入了马塞纳的参谋部，此处还没有什么大规模行动。直到11月，阿尔温齐（Alvinzi）才带着第三支奥地利军队从阿尔卑斯山下来解曼图亚之围；同时，另一支由达维多维奇（Davidovich）指挥的军队重新占领了特伦特并经加尔达河行进。波拿巴收拢了远处的分队，在特伦特纵队与他接触前，于阿尔科拉（Arcola）打击阿尔温齐，之后将达维多维奇赶进蒂罗尔。

有人认为这段时间里波拿巴与缪拉保持疏远，后者正笼罩在失宠的阴云中，有观点指出波拿巴11月的行动中没有看到任何缪拉参与的部分。但公开的缪拉信件中至少有一份文件显示了这模棱两可的争论对历史问题的探究会有多大的误导——因为11月25日，波拿巴不仅直接给缪拉写信，还邀请他前往曼图亚前的参谋部。

"到莱尼奥戈港（Porto Legnago）去，"波拿巴写道，"侦察洛尼戈（Lonigo）、科洛尼亚（Colonia）和帕多瓦（Padua）路上的敌人数量和阵地。之后你要在夜里前往龙贝洛（Rombello）加入我，我要从此处前往视察对曼图亚的围攻。"

12月，缪拉和自己的旅加入了奥热罗军。1797年1月，当阿尔温齐和巴雅利奇（Bajalich）的奥军第四次，也是最后一次试图解曼图亚之围时，缪拉参与了波拿巴本人制定的精妙而又重要的行动。先前有人认为这次大胆的进攻是缪拉的个人行为，但在一封于1月13日波拿巴写给缪拉的长信中详述了行动细节，并显示了他的总司令在关键行动中对他的信任。

奥军主力从阿尔卑斯而来，经加尔达河岸东边略与其平行的拉加里纳村（Val Lagarina）的道路行进。茹贝尔守卫着冰雪覆盖的里沃利平原，控制着狭窄的山谷出口。13日，阿尔温齐开始猛烈进攻，波拿巴匆忙带马塞纳和雷伊（Rey）军前往支援。缪拉已经并入雷伊军，但只指挥着一支有骑兵、步兵和2门大炮组成的小分队，在萨洛（Salo）附近监视加尔达河以西。当日，波拿巴下达给缪拉进攻奥地利

▲波拿巴在阿尔科拉

侧翼和后卫的详细命令，这是一个只能由英勇无畏之人才能完成的大胆行动。此时，法国人把南边的船都收集了起来，一些船还被组合成了炮艇。

收到信后，缪拉立即派人去确定一定距离内奥地利无重要行动。得到确认后，他派出所有骑兵绕河流南端强行军与主力部队会合。午夜后三小时，他把两门大炮和所有听命于他的步兵送上了炮艇。在作战计划中，他要在夜里渡河，黎明在东岸托雷（Torre）以北多处登陆，向山地进军并夺取奥地利军队的后方阵地；到时加尔达渔村（Peschiera）改造的炮艇也将被派出，进攻东岸各处以误导敌人；100名工程兵也将乘船加入他，这样一来，缪拉便可在与敌人作战时炮轰其侧翼与后卫，从而稳固自身。

波拿巴希望缪拉能够抓获大量战俘。他还告诉缪拉，自己的卡宾枪营的第11半旅，早年在此作战过，会对地形有所了解。如果出现意外，导致无法再在敌人后方登陆，他要尝试在河流下游登陆，与左侧法军的攻击部队会合。

波拿巴选对了人。缪拉在夜里成功渡河，大胆地进入了奥地利攻方北部的山地。从这个意想不到的地方，缪拉用两门大炮轰击并震慑敌人，切断了上千奥地利人撤退的路线，并像马塞纳在南部进攻时一样俘获了大量战俘。波拿巴在报告上高度赞扬了缪拉出色的作为。

在里沃利战斗后，缪拉回到了萨洛。1月26日，他作为茹尔当的麾下，向蒂罗尔行进并占领了特伦特。27日，缪拉的步兵旅和一些轻炮兵登船，并在托尔博莱（Torbola）附近登陆。茹贝尔经大路向特伦特进发，缪拉从加尔达河上游走山路经阿尔科（Arco）和韦扎诺（Vezzano），这番行动可以让缪拉出现在奥地利用于应对主路茹贝尔进攻的军队的右后方。之后，奥地利的抵抗瓦解了。缪拉和茹贝尔开进了特伦特，并占据了能应对任何敌人试图重夺此地的地点。

2月3日，曼图亚终于投降。波拿巴手中所有的军队都可以自由地投入行动了，同时还获得了莫罗从德意志派来的增援。波拿巴正打算放弃守势，并将战线从威尼斯和东阿尔卑斯向维也纳行进。当这些准备完成时，波拿巴从特伦特召回缪拉，并让他担任即将开始的行动的前锋指挥。

3月12日，缪拉在自由堡（Castelfranco）与法军主力会合，带着两个骑兵团和两门大炮，归属于指挥马塞纳大纵队前锋的贝纳多特师。

此时，奥地利最出色的将军——卡尔大公，开始与波拿巴作战。他试图在威尼斯河流交叉处阻挡波拿巴的行进，但没能成功。波拿巴于14日进攻皮亚韦河（Piave）一线；16日进攻塔利亚门托（Tagliamento）；18日进攻了伊松佐（Isonzo）——一周内取得了三场胜利。缪拉参与了全部的战斗，尤其是在伊松佐的战斗中，他的英勇行为被波拿巴特别提及。

向卡西林亚－阿尔卑斯山(Carinthian Alps）的行军途中，缪拉和贝纳多特并未忙于战斗。4月初，大公的军队已经急剧减少，奥地利人开始求和。

在谈判期间，波拿巴派了一支纵队占领了威尼斯，并将他的参谋部设在了米兰附近的蒙贝洛（Mombello）城堡。缪拉有一段时间与波拿巴在一起。也就是在这段时间，他第一次见到了自己未来的妻子——卡罗琳·波拿巴。

波拿巴——这位胜利的将军在蒙贝洛组建了一个与王室不同的"朝堂"，"朝

▼波拿巴在米兰

臣"是将军和参谋军官、法国人、德意志人和奥地利大使，以及意大利各城市的公使。在波拿巴家族的内部圈子里，拿破仑的母亲，说话直来直去的莱蒂齐亚夫人，对儿子的功绩感到惊诧；他的哥哥约瑟夫喜欢政治事务，不久后将成为罗马大使；路易·波拿巴上尉正在从疾病中慢慢恢复，喜欢谈论诗歌；小热罗姆·波拿巴，正从巴黎放假，跟着他的同学，即未来的意大利副王欧仁·博阿尔奈在一起。三个姐妹中的埃丽莎，后来与科西嘉少校巴乔基（Bacciochi）结婚，波拿巴家族对此婚姻表示遗憾；波利娜则与勒克莱尔将军订立了婚约；而卡罗琳仍恣无忌惮地游走于大胆的调情中。至于波拿巴的夫人约瑟芬，则是一位优雅的女主人，而且已经有了王后的样子。

这里举办了一系列的舞会宴会，缪拉出席了其中一部分。他在蒙贝洛停留的时间并不长。官方上，他还隶属于驻扎在威尼斯共和国境内乌迪内（Udine）的贝纳多特师，但他大多数时间都在布雷西亚，也就是去年他曾不幸落入奥地利人之手的地方。一封波拿巴于6月写给缪拉的信表明了他为什么会留在布雷西亚，而且信中还提到了波拿巴之前写给缪拉，提醒他在乌迪内还有工作要做的那封信。缪拉在信中询问他的这位上司是否对他心怀不满，并在信中的字里行间里暗示波拿巴这么做其实是在浪费时间。波拿巴向缪拉表示"论军事才能和勇气、热情，他对缪拉没有任何程度的不满"，但他同时还补充道："我认为你和你的师在一起要比和布雷西亚的情妇在一起更有用！"这明显是一种上级对下属的指责，而不只是道德意义上的谴责。

波拿巴，到了后来更多时候被称为"拿破仑"时，也经常抱怨他的这位骑兵领袖自私且渎职。"缪拉把参谋部设在能够找到女人的城堡里，这是犯了多大的错"！德赛在1797年战役期间的日记上提到让缪拉留在布雷西亚的动机显然是因为女人，一个当地律师的妻子。另有谣言指向意大利莱基（Lechi）将军的姊妹热拉尔迪（Gerardi）伯爵夫人，据说她是伦巴第的著名美女。

根据约瑟芬给缪拉的一封信的内容来看，缪拉在8月初还待在蒙贝洛，而且之后还短暂造访了罗马。9月初，波拿巴便信任地派他前往瑞士执行军事任务。瑞士格劳宾登（Grison）州南部的瓦尔泰利纳人发起暴乱，并要求将领土并入新建立的西沙平共和国；山谷地区当时处于内战状态，格劳宾登当局派了一名公使到米兰请求波拿巴调停此纠纷，并重整瓦尔泰利纳（Val Tellina）的秩序。9月9日，波拿巴下令警告双方党派停止敌对行为，命令他们各派代表到米兰陈述立场；又补充说为保证河谷的平静，他将派缪拉将军带领边境纵队前往当地维持秩序，所有违背命令者要被逮捕并严惩。缪拉带着步兵、骑兵混合的部队开至瓦尔泰利纳边境的埃多洛（Edolo），他严格执行维持秩序的命令，拒绝聆听对立团体的任何争吵。10月初，波拿巴裁定瓦尔泰利纳归附于西沙平共和国。

在他前往埃多洛的夜里，缪拉抽空又去了布雷西亚。他于9月18日写给自己哥哥的信件就是从这里寄出的，签名为"J.缪拉，瓦尔泰利纳机动纵队指挥官将军"。[①]在信中他抱怨已经很久没有哥哥的消息了，并提及他的功绩可能已经在家乡的报纸上被提到了：

"6个月过去了。你的弟弟面对了巨大的危险，他受了伤，报纸赞扬了他；而你却保持沉默，并对我的荣誉和险些危及我们关系的危机无动于衷。我有理由生你的气，但倘若你仍爱你的兄弟，我就会原谅你。"

他继续写道，他希望和平尽快到来，能让他回到家乡。他刚从罗马离开，正要开始另一个"远征"。

所谓远征，即是瓦尔泰利纳的政治任务，这场"远征"在10月4日结束。之后他将旅撤进了布雷西亚，并向总司令做了报告。波拿巴在便笺上确认了此事："我对你在瓦尔泰利纳的表现非常满意。"同日（10月4日），总参谋长贝尔蒂埃命令缪拉离开布雷西亚，接管特雷维佐（Treviso）的第1骑兵师的第3旅[②]。

10月17日，坎波福米奥（Campo Formio）条约签署，而某些问题将留在莱茵兰的拉施塔特（Rastatt）外交大会上解决，波拿巴也将作为胜利者参会。

"11月7日，"马克思·伦茨（Max Lenz）说，"他（波拿巴）开始了前往莱茵地区的旅程。在萨伏依（Savoy），在瑞士，无论他出现在哪儿，都有公众聚集；他将注意力转移到恢复秩序上，与竞相在他面前呈递各自利益诉求的对立党派商讨或密谋。11月25日，他在奥地利皇帝的特使到达前进入拉施塔特，他乘坐8匹马拉乘的马车，被所有显赫之人包围着，奉承着，仿佛他就是命运之神。皇帝的特使抵达时，科本茨尔（Cobenzl）先了一步。12月1日，协定达成……协定刚刚签署，督政府便邀请拿破仑前往巴黎。"

以往缪拉的传记作者，受"失宠论"影响，称缪拉没有与上司共享凯旋的荣耀。

---

① 译注：原文为"Le général commandant une colonne mobile marchant en Valteline"。
② 由第19猎骑兵团和第5龙骑兵团组成。

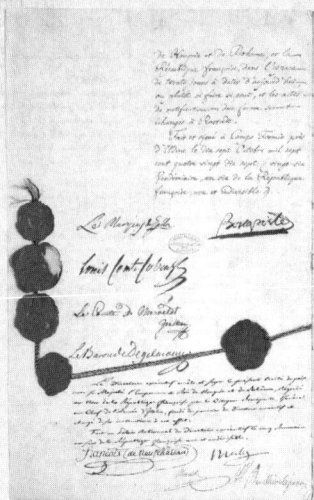

▲签署坎波福米奥条约

◀坎波福米奥条约签字页

沙瓦隆·德·伊夫引用了波拿巴 1797 年 11 月 12 日写给缪拉的信，信中波拿巴让缪拉率先前往拉施塔特。但持"失宠论"观点的人认为"被波拿巴率先派往拉施塔特的是奥古斯特·德·科尔贝，而非缪拉，这或许是缪拉的又一次失宠，原因可能和第一次一样。拉纳、马尔蒙、布列纳、迪罗克、拉瓦莱特正跟着他们的长官分享凯旋的荣耀，而缪拉则被留在意大利消磨了七个月的时光"。[1]同样，迈松在其著作里声称"缪拉在波拿巴面前永久性失宠，而可能前往瓦尔泰利纳的动机只是波拿巴让他离开米兰"后，又补充道："可以确定他既没有与拿破仑去拉施塔特，也没有前往巴黎；他和意大利军团在一起。"[2]但所有的这些理论都被一封拿破仑写给缪拉的短信所否定，该信件的复印件刊登在缪拉的信件集[3]中。信件写于波拿巴离开米兰的当夜，而且可以看出缪拉已经比他提早动身出发。内容如下：

米兰参谋部

共和六年雾月 26 日（1797 年 11 月 16 日）

共和国，只有一个

---

① 沙瓦隆·德·伊夫，《约阿希姆·缪拉》。
② 迈松，《拿破仑和他的家族》。
③ 出自《约阿希姆·缪拉历史书信文件集》。

波拿巴，意大利军团总司令，至缪拉将军

我通知你，将军公民，明天早上9点我将动身前往拉施塔特。

请告知法方全权代表以及焦急等候我到来的皇帝。

波拿巴

至拉施塔特的旅级将军缪拉

可见，缪拉与他的司令关系良好，他不仅与波拿巴分享了拉施塔特的凯旋，还跟随其前往巴黎。但他也及时返回了意大利军团，以参与1798年贝尔蒂埃对教皇国的入侵。

在2月15日占领罗马，并宣告罗马共和国成立后，缪拉受命镇压用武力反对强加给他们共和国公民身份的农民。2月27日，他离开米兰，带领机动

▲缪拉

纵队冲向背靠阿尔巴诺（Albano）的暴动群体。法军抢劫了教皇在甘多尔福堡（Castel Gandolfo）的乡村宅邸，冲入了阿尔巴诺城门，用刺刀洗劫了城市，杀死了约五百名"暴徒"，之后又向韦莱特里（Velletri）前进。阿尔巴诺人放弃抵抗，选择投降。这是场可耻的战斗，他们被百姓称为"偷猎骑兵"。虽然波拿巴通过官方形式感谢了缪拉，但并没有他参与劫掠的任何记录。

缪拉在意大利军团的任职就以这段插曲结束。两年中，他积累了各种战斗的经验。缪拉指挥过骑兵、步兵和小股各兵种混合兵力，在连续的作战中表现出色，并为自己赢得了将军头衔。但封锁罗马的任务和猎杀半武装的农民对他未来的事业毫无帮助。之后传来消息，准备许久的远征军要从法国的土伦起航，波拿巴将带着征服东方的使命担任远征军指挥，缪拉也将参与到这传奇的事业中。

第三章

埃及和叙利亚

1798 年—1799 年

一封来自贝尔蒂埃，米兰意大利军团司令部，日期为1798年3月11日的信通知缪拉"根据督政府的命令，为了一个重要的目标"，他要立即动身与他们会合，务必不要耽搁。他将在抵达目的地后获得进一步命令。这些进一步的命令收录在了贝尔蒂埃的备忘录里，命令的发布日期为"3月15日，热那亚，参谋部"，内容是告知缪拉前往热那亚，他将在那儿加入巴拉格雷·迪利耶（Baraguay d'Hilliers）将军的师，指挥龙骑兵旅（14和18团）听命于波拿巴将军的"大远征军"。他被要求对最后的消息保密。

4月的第三周，缪拉途径米兰，他收到了布雷西亚省政府送的一把华丽马刀，以纪念他频繁造访该城。缪拉在热那亚等了几周，因为纳尔逊舰队在土伦盯得太紧，以致远征军一时无法下水。4月28日，远征队最终在热那亚登船，在耶尔（Hyères）炮兵连的掩护下沿着海岸迅速航行，但在5月1日又收到命令返回热那亚。有谣言说奥地利正在蠢蠢欲动，"大远征"将被无限期推迟。但两周后，他们又匆忙登舰，因为强烈的北风把纳尔逊的舰队吹离了海岸，而这对远征军来说可是一阵好风。从土伦出发的主舰队由波拿巴将军和布吕埃斯（Brueys）上将指挥，于19日起航。热那亚的船队在海上与之会合，他们兵不血刃地占领了马耳他，马耳他的守卫军没有进行任何抵抗，很有骑士风度地投了降，这是"远征"取得的第一场胜利。

在马耳他，缪拉病了而且精神很不好，可能是拥挤的运输环境起了推波助澜的作用。他于6月15日在岛上给父亲写了信：

马耳他是我们的了，三色旗在城市的堡垒上飘扬着。我们将要航行2到3天，我也不知道会到哪儿，但我期待会是埃及。我的健康很不好，这也是为什么我要请求离开并回到你身边，因为这是让我能痊愈的唯一方法。我有理由相信我会得到许可。这座城市很热，我几乎待不下去。信就要送走了，我写信匆忙，也就只有拥抱你的时间。告诉母亲，我爱她并且迫切想见到她和其他家人。再见，祝福所有人。大海并未让我生病。另外，我想知道到我的小侄子是否前往巴黎了。

爱您的儿子

J. 缪拉

"小侄子"是他的兄长皮埃尔的长子，他曾保证要为这个孩子提供教育。在同一个邮址上，缪拉还给巴拉斯写了信，说他要请求离开马耳他。

但之后他又改了主意，与远征军一起东进。7月1日，亚历山德里亚出现在远征军视野内。缪拉没有参与占领城市的行动，他的全部骑兵旅直到4日才登陆。5日，

▲波拿巴在亚历山德里亚

波拿巴在埃及的沙漠

骑兵旅并入迪迦（Dugua）将军的师。6日，迪迦离开亚历山德里亚，经阿布基尔湾和三角洲之间的沙地，向罗塞塔行进，由缪拉的龙骑兵担任师前锋。由于马匹不够，他们中的有些人不得不拖着疲惫的身体步行。

在7月的骄阳下，远征军在沙地上的行军变得非常痛苦；士兵们饱受炎热和口渴的折磨，行军才开始一个小时，士兵们就被荒漠弄得疲惫不堪。缪拉很厌烦这种痛苦的行军。他带领第14龙骑兵团向前推进，占领了阿布基尔村里的一些小房子，并夺取了当地的要塞。要塞只有一小部分士兵看守，装配8门各种口径的陈旧大炮，大多数没有弹药。

第二天，行军继续。远征军在用船载士兵渡过运河时耽搁了一些时间，起初他们只有小木筏可以用，后来舰队送来一些小船，加快了进度。离开正在缓慢横渡和在远处岸边扎营的迪迦步兵师后，缪拉带领龙骑兵继续推进，占领了罗塞塔。整个过程不费一枪一弹，指挥守军的马穆鲁克贝伊在缪拉接近时便逃了。

其余的纵队于翌日抵达。迪迦沿尼罗河沿岸推进，只留了缪拉麾下的步行骑兵和伤残士兵驻守罗塞塔。缪拉沿着尼罗河挺近，再次指挥前锋部队。现在的前锋部队是他的龙骑兵和一个轻步兵营。他们沿着小路穿过耕地，在河边一望无尽的棕榈树树荫下行军。7月10日，军队在埃尔－拉曼尼耶（Er Ramaniyeh）与波拿巴指挥的从亚历山德里亚经达曼胡尔（Damanhour）行进的主力部队会合。

在向开罗进发时，缪拉的骑兵旅一直隶属于迪迦师。现在他变成了后卫部队，任务是搜寻难民和疲惫的掉队者，并让他们赶上运输部队。虽然此时的行军条件已经比他们徒步经过罗塞塔的沙漠时要好得多，但这些士兵由于穿着适用于欧洲的沉重制服而非常受罪，一些

人甚至放任自己溺死在河里；只有当马穆鲁克骑兵出现时，才能缓解士兵们的情绪。但是敌人们一直稳步后撤，直到开罗出现在法军的视线范围内。在安巴莱（Embabeh）镇，马穆鲁克骑兵组建了坚固的营地。7月21日，决定性的战斗——"金字塔之战"爆发。

　　在战斗爆发前的早上，缪拉可谓险象环生。日出后不久，他骑马侦察敌营，身后只跟着洛吉耶（Laugier）上校和一名龙骑兵传令兵。由于马穆鲁克没有设警戒线，所以缪拉能够近距离地观察敌军营地。他好奇地看着新奇的东方风格大营和他们忙着备战的样子。这时，突然有一些长矛兵奔他而来，如果缪拉和他的伙伴选择相信他们马匹的速度，夺路而逃，那么他们很可能难逃被速度更出色的阿拉伯骑兵砍下马的命运。所幸，洛吉耶灵光一现，他建议同伴不要表现出惊慌的样子，而是缓慢

地向棕榈林移动。马穆鲁克立即断定棕榈林已被法军占领，而缪拉和他的同伴试图把他们引入陷阱；于是，他们勒住马匹反身回营，而缪拉一行人穿过棕榈林后，立刻快马加鞭地与战友会合。

交战期间，缪拉与迪迦师在波拿巴身处的中部作战。这个师没有遭遇激烈的战斗，马穆鲁克骑兵那莽撞的冲锋在德赛和雷耶师的方阵面前迅速瓦解，于是，开罗成了胜利者的战利品。马穆鲁克分散开来，一部分在穆拉德（Murad）贝伊的带领下向上埃及撤去，德赛的纵队紧追其后；余下的则由亚伯拉罕贝伊指挥，撤进了叙利亚沙漠。

7月27日，缪拉被指派为开罗北部科利奥布（Kelioub）地区总督，留给他维持秩序和从村子征收欠款的兵力有1个步兵营、25名骑兵和1门大炮。

在缪拉刚开始组织治理辖地时，就得知亚伯拉罕贝伊正奔开罗而来。这位马穆

▲法军在埃及

鲁克领袖沿着德尔塔（Delta）的东南边行进，紧挨着沙漠边缘行军，在这里他总能找到一些难民。8月5日，亚伯拉罕与掩护开罗东北部的勒克莱尔交火。

　　战斗在埃尔－汉加（El Khangah）展开，该地位于科利奥布东部几英里外。缪拉听到炮声后立即做好"向炮声前进"的准备，并向在开罗的波拿巴请求增援。在缪拉抵达前，亚伯拉罕便被打跑了，其身后有两路法军大纵队紧跟，以致亚伯拉罕不得不沿着叙利亚商道撤退。追击的法军右路由雷耶指挥，左路由迪迦指挥，缪拉和勒克莱尔的骑兵旅先是在他们中间行进，后又变为前锋。

　　他们的行军路线是经过科莱蒙（Koraim），沿沙漠边缘向萨尔海耶（Salheyeh）行进。一路上，双方的散兵频繁交火，但有过与法军方阵猛烈火力交火经验的马穆鲁克并不打算进攻。当缪拉和勒克莱尔试图阻隔，并缴获马穆鲁克的运输驼队时，激烈的交火与骑兵战爆发了，然而马穆鲁克在掩护运输队消失在商道上交错分布的沙漠、盐沼和棕榈林中后便撤退了。但是这场战斗仍被认为是将亚伯拉罕驱离埃及的胜利，而且作为战斗中的英勇分子，缪拉也在波拿巴写给督政府的报告上被着重提及。

与亚伯拉罕贝伊的战斗一共持续了一周多。8月16日，缪拉回到了科利奥布。很快，他就报告说自己正在新组建的省"享受着完美的平和"，而且村子的税收也开始正常化，还可以提供大量的阿拉伯马匹给骑兵。8月29日，波拿巴在报告中写道他"对缪拉的表现非常满意"。

　　9月，科利奥布的平静被出现的马穆鲁克侵入者打断。他们收纳了一些临近的阿拉伯人并组建了一支强大的军队，夺取了尼罗河一线的村庄。在一些零星交火后，缪拉和拉尼斯（Lanusse）将军打算在这个月的最后一周出征，并彻底粉碎他们。法军分为两路纵队，每路五百余步兵，并向栋代（Dondeh）行进。法军的一艘小船在甲板上载了四门小炮充当炮舰，并顺流而下，进入宽阔的水渠通道，从而轻易地切断敌人的后撤路线。不过，缪拉的纵队要穿过多条水渠，路非常难走，一些有着临时搭建的桥，一些则要涉水而过。敌人最后在栋代村附近被发现，缪拉带领着部下在泥水中发起了刺刀冲锋，敌人在他们的进攻下溃散，在逃跑过程中损失惨重，最终在如潮水般的攻势下投降。侵扰者搜集的约一万只羊和大量好马成了胜利者的战利品，法军仅4人受伤。

　　8月初，纳尔逊的舰队出现在亚历山德里亚附近。当晚日落前，他摧毁了停泊在阿布基尔湾的布吕埃斯舰队，并封锁了海湾。这就是著名的"尼罗河之战"。

　　此战的结果完全改变了局势，纳尔逊舰队将在埃及的法军与法国本土完全隔离，而波拿巴则相信土耳其军队不久后就会入侵受纳尔逊庇护的土地。10月底，缪拉被派去巡查海岸地区的防御，而且他还前往了罗塞塔和亚历山德里亚。在亚历山德里亚，他还成功地摧毁了聚集在达曼胡尔的"叛乱者"。

　　在造访亚历山德里亚时，缪拉给他的父亲写了一封短信，通过一艘偶尔会突破封锁线的小船寄送，日期为"1798年11月6日"。信的内容如下：

　　我还活着，亲爱的父亲，而且健康良好。许久没有你的消息让我很难过，这是目前我唯一承受的痛苦。我无法告诉你目前的细节，因为我不敢肯定那些英国人会让这封信通过。我希望在回去后能告诉你一切，我希望这不会耽搁太久。替我拥抱我的母亲，告诉她我非常想见她、拥抱她，渴望在她的臂弯里忘记我所有的疲惫。再见，也替我拥抱我的兄弟姊妹，请相信你的好儿子。

J. 缪拉

　　我刚听说土耳其对我们宣战了，这真是难以置信，但我们准备好了应对各种事件。我没有法国的任何消息，如果我的小侄子还没有动身，就请你尽快将他送到巴黎。

新年的第一个月，缪拉组织机动纵队摧毁了在德尔塔聚集的敌人，并且在1799年1月11日和20日先后取得了两次胜利。波拿巴为感谢他的行为，送了缪拉一座在开罗的房子，以作为"在战役期间出色表现的特别奖励，以及弥补所遭受的损失"。

不幸的是，土耳其想要重获埃及的消息是准确的。一支土耳其军队正在叙利亚集结，波拿巴决定率先入侵叙利亚以获得先机。2月10日，波拿巴离开开罗时，任命缪拉指挥叙利亚远征军的骑兵。

当时，缪拉的骑兵力量只有九百余人，由所有东方军团的骑兵分队构成，还有一个有6门骑炮的炮兵连。在行进中，他带着部分兵力作为克莱贝尔的前锋。2月25日，法军出现在吉萨（Gaza）城前。在波拿巴和这座城之间，有6000名土耳其步兵和6000名马穆鲁克、阿拉伯和阿尔巴尼亚骑兵。当法军整队备

▲波拿巴在雅法

战时，缪拉发现他的骑兵正面对着数量众多的非正规骑兵，为了弥补兵力上的差距，拉纳的步兵被派去支援他。

战斗打响后，马穆鲁克发起了猛烈进攻，并冲进了最前面的三个法军方阵。缪拉用他余下的骑兵进攻敌人的侧翼，同时，另一侧的拉纳也向敌人近距离开火。马穆鲁克骑兵只能夺路而逃，而缪拉紧随其后。阿拉伯人和阿尔巴尼亚人则都没有抵抗的决心。没过多久，这六千余骑兵就纷纷逃散，接着，敌人的步兵在波拿巴和克莱贝尔的步兵营面前迅速撤退，他们逃得太快，以至于都没有多少伤亡。胜利的结果就是吉萨城立即投降。

在此地停留四天后，波拿巴向雅法行进，并夺取了该城。他之后沿着海岸向北推进，直到在阿克遭到狄耶扎尔（Djezzar）帕夏的土耳其守军和西德尼·史密斯的

英国海军的抵抗才被迫停下。

在围攻阿克期间，缪拉负责侦察和偷袭巴勒斯坦（Palestine）北部。在他出征的第一阶段，缪拉占领了位于阿克东南十英里外的山区的谢法拉姆村。狄耶扎尔在此地有座华丽的宫殿，之后被法军改为战地医院。当时有谣言说，大马士革的帕夏正准备集结军队前去解围，缪拉就派了一支200名骑兵、500名步兵和2门大炮的纵队进去山区；他计划在萨菲德（Safed）要塞的废墟上驻军，这是一座建立在陡峭悬崖上的要塞，控制着从阿克到上约旦渡口的道路。之后，他打算向约旦方向侦察，以确定大马士革帕夏是否有往此方向的行动。萨菲德的小规模土耳其守军在缪拉的接近下迅速撤退了，后者一路行进到约旦，并派出侦察分队直至河边以确认此方向一片太平。在留下一小支军队守卫萨菲德后，缪拉与阿克城前的军队会合了。

然而，虽然缪拉严格执行了侦察任务，但他并没有推进太远，而且他被充满敌意的当地人民所蒙蔽，以致没能发现被刻意隐瞒的帕夏行动。他本应该在约旦渡口设立永久性的岗哨，或至少应该更大胆地向更远的地方侦察，并更慷慨地雇佣当地间谍。如果他这么做了，他就会得知在他仍停留于萨菲德时，大马士革的军队正在向南全速前进。结果，在缪拉回到阿克前方的法军阵地后，控制拿撒勒（Nazareth）地区的朱诺正与土耳其人作战，而萨菲德几乎被敌人围困。

波拿巴派克莱贝尔师增援控制拿撒勒的朱诺，并派遣缪拉带着1000名步兵[1]

---

[1] 法国远征军兵力的锐减程度从缪拉率领的1000名步兵的组成就可以看出，这1000人至少来自四个团——第4轻步兵团和第9、第18、第55线列团。

和 100 名龙骑兵去解萨菲德之围。缪拉在 4 月 14 日离开营地，他没有直接向萨菲德行进，而是以穿过山路的强行军方式，于第二天下午抵达。这使他可以在 16 日日出前，进入萨菲德山地和约旦之间的平原。

战斗一开始，龙骑兵便迅速夺取了河上方的桥梁。步兵则组成两个方阵，向地势平缓处推进。敌人的骑兵一次又一次地向他们发起进攻，以至于两个方阵就像骑兵洪流中的岛屿。但他们端平的刺刀和顽强的火力粉碎了敌军骑兵的每次攻击。最后土耳其人溃散了，法国人则疯狂地欢呼着向敌人的营地前进。几乎没有任何抵抗，营地便落入法国人手中。大马士革帕夏的儿子是该军队的指挥，他那充满华丽的东方风格的营帐，并为胜利者"提供"了丰富的战利品。

然而，法军被帐篷四角那插在长矛上的战友的头颅激怒了——它们是属于萨菲德突围未成的守军。因此，帐篷被愤怒的法军劫掠一空，不能带走的东西一律被付之一炬。

缪拉后来又经基尼烈平原(Gennesareth)海岸向南推进，占领了太巴列(Tiberias)市，并截住了一些在克莱贝尔塔指挥的博尔山（Mount Thabor）之战中溃逃的土耳其主力部队的逃兵。

在成功返回阿克前方的战线后，缪拉请求参与围城战。在 5 月 6 日击退守军突围的战斗中，缪拉险些被杀，多亏他的副官，奥古斯特·德·科尔贝在近身肉搏中救了他，副官本人则身受重伤。十天后，在守军奋不顾身地突围失败后，波拿巴却发现自己不得不放弃围城并向南撤军。"上千名出色的士兵被掩埋在战壕和矿道中，人数可能还会因为伤后感染和瘟疫而上升"。

缪拉的骑兵在当时已经减员严重，但还是在撤退期间组成了后卫，这个任务一直到 6 月 14 日进入开罗才结束。之后，缪拉和他的骑兵被安排处理一些小规模的马穆鲁克的抵抗和镇压德尔塔的叛乱；但没多久，他就又被召回执行更重要的任务。

7 月 12 日，一支土耳其军队在西德尼·史密斯爵士的英军舰队的护送下出现在阿布基尔湾；他们在同名的村庄登陆，占领一处沙地半岛，两翼均为大海所保护。波拿巴打算进攻他们，于是缪拉被召回开罗，负责指挥集结于此的小军团的前锋。

当时，可供缪拉直接指挥的兵力为两千三百余人，包括一个骑兵旅，由第 7 骠骑兵团和第 3、第 14 龙骑兵团构成，同时还有德斯坦(Destaing)的步兵师和 4 门大炮。余下的军队为拉纳师（2700 人、5 门大炮）、拉尼斯师（2400 人、6 门大炮），总共 7400 人和 15 门大炮——比后来大军团时期一个师的兵力还要少。

7月24日，土耳其人出现在法军眼前。赛达·穆斯塔法帕夏登陆了1.8万人。他的大营由两条由大炮武装的战线掩护，里面的那条战线中部有一座高堡垒，两翼延伸至海滨。不过，前面的战线并未完全伸展至右侧的大海和左侧的阿布基尔浅滩。25日早上，拉纳和拉尼斯的大炮向前面的战线展开轰击，缪拉带着骑兵和骑炮突然冲入敌人侧翼与湖泊之间的缺口。在拉纳和德斯坦的步兵用刺刀进攻正面防线时，缪拉的骑兵出现在敌军防线的侧翼和后面，并拉出大炮近距离开火。土耳其人的战线开始后撤，但法国骑兵切断了他们的退路，并在他们逃跑时迅猛冲锋，不出一个小时，第一条战线就落入法军之手。法军俘虏了1200名战俘，此外，敌方伤亡1400人，还有5400人逃进了大海。防线工事内的18门大炮也被法军缴获，还有50面军旗也成了胜利者的战利品（东方的军队会带很多旗帜）。

接着，法军开始进攻第二条战线。通过占领的半岛海岬，波拿巴可以用炮兵向土耳其工事的最右端发起纵射，侵扰他们。抵抗者右侧收缩了一点，于是出现了一条小缺口，缪拉带领600名骑兵从此突入。缪拉穿过多面城堡和海湾炮艇上的交叉火力，深入到敌人战线中，进攻他们的侧翼和后方，在步兵进攻奏效时，他又转而带着骑兵冲向土耳其人的营地。在战斗的最后阶段，出现了军事史上小说或诗歌最爱描绘的传奇一幕——两个头领的决斗。

当时缪拉发现自己面对的是敌人的总司令赛达·穆斯塔法帕夏。双方在搏斗中均负了伤，土耳其人被缪拉用马刀砍去了两根手指，并被解除了武装，但此前土耳其人向缪拉开了一枪，子弹穿透了后者的下巴。最后，被俘的土耳其总司令被送至波拿巴处；缪拉简单地包扎了一下伤口，在战斗结束后才前往战地医院。幸运的是，子弹非常小，没有伤到舌头，甚至都没有打掉牙齿。他出色的健康状况让他很快便从伤患中恢复，加上"波拿巴将军认为阿布基尔大捷缪拉功不可没"的消息让他精神百倍，于是更促进了恢复。

此战，法军大获全胜。土耳其军队几乎全部被杀、被俘或被赶进大海，只剩下一小部分人被封锁在阿布基尔要塞。法军缴获100面土耳其军旗、32门大炮，其中还有两门英国制造的大炮，是英国政府送给苏丹的礼物。

波拿巴面向全军宣布："英国的大炮"将作为礼物赠予骑兵旅，以示对其力量的认可，大炮上将铭刻"阿布基尔战役"和缪拉的名字，以及三个团的番号（第7骠骑兵团、第3和第14龙骑兵团）。

在向督政府的报告中，波拿巴写道："对共和国荣耀影响巨大的战斗的胜利，主要归功于缪拉将军。我请求您批准我擢升其为师级将军。他的骑兵旅能够完成不可能完成的任务。"

其实，他已经擢升了这位勇敢的骑兵将领，而且在战斗结束当晚，缪拉在战地医院就收到了临时的保证。最后，官方形式的提拔是波拿巴的参谋长贝尔蒂埃带来的，开头为"在战场上擢升缪拉将军为师级将军"，并列举了总司令所认可的其在战斗中的种种表现；但最重要的是他"为阿布基尔的胜利做出了出色的贡献"；最后还补充道，对缪拉的擢升已经告知战争部长并请求得到批准。

三天后，在亚历山德里亚医院，缪拉已经恢复得能够通过口述的方式给父亲去信。他兴高采烈地"写"道，如果胜利的消息传到家乡，毫无疑问他们会得知他受伤的消息。他请求父亲不要太担心，并不是永久性伤害，军医说他两周之内就会痊愈。当他回到欧洲后，女士们可能会觉得他不再英俊，但他仍会一如既往充满勇气。他还将军中表扬他英勇行为和擢升官职的命令副本装进了信中。如果他的父亲需要帮助，钱款无法从埃及寄送时，他告诉父亲可以向他在巴黎的朋友求助。他还说道希望能尽快回家，亲吻母亲并表达爱意。同这封信件一起寄送的，还有一封贝西埃旅长的信件，他的病床和缪拉紧挨着，他想通过缪拉与在普雷萨克（Preissac）的家人通信。贝西埃在攻打阿布基尔要塞时受伤，但恢复得不错。

此时，远征军期盼已久的归国已经近在咫尺了。波拿巴将军收到国内的消息，共和国在欧洲的事业正处于风雨飘摇中，而且他预见到自己在巴黎要比

▼战斗中的缪拉

▲阿布基尔之战

▼缪拉在阿布基尔

孤零零地占领埃及有着更多的收益。阿布基尔的胜利能够让他以胜者的身份凯旋，他留下克莱贝尔指挥军队，并选出了最出色的将军与他一同返回法国，缪拉就是其中之一。在 8 月的最后一周，当他刚刚初愈，还没有完全从伤病中恢复时，就被突然告知要在亚历山德里亚港口登舰返回法国，他只有几个小时的时间安排工作事宜和收拾行李。

1799 年 8 月 22 日，他乘坐迪马努瓦尔船长的卡雷尔（Carrère）号驶离亚历山德里亚，与他一道离开的将军们还有马尔蒙和拉纳；另一艘三桅帆舰米隆（Muiron）号一同起航，载有波拿巴、贝尔蒂埃和一众官员及平民。绕开英军的巡航，两艘解除武装的帆舰于 9 月 30 日抵达阿雅克肖，短暂停留后经过弗雷瑞斯（Fréjus）湾，在险些落入英国舰队之手后，他们于 10 月 9 日抵达圣拉斐尔。

在离开一年半后，缪拉又回到了法国。他现在是位 32 岁的师级将军，为决定性的胜利做出过斐然的贡献。此外，他现在已经是那位充满野心，不久后就将主宰法国的军人的核心圈子里的一员了。

第四章

雾月政变和马伦戈会战

1799 年—1800 年

经过弗雷瑞斯，缪拉直接前往巴黎，他在抵达巴黎后没有表现出要与旧通信人巴拉斯修好关系的意思。随着督政府的时日无多，缪拉已成了"后起之秀"的盟友。

在为雾月政变所做的仓促准备中，"东方军团"的四个将军，贝尔蒂埃、拉纳、马尔蒙和缪拉负责探查驻于巴黎或附近的官员的看法和感受，并力图获得那些有意为政变而冒险之人的支持。贝尔蒂埃负责参谋成员；拉纳负责步兵军官；马尔蒙负责炮兵军官；缪拉负责骑兵。他向波拿巴保证能够获得卫戍在巴黎的三个骑兵团的支持：第21猎骑兵团、第8和第9龙骑兵团：第21团是他的老部下，他曾指挥他们镇压葡月叛乱；第8和第9曾在波拿巴的意大利军团服役，其中一个上校叫萨巴斯蒂亚尼，是一个愿为同乡（波拿巴）肝脑涂地的科西嘉人。

10月19日，缪拉被战争部正式提拔为师级将军。

在雾月18日至11月9日期间，这四个将军每人都邀请了8个或9个被选出来的军官与自己共进早餐。迪罗克，这位波拿巴将军信任的副官，奔走于此次"聚餐"，却只在餐桌前露了一小会儿脸。他告诉客人们即将到来的危机，并建议他们应该骑马加入波拿巴将军。当时马匹已经上好了鞍子等候在各处，所以，每一次停留，迪罗克都能召集起一众军官为他的上司效命。如此这般，当波拿巴接管巴黎军队的指挥时，已经有50名军官组成的队列浩浩荡荡地护卫在波拿巴的身边了，他们都是早已在共和国的战争中成名之人。

那天早上，缪拉被派往指挥首都的骑兵，他亲自下令骑兵部队包围元老院集会的宫殿，预谋革命的第一步正在进行：圣克劳德会议延期；波拿巴将指挥巴黎的军队，以"保护"圣克劳德会议正常进行；迫使巴拉斯辞职，逮捕另外两名督政官。

第二天，在圣克劳德的政变进程中，缪拉扮演了非常重要的角色。当波拿巴从五百人议会出来，抱怨自己遭到辱骂并受到生命威胁时，缪拉坚定地站在他一边；他不仅劝波拿巴做进一步努力，更帮助他煽动士兵对议会人员的敌意。在吕西安·波拿巴宣布辞去议长之职，以及五百人院宣布拿破仑不受法律保护时，缪拉和勒克莱尔持剑进入会场，身后则跟着弗雷维尔（Frégeville）的掷弹兵。缪拉喊道："公民们，你们被解散了！"接着，他转身对掷弹兵说："把这些人赶出去！"掷弹兵用刺刀将这些人从窗户赶到了花园，剩下的小部分人宣布政府更替，由拿破仑·波拿巴出任执政。

11月的长夜里，圣日耳曼的老房子里一片惊慌。这是康庞夫人的女子寄宿学校，她曾是"不幸的玛丽－安图奈特"的伙伴。当房子外边传来马刀的碰撞声和马匹的

▲波拿巴在五百人院

马蹄声，以及敲打大门的巨大声响时，屋内一片恐慌，不过好在这声音并不来自于敌人。缪拉从圣克劳德派出了四个小队，带着他匆忙写给其中一个年长的姑娘，卡罗琳·波拿巴小姐的信；信里写道，她的兄长如何在写信人的帮助下成了法国的统治者。

在意大利时，缪拉曾在她哥哥于蒙贝洛设立的"朝堂"里见过这位女士。波拿巴从埃及回来后，卡罗琳和他的同学奥坦斯从康庞夫人的学校到波拿巴在胜利街的房子度假；政变前两天，她又被送回了圣日耳曼。在她于巴黎度假期间，缪拉又见过她多次，也就是在这时候，他对卡罗琳展开了追求。

在蒙贝洛，他只是渺茫地幻想能与她结婚，因为他那时还不是核心圈子的成员。现在他的地位变了，阿布基尔的胜利坚信了他对自己的好评，而且进一步证明了波拿巴也同样持此看法。与掌管法国的家族联姻将会保证他的未来，但是其他人可能也有同样的打算。

卡罗琳，这个漂亮、活泼又有些粗鲁的科西嘉女孩儿非常钦佩造访自己哥哥住宅的年轻将军们。有意卡罗琳的两位将军，拉纳和缪拉就在其中，而约瑟芬更属意缪拉。成为第一执政后的拿破仑，无论宪法怎么写，都不打算放弃到手的权力。他已经预见到他妹妹的追求者中可能会有亲王，但同时，他又急着用卡罗琳的婚姻稳固自己的地位。莫罗将军，是当时在法国被拿破仑认为有能力成为他对手的人。在政变后的一周，雾月24日（11月15日）的公报上，刊登了莫罗将军不久将迎娶第一执政的妹妹的声明，而此时尚未婚配的妹妹只有卡罗琳一个。波拿巴一定在刊登声明之前与莫罗商量过，而且相信他也确有此意；不料公报的结果却是莫罗告诉第一执政波拿巴他无意卡罗琳，即公报上的声明要被当做无缘由的谣言对待。这个事件让整个家族急着尽快把卡罗琳嫁出去，以显示有关莫罗的谣传毫无缘由，以及没有人会因为莫罗的名字不在追求者的名单上而感到失望。

　　于是，迎娶卡罗琳的机会就落在了两个与第一执政共命运的年轻将军身上。拉纳从政变那夜开始担任巴黎总督，而缪拉则在雾月30日（11月21日）被任命为执政卫队总司令。波拿巴属意拉纳，他将卡罗琳和缪拉的结合视为空无一物的情感

►第一执政波拿巴

▼让·维克托·莫罗

主义。他说，卡罗琳太沉迷于闪耀的骑兵将领，而没有意识到她将牺牲一段更有未来的婚姻。但卡罗琳从康庞夫人学校放假在家，很快就融入了约瑟芬"内廷"的核心圈子；她不仅表现出了强烈的自主选择缪拉的决心，还获得了强力的盟友约瑟芬的支持。

虽然婚事还在商讨中，什么都没有定下来，但另一个好消息是缪拉在此时收到了推迟很久、因其在阿布基尔出色表现而擢升其为师级将军的批准。根据缪拉这段时间的信件显示，他正频繁地与故乡大区的官员联系。他呈递给第一

▲ *卡罗琳·波拿巴*

执政波拿巴一封卡奥尔官员对他的祝贺信；他给家乡的团体寄去了新宪法的复本，并声称"在它的保护下，法国人民恢复了长久由于派别斗争而失去的权利"；他还保证用他的影响为当地谋取利益。我们从他结婚这件事上可以看到，他家的重要现状。在 1800 年新年前，似乎至少是在 1799 年后半年，他的父亲皮埃尔·缪拉去世了，他守寡的母亲与目前拉巴斯蒂的家族当家人安德烈·缪拉生活在一起。

1800 年 1 月的第一天，拿破仑终于同意了妹妹与缪拉的婚事，正式的婚约于共和 8 年，雪月 28 日（1800 年 1 月 18 日）在卢森堡宫签署，也就是后来的"执政宫"。从文件手稿上还能看出波拿巴家族并没有完全摒除他们在科西嘉所使用的意大利表达方式。第一执政波拿巴不止一次写将自己的名写为"Napoleone"[①]。缪拉的新娘，广为人知的名字是"卡罗琳"，但这里提到的是他受洗时的意大利式名字玛丽娅·农齐娅塔（Maria Nunziata）的法语形式"Marie Annonciate"。由于她年龄稍小（生于 1782 年 3 月），她的母亲莱蒂齐亚代为签字。她的四个哥哥是婚约的见证人。双方同意没有夫妻共有财产，并宣布放弃法律在这方面赋予的权利。一座宅子正单独为妻子兴建，而她的丈夫也同意她可以自由支配财产。她的四个哥

---

① 译注：译为"拿波里奥尼"。

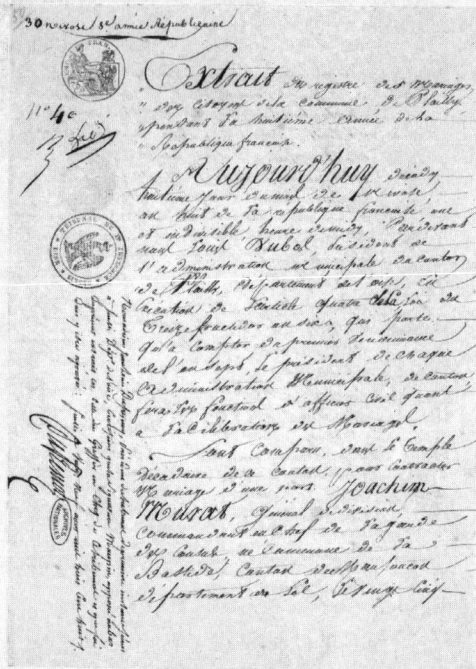

▲缪拉与卡罗琳之婚书

哥给了她四万法郎的嫁妆，缪拉承认这些财产，并且从自己的财产中给她加了三分之一；此外，他还承认卡罗琳个人拥有价值 1.2 万法郎的钻石、珠宝和其他财产。缪拉这边的见证人是让·巴蒂斯特·贝西埃，他用了自己名字的不常用拼写方式，并第一次向世人宣示了二人的密切关系。

婚礼被安排在 1 月 20 日。19 日，缪拉从塞纳河南岸公民大街的宅子里给哥哥安德烈写信，向兄长告知自己的好运。缪拉在信中说自己要动身前往"第一执政的宅邸"，第二天便将与这位伟人的妹妹结婚。婚约已经于前一天的夜里签署。他希望安德烈能将这个消息告诉他的妹妹和母亲，并且向后者保证她走运的儿子渴望见她并想要拥抱她，他不久后就将带着妻子回来看她。缪拉又说到了自己的侄子，即兄长皮埃尔之子，目前在巴黎一切安好，接着话题又回到了自己的婚姻上。"再见，明天我将是最幸福的人。明天我就会有自己最心爱的女人了。"缪拉说道。

事实上，婚礼不是在"波拿巴执政的宅邸"，而是在约瑟夫·波拿巴于莫特方丹（Mortefontaine）的领地举行的。这里离巴黎 19 英里，位于巴黎前往尚蒂伊（Chantilly）的路上。这对幸福的夫妻所举办的婚礼，是纯粹的世俗仪式。当时仍在流行的共和历废除了礼拜天，而雪月的第 30 天则被选来举行世俗仪式，因为这是一个"Decadi"，即第十天，新历法下的休息日。同样，这对夫妻也不用去教堂，而是去了约瑟夫·波拿巴城堡附近的普拉伊（Plailly）的"第十日会堂"（temple décadaire）。宣布缪拉和卡罗琳以共和国的名义结为夫妻的民事官员是公民路易·迪博（Louis Dubos），普拉伊管理委员会主席。第一执政和其夫人约瑟芬都没有到场，波拿巴家族派来的代表是新娘的母亲和她的哥哥约瑟夫、路易，以及舅舅费什。前战争部长贝纳多特将军作为缪拉的见证人；拉纳将军也大度地出席婚礼，为他的竞争对手献上祝贺。

新婚夫妇没有在约瑟夫位于莫特方丹树林和河流间的房子住多久。不出一周，缪拉就带着卡罗琳回到了他在巴黎公民街的家中，并且很自豪地带着她出席卢森堡宫的沙龙。这对漂亮的夫妇每个晚上都是各个舞会和宴会上备受瞩目的客人。这还得感谢第一执政波拿巴，因为他，巴黎再次有了朝廷，并且试着重回那光彩夺目的时期。

缪拉将军是个引人注目的人。虽然中等身高而且身形壮硕，但却没有笨拙迟钝之相。他喜欢穿着鲜艳的执政卫队骑兵制服；他的每个动作都充满气势而且不急不躁；他的黑色眸子在他英俊的脸上闪烁着光芒。在阿布基尔受的伤被他用短短的胡须挡住了，一头黑色卷发按当时流行的样式绑了起来，垂到刺绣领口旁。

缪拉不跳舞。在舞会上他很乐意给妻子拿扇子、手套，做她的忠诚侍从。在这些场合中，卡罗琳偶尔佩戴第一执政送的钻石项链，但更多的时候还是戴着缪拉送的珍珠项链，这花费了他三万法郎。她很高，面容姣好，笑容灿烂，举止活泼。有些不怀好意的人指责她不是家族里最貌美之人，因为她的头太大，肩膀又太丰满，而她的身形又太纤细，尤其是脖子特别细，所以画像可能会让她高兴一点，因为画像里不会现这些吹毛求疵的细节。卡罗琳在公民街的宅邸里扮演者女主人的角色，并且对丈夫的前程帮助甚大。

当时，缪拉还非常想要回到拉巴斯蒂，带着他的妻子去看一下他小时候生活的地方；他写信给安德烈，让他买座房子供他常住。但计划好的回乡造访却被无限期推迟，新婚尚未到三个月，缪拉就突然被指派到了即将进行作战行动的地点。

4月中旬，他被命令即刻前往第戎，接管在老勃艮第首府集合的东南部大区的"预备军团"骑兵部队。他离开了卡罗琳，于19日到达第戎。

第一执政波拿巴正准备一系列大胆的战略以恢复法国的战略主动权，同时确保自己能够长久掌权。在他离开欧洲进行东征的那段时间，共和国军队接二连三地遭受了失败。当时奥地利人遍布北意大利，马塞纳艰难地防守着老热那亚领地，同时，絮歇（Suchet）率一小股兵力紧盯着普罗旺斯边境。莫罗和莱茵军团则守卫着东部边境。

不过，在这灾难的一年中，共和国军队还没有失去对瑞士的控制，波拿巴打算利用瑞士作为1800年战役的基础。"预备军团"集结在勃艮第的日内瓦河畔，其兵力被严格保密，也没有暴露波拿巴此次行军的目的。而且他对奥地利的报纸上

▲缪拉

嘲讽法国人根本不可能在这个地区集结军队的错误判断而感到高兴。奥地利人把"预备军团"当作虚构之物，并认为法军最可能在阿尔卑斯山口集结小股力量，也可能在一定程度上增援南部的絮歇或东部的莫罗。

当时，缪拉作为骑兵总司令，已经有了中将头衔，但没有进一步擢升。这头衔是临时的和局部的，作为统领全法国军队的总司令——第一执政波拿巴的下属，缪拉的任务是巡查和组织军队；当他前往指挥几个师或旅的集群①时，会另有将军接替他。当缪拉到达第戎时，他受到了驻扎于当地的军团的热烈欢迎。缪拉作为大胆而又幸运的将领的名声让他在军中驰名，而且他的到来也被广泛认为是波拿巴到来的前兆。

情况正是如此。波拿巴在他的下属到达后的几天内也抵达第戎。他的初始计划是让预备军团进入瑞士，与已经在此处的蒙塞将军会合，将苏黎世和卢塞恩（Lucerne）作为供给基地，并穿过圣戈达（St.Gothard）向米兰行进，通过突袭奥地利的后卫和交通路线迫使其放弃热那亚－亚平宁一线。

不过，第一执政后来修改了计划细节，并决定早于预定时间行动，因为到了4月，北意大利的局势就会变得不利。当时，奥地利已经增援了亚平宁一线，奥地利将军梅拉斯已经将絮歇沿里维埃拉（Riviera）逐至尼斯。同时，他的下属，奥特将军已

---

① 缪拉的骑兵师有 4 个旅，由众多团构成，但其中一些极为羸弱，总兵力约为 6000 人，每个旅装备 2 门乘骑大炮。旅的组成如下：

第 1 旅——尚普（Champeaux）将军，第 12 骠骑兵团与第 21 猎骑兵团；

第 2 旅——里沃（Rivaud）将军，第 1 骠骑兵团与第 2 和第 15 猎骑兵团；

第 3 旅——迪维尼奥（Duvigneau）将军，第 5、第 7、第 8、第 9 龙骑兵团；

第 4 旅——克勒曼（Kellerman）将军，第 1、第 2、第 3、第 5 和 20 线列骑兵团。

将马塞纳赶至热那亚,并且联合海上的英军截断法军的补给,把法军封锁于此处。该地由于缺乏物资供应,被包围没多久就陷入了饥荒,但马塞纳不顾士兵和民众的悲惨处境,冷酷地坚持守城。

如前面所说,奥地利指挥官认为,法军不可能从阿尔卑斯进攻,并且认为如果广为谈论的"预备军团"确实存在,那么它将增援絮歇。所以奥地利人没有守卫山口,只留下几个无法长久抵抗的岗哨。

波拿巴命令莫罗渡过莱茵河,进入南德意志以牵制此方向的敌人,而他则率领位于法国和瑞士东南的军队,从最近的山口翻越阿尔卑斯山。他亲自率领大部队从大圣伯纳通过,所骑的坐骑并非大卫那幅妇孺皆知的画作上的高头大马,而是脚步稳健的骡子。缪拉与他在一起,同行的还有缪拉师里的两个轻骑兵旅。在离山口还有几英里的地方,人们都牵着马匹缓慢地行走。法军还有两路小纵队,每路5000人,分别由蒂罗(Thurreau)将军和沙布朗(Chabran)将军率领,由塞尼(Cenis)山口和小圣伯纳山口翻越阿尔卑斯山。另外,蒙塞将军从瑞士率领1.5万人翻越圣戈达,并派了贝通库尔(Bethancourt)率领一个约三千人的旅翻越辛普朗山口。如果波拿巴的对手是个同他才智相当的人,那么这些纵队在他们于北意大利集结并采取行动前就会被逐个击破;但他愿意冒险,因为他了解他的敌人。

在成功翻越大圣伯纳山口后,缪拉率领他的骑兵和乘骑炮兵,于5月27日占领韦尔切利(Vercelli)。他缠住了撤退的奥地利分队,并与拉纳协作驱逐塞西亚(Sesia)河畔的敌人,在29日挺进了诺瓦拉(Novara)。

当时,奥地利将军费斯特贝格(Festemberg)与军队停在提契诺(Ticino),阻断了法军前往米兰的道路。他控制着东岸,并且将所有能在下游找到的船都移到了他那边。5月31日,缪拉与他的骑兵和布代(Boudet)师,以及执政卫队炮兵出现在提契诺河的帕维亚(Pavia)一岸。两军隔着河用大炮展开了对轰,缪拉则派侦察队在河流上下游寻找可能的渡河点。

加利亚泰(Galliate)的居民比较亲法,他们为法国人提供了一些藏在灌溉水渠里的船只。随着船只被推到村子的上游,渡河成功开始了。在敌人发现船只已经被使用前,缪拉的一些执政卫队掷弹兵已经在对岸列阵;之后,图尔比戈(Turbigo)被法军占领。前锋在对岸站稳后,缪拉用木筏把大炮运送过河,而马匹则游泳过河,法军终于占据东岸。

夜里10点,图尔比戈被奥地利将军劳登(Loudon)重新夺回;但到了午夜,缪拉率军用刺刀再次占领了该地，敌人全线向南部撤退。第二天，法军从各个渡口渡河，并在布法罗（Buffalora）附近集结。缪拉和前锋沿着通往米兰的道路向锡德里亚诺（Sedriano）前进。6 月 2 日，他在阴云密布的酷热天气中继续行进。下午 4 点，他在远处若有若无的雷声中进入米兰城。

收到大军团翻越了阿尔卑斯山、进入皮埃蒙特和伦巴第的消息后，梅拉斯停止了向沿蔚蓝海岸的推进，转向亚平宁山口迎战入侵者。他下令让奥特封锁热那亚。6 月 1 日，处于极度饥疲的马塞纳打出白旗协商投降事宜。显然，奥特成功地避免了让马塞纳一众将领知晓亚平宁北部所发之事。4 日，热那亚投降，守军体面地出城，之后，梅拉斯便带着能用的兵力前往伦巴第的战场。

拿破仑在占领米兰后的首要目标就是控制波河渡口。6 月 4 日，缪拉的骑兵部队以及布代的步兵师行进在阿达河（Adda）著名的洛迪（Lodi）桥上。第二天，缪拉从此地向波河流经的皮亚琴察（Piacenza）对面的左岸行军。法军于凌晨 3 点出发，直至中午前，北岸奥军用于掩护进城的浮桥的外围工事便出现在了法军眼前。

该地由莫塞尔（Mosel）将军和一小股奥地利军守卫。莫塞尔不认为自己有能力守住北岸，当缪拉进攻桥头堡时，奥地利人弃桥而逃，布代抓到了 80 余名战俘。

虽然奥地利人切断了浮桥，但法军夺取了一些在北岸的船只，又从各处搜寻了一些。夜幕降临后，缪拉手里已经有了约二十艘船，用这些船他可以让士兵在城市的下游渡河。第二天，缪拉进攻了皮亚琴察的一座大门，并带领骑兵击溃了一支正前来增援的奥军纵队；最后，虽然有部分守军还在城堡里坚持抵抗，但缪拉已经占领了城市。他缴获了相当数量的军火和补给物资，以及还有 30 艘停泊在河岸旁、装满货物的船只；除此之外，胜利者的战利品还有 2 面军旗和 13 门大炮，以及 1500 名战俘。战俘中有一位梅拉斯派来给当局送信的军官，从他口中，拿破仑得知了热那亚已经陷落的消息。

之后，缪拉把皮亚琴察里负隅顽抗的堡垒包围了三天。6 月 9 日，卢瓦宗（Loison）师赶到，接手封锁，缪拉因而能继续前进。在出发前，缪拉给拿破仑去了信。其实到当时为止，他都只能与参谋部通信，而且都是以书写官方信件给总参谋长贝尔蒂埃的方式与波拿巴间接联络，原因是虽然他在军团中任职，但波拿巴的妹夫仅仅是"骑兵指挥缪拉将军"，直接给总司令写信是不合军法的。此次，缪拉对他的胜利太过欣喜，无法抗拒在第一时间将胜利的消息亲自告知第一执政的诱惑，所以没有经过正规的联络渠道。

▲第一执政在马伦戈得知德赛赶到

"我很久没有给你写信了，我的将军，"他写道，"由于担心冒犯你和贝尔蒂埃将军，我相信他已经把我所有的信都递交给您了。"信里他希望自己麾下能多一些人，那样他就能做更有用的工作。在信中，他还不太有骑士风度地提到了自己在皮亚琴察找到的一位爱尔兰裔奥地利将军的妻子。"奥雷伊（O'Reilly）将军的妻子就在我的参谋部，我彬彬有礼地对待着这位女性，虽然她长相太丑。"缪拉写道。

9 日晚上，当他离开皮亚琴察时，收到了将布代师交给刚从埃及回来的德赛将军，并集中麾下所有骑兵，以应对即将到来的与梅拉斯主力奥军的作战的命令。之后，他在沃盖拉（Voghera）加入了第一执政的参谋部。

6 月 14 日，马伦戈会战打响。此战是拿破仑时代最激烈的血战之一。[1]它从清晨 9 点一直打到夜幕降临，这场长久的激战一度差点以共和国的灾难性结局收尾。拿破仑曾亲自重整在奥军进攻下溃散的步兵。多亏这天晚些时候，德赛援军的及时赶到，以及在克勒曼将军带领的缪拉两个旅的冲锋下让战局成功逆转，将可能的失败转变为决定性的胜利。

此战的战场地形很适合骑兵作战，双方也都有大规模的骑兵参战。缪拉也是第一次看到这种类型的战场：当地起伏的地面毫无障碍遮挡，与伦巴第泥泞的稻田、

---

[1] 相较拿破仑后期的战斗，马伦戈会战的规模相对较小。在战斗开始时，奥地利的兵力相比法军更强大。从战斗开始到结束，奥军一共投入了 28000 人，其中骑兵 6000 人。法军先后投入 28500 人，包括 5200 名骑兵。此战法军伤亡 4700 人，900 人被俘（战斗初期）。奥地利伤亡 6500 人，2966 人被俘。战损百分率相比其他战役而言较大。马伦戈会战，胜方损失 16.5%，如果算上被俘，可达到 33.8%。

▲德赛之死

▼勒热纳所绘《马伦戈之战》

众多的水渠和堤道形成鲜明对比。

在漫长的战斗中，缪拉没能将整个师聚集在一起，以发起集中进攻，骑兵都是以旅为单位独自行动的。他的一个旅长尚普，在带领骑兵掩护崩溃的步兵后退时阵亡。缪拉之后将第2旅集合于克勒曼麾下，他本人则手握马刀亲自在旅长身边带领冲锋。

纵观缪拉的军事生涯，他绝不仅只会给下属下令，在后方发动进攻；他还会飞驰到队伍前线，用马刀或更常用的马鞭指出进攻目标，并冲在最前面，展现不成功，毋宁死的气概。

贝尔蒂埃在他的战报上如此记述："骑兵在缪拉将军的指挥下发起了多次决定性的进攻。缪拉将军的衣服上满是弹孔，所幸他本人毫发无损。"

在战斗似乎将要失利时，贝尔蒂埃将执政卫队的800名掷弹兵划归缪拉麾下。作为他们曾经的长官，缪拉非常了解他们。这些士兵在溃散的战线中犹如坚硬的堡垒，端着步枪一步一步地后退，面朝着奥地利人一枪接着一枪地射击。此时缪拉带领着骑兵进攻，缓解了他们的压力。"他们伤亡121人，"缪拉在他的报告上说，"我非常赞赏他们。"

第二天，缪拉紧跟着后撤的奥地利人的后卫，进行追击，俘获了相当数量的战俘。波拿巴认为马伦戈会战的胜利，缪拉功不可没；当他将意大利军团的指挥权交由贝尔蒂埃，匆忙返回巴黎宣告胜利时，便带着缪拉一同分享他的凯旋。

第五章

在意大利的指挥官

1800 年—1801 年

7月1日，缪拉再次回到了他在巴黎公民街的宅邸。卡罗琳欢迎她获得新桂冠的丈夫的归来，而她的兄长，现在已是欧洲最伟大的人。缪拉回来的头几件事之一，就是给他的母亲写了一封热情洋溢的信。他的母亲还住在老家，与他的哥哥安德烈生活在一起；她已经一遍又一遍地读过了胜利公报上对儿子的赞美之词，但又厌烦了缪拉总是保证要回家探望而又每每推迟。尽管信文直白、粗糙，但还是能看出缪拉是真挚地想要回家探望，尽子女之责，并在安德烈为他买的房子中常住。信件的内容如下：

　　巴黎，获月 12 日，共和 8 年（1800 年 7 月 1 日）

　　我亲爱的母亲，我回到巴黎就给你写信了。我已经很长时间没有你的消息了，但我的小卡罗琳有一些关于你的消息。我知道你现在很好，你永远爱我，也爱我的妻子，因此我是这个世界上最幸福的人，但当我拥抱你时将会感到更加幸福。再见，我很快就能和我的妻子回到你的身边，并热烈地拥抱你。

最爱你的孩子

J. 缪拉

▼位于拉巴斯蒂的缪拉家族城堡

还有我的小侄女，也拥抱你。

数千个口信给我的兄弟姐妹们。

一周后，8月6日，他又给自己的母亲写了封信，告诉她"难表我的悲痛和失望之情"，之前保证的拉巴斯蒂之行再次被推迟。他被指派指挥"掷弹兵营"（camp of grenadiers）而无法回家。"只有和平，而且和平就在眼前了，我才有机会回家"他说，"但是我发誓，到那时任何力量都不能阻止我回去看你、拥抱你，我会永远待在你身边。"此处缪拉稍言过其实，他绝不可能在拉巴斯蒂的小村庄终老，但他依旧用实际行动来表达他对故乡人民的关心。他给了自己母亲4000法郎，给了安德烈2000法郎，给了他的姊妹雅凯特2000法郎，马德隆也收到了2000法郎。他建议后者用这笔钱偿还债务，"如果你需要更多，"他继续写道，"给我写信，我会即刻给你。"他还表示，如果他已经嫁人的姊妹需要什么，尽管告诉他。他还告诉母亲，要照顾好他的侄女，当他回来时，会带上他们。卡罗琳也送上了自己的祝愿。缪拉还写道："卡罗琳要让我成为最幸福的父亲了，就像我现在是最幸福的丈夫那样。"他在信件末尾安慰母亲，说只需两个月，甚至更短的时间，他就会在她身边。

缪拉在8月2日获得了新的指挥权。他要完成在博韦（Beauvais）北部的营地组建掷弹师和轻骑兵师的任务。大批物资已经盖好帆布，以便让该师时刻准备好从一个宿营点到另一个宿营点，为任何行动做准备。

可能是看到了缪拉作为拿破仑右手的重要地位，未来的元帅，贝尔蒂埃请求让他自己的弟弟凯撒·贝尔蒂埃担任其参谋长。几天后，在一封信上，缪拉请求第一执政给他的掷弹兵配备熊皮帽子。他的解释是："如果戴着能给他们身高增加一英尺的帽子，让士兵身形显得更加稳健，那么得多么强大的敌人才能够在面对如此强大的掷弹兵前进的步伐时而不动摇士气呢？"他还请求给每个营配旗帜。"旗帜是营地调动所必不可少的，在行动中更加不可或缺。它能鼓舞疲于战斗的士兵，而且当勇者高举旗帜深入敌人中时，无疑可以确保最后的胜利。"缪拉解释道。另外，他还表示军中要有军乐队，"以分散宿营士兵的注意力，让他们忘记行军的疲惫和敌人的威胁"。他的另一封信，内容涉及博韦附近的场地，他需要增加工兵和营地医院，信里还详细说明了营地里的补给情况。

这些信表明了缪拉对他的工作非常认真，他不仅是个热情的骑兵领袖，更已准备好处理组织运送的苦差事，也重视每个细节的重要性。因为添加了炮兵、骑兵，他让他的师成了拥有各个兵种的合成部队。

▲莫罗在霍恩林登

　　缪拉现在所面临的唯一问题就是钱。在 8 月 18 日的信上，他抱怨说他的部队已经被拖欠军饷 6 个月了；尽管第一执政许诺了这笔款子，但他没得到一分钱。8 月 22 日，他得到了一小笔分期欠款，共 1 万法郎，第二天又收到了 10 万法郎。之后一个从亚眠赶来的旅也抵达了营地，博韦营地的军队形成了一股强大的力量。

　　虽然和谈已经开始了，但他们仍一周接一周地持续组织训练，这些工作直到冬季战役中莫罗在霍恩林登获胜才结束。缪拉组织的军事训练在后来的战斗中起到了非常重要的作用。

　　10 月，由缪拉所组织并连续进行了两个月演习的军队得到第一执政的检阅；之后，营地被解散，部队前往南部的里昂加入预备军团，并集结于此地，以应对可能的新威胁。缪拉结束工作后返回了巴黎。

　　10 月 28 日，他与米翁·巴斯蒂特家族进行了友好的通信。信是写给弗朗索瓦·巴斯蒂特的，即后来洛特省的管理官。他谈起了恢复和平后，他想造访卡奥尔；缪拉说自己刚刚听说了弗朗索瓦的一个侄女去世，"这使我倍感悲伤"，他请求弗朗索瓦在拉巴斯蒂与他的母亲和家族交善。附言里，卡罗琳也送上了友善的口信。

11 月的头几天，战争部的官方信件上显示，缪拉巡查了由博韦营地向南行进经过巴黎的分部，并致力于解决分部物资缺乏的问题。

由于缪拉在博韦的工作已经完成，所以他急于想获得指挥权。不过他想要的并不是训练营地，而是一旦吕内维尔和谈破裂，战争大规模爆发时可以上战场的军队。第一执政已经下令在法国东部组建预备军团，司令部设在第戎，于是缪拉动用了他所有的影响力去获得战斗指挥权。

在 11 月初，他听闻约瑟夫·波拿巴稍后将去吕内维尔谈判，提名他的姻亲贝纳多特将军为指挥官候选人。缪拉当即向约瑟夫发去了最后通牒，表示如果贝纳多特的名字在他前面，他将向第一执政辞去将军之职。因为在雾月关键的几天中，贝纳多特一直表示中立，静观其变；缪拉相信，如果拿破仑没有获得五百人院的支持而被驱离会场，贝纳多特甚至会站到五百人院那边。所以，他写信给约瑟夫："我不会眼睁睁看着权力落入在雾月十八时宣布家族非法的一伙人手中。"他现在是卡罗琳的丈夫，他在信件里展现出的姿态就如同波拿巴家族的成员一般。

拿破仑本人也对贝纳多特的忠诚存疑，所以约瑟夫的提名对缪拉毫无不利影响。缪拉在 11 月 20 日被指派为第戎"观察军团"司令。27 日，缪拉第二次把司令部建在勃艮第古老的首府。在离开巴黎前，他给安德烈去了封短信，再次保证一旦他有空便会返往拉巴斯蒂。

从他到任后书写的信件和口述文件中可以看到缪拉的不知疲倦、精益求精和厌恶等待，比如从各个地区征用物资，要求新的部队加入他的麾下。

在要求大纵队进入萨伏伊的尚贝里（Chambery）的通知下达时，他要求他的部分军队要立即出现在能直接进入意大利的位置上。

第二天，他写了一封长信给第一执政。缪拉解释说，他已经按巴黎的指令，把萨拉赞(Sarrazin)纵队派去了尚贝里，而不是日内瓦，因为那边的道路"不是那么糟"，而且物资也更好获得；但有一个缺点，那就是往尚贝里方向行军可能会"提早几天暴露我们军队的最终目标"。他抱怨——就像在博韦那样——很难从国库获取资金，所以部队的军饷又被拖欠，军官甚至都无法在离开前付清在当地欠下的债款。冗长的附文也表达出了他对自己仍处于下属指挥官地位的失望，只作为意大利军团的增援部队，他无法预见自己会成为阿尔卑斯山外冬季战役期间独立军队的司令官。附言极为直白，又还缺乏技巧地恭维了一通第一执政，恭维的言语中还夹杂着对提高自己地位的恳求：

"波拿巴执政的妹夫在这里受到了完美的招待，所有当局管理者都认为波拿巴是法国的救世主，是欧洲的仲裁者。望波拿巴执政能允许他跟着第二纵队。他现在已被当作司令官一样欢迎和招待，而且头衔也在口头和文字文件上被授予了；每时每刻他都能感觉到人们在说波拿巴的军队非常出色，波拿巴的军队会打胜仗。但他始终不是司令官，虽然有谣传说他不久后就将成为司令官；他对自己的处境非常不悦。您愿意把他尽快从烦恼中解脱出来么？"

波拿巴没有接受这个建议。缪拉只能继续满足于他的战前组织和准备工作，而且他前往尚贝里的命令被战争部取消了，萨拉赞的目的地成了日内瓦。缪拉的信件显示了他在第戎工作非常勤恳，他已经侦察了阿尔卑斯山的山口，并且修缮了破败的乡村道路。

12月5日，缪拉下令将第戎所有的弹药都紧急运往日内瓦，为经过瓦莱达奥斯塔（Val d'Aosta）并穿过小圣伯纳山口的行进做准备。观察军团将被调往意大利。

即便在最后一刻，他还在抱怨物资的匮乏。他向里昂征用了4000件大衣、4000件衬衣、4000双鞋和2000匹马给他的炮兵和骑兵，并要求立即提供。在一封给波拿巴的信上——这个忙碌时期众多信件中的一封——他说他将"准确执行"翻越圣伯纳山的命令，虽然他"觉得会困难重重"。缪拉的报告还就军队供货商惯有的欺诈做了调查，并送上了他们用来给士兵做大衣的劣质布料样本。

在他离开第戎前往日内瓦前，缪拉收到了一封来自第一执政的舅舅费什的信，费什告诉他卡罗琳一切安好，不要过多地为她担心。他认为，不久之后，卡罗琳就会诞下一个继承人。费什还告诉他一些巴黎的传闻，据说缪拉将要指挥意大利军团的第三军，而贝纳多特指挥第四军。计划可能是从阿尔卑斯山麓下来，直至格劳宾登（Grisons），再配合麦克唐纳在蒂罗尔的行动。即便这样，传闻也并没有确定战争是否会开始，或贝纳多特是否参战，因为大家都期待着奥地利会进行和谈。

之后，莫罗率领莱茵军团进入南德意志。12月3日，他在霍恩林登击溃了约翰大公指挥的奥军；他穿过大雪覆盖的巴伐利亚追击敌人，逼近奥地利领土。12月25日，停战协定签署，这是吕内维尔和约的前奏，也是欧洲短暂的和平。

但意大利战场直到第二年1月中旬仍未停战。第一执政下令，麦克唐纳从格劳宾登，布吕内从伦巴第进军。一旦战争继续，二人将协同行动以夺取威尼斯地区更多的领土。

12月10日，缪拉离开第戎前往日内瓦。目前为止，他对组织行进和改善部队条件的态度都很积极。但在15日，他写信向战争部抱怨，他无法再对炮兵的糟糕处境保持沉默了。从第戎到日内瓦的道路太可怕了，从莫雷（Morey）到尼翁（Nyon）的道路被大雪覆盖，路上的冰也很滑。他征用了牛队来运送大炮和物资，但18门炮中只有6门通过了尼翁，剩下的还在山路上与"可怕的灾难"做斗争。12门侥幸在下雪前送到日内瓦的大炮，还远在阿讷西（Annecy）。运输部队无纪律、无组织的迹象令人发指，一些士兵逃跑了，一些士兵还偷了马将它们卖了。军需士官都是流氓，他们的长官也好不到哪去，所有的当地官员、治安官、副治安官都在包庇和鼓励开小差。应征士兵往往来到兵营"偷"一套制服后，便逃回家。除非政府采取严厉措施，否则很快就没有新兵可以补充了。

虽然困难重重，但缪拉还是尽力重组了炮兵和运输部队。"这对我来说太残酷了，部长公民，"他在信件的末尾写道，"我很抱歉将这番可怕的景象呈现在你眼前，但是请放心，我将毫不停歇地重组我麾下最基本的军队构成。"这封信从侧面显示出了法国在经历了疲倦的战争后，军队整体的消极状态。

战争部连续向缪拉施压，让他尽早抵达米兰。他的部分步兵翻越了小圣伯纳山口。这是一趟艰难的行军，即便是用雪橇都难以将大炮运过山隘。辛普朗山口的道路已经被法军侦察过了，但他们发现这里是不可能能够翻越的。最后，大炮穿越日内瓦山口，经都灵抵达米兰。缪拉在12月的最后一周抵达此地。

另一方面，布吕内向明乔河一线前进，与贝勒加德（Bellegarde）的奥军展开对抗，同时麦克唐纳穿过施普吕根（Splügen），突袭了敌人的侧翼和后卫。而奥地利人则有秩序地后退了，各处都没有顽强抵抗的迹象。

缪拉恼怒于待在米兰无所事事，而且是处在布吕内的指挥下。1801年新年，他在米兰听闻了"雪月行刺"事件。雪月3日（1800年12月24日）的夜晚，第一执政前往剧院的路上发生了可怕的爆炸，当时卡罗琳和约瑟芬都在马车上。得知这个消息后，缪拉给拿破仑写了一封长信。

第一部分是革命时期特有的夸张形式。他讲述了米兰的欢庆如何被突如其来的消息打断。之后他说道：

"啊！我亲爱的将军，您处于危险中，但我却无法分担它。这个消息令我呆若

▲波拿巴在圣伯纳山修道院

▼雪月3日，圣尼凯斯街爆炸事件

木鸡，它的目标是您的家族。啊！我无法想象那可怕的景象——我的小卡罗琳在当母亲的前夜倒在血泊中；您的家人的尸体堆积在您冰冷的尸体上。啊！请原谅我想离开现在所待的国家的请求吧。您的军队战无不胜，他们现在已经不再需要我和我指挥的军队了。召我回您身边吧，倚靠这些已经忠于我的人，他们也非常乐意效忠于您，而且那些在未来打算攻击您的恶徒也将投奔我军与您联手。"

在恳求回到巴黎后，缪拉又无意义地诋毁了他的上级——布吕内将军。他说这位将军疯了，说布吕内在巴黎有敌人，因此想要搞个大事情出来。那些妄图谋害第一执政性命的暴徒说不准就与军队里的某个指挥官有联系，他无法让自己不去想这些策划暗杀行动的"匪徒"背后必然有军中人士的支持。如果让他（缪拉）知道那些人是谁，那么他们就活不长了。之后他又攻击布吕内的军事管理存在问题。他指责布吕内与麦克唐纳不和，而且也完全不指挥军队，每个将军都爱独来独往，明乔河河口几近灾难。"布吕内没有给我下任何命令，"他补充道，"我只好在此等候您的指令。"

信件揭示了缪拉最差的一面，他恼怒于自己的处境，抓住一切可能离开军队的机会，同时还蛮横地暗讽以及口不择言地攻击他的上司。波拿巴回信说，自己必须采取行动让缪拉头脑恢复正常。波拿巴告诉缪拉，后者就是意大利军团的士兵，不能直接与前者通信，有任何问题都应该向后者的司令——布吕内进行报告。

"我无法赞成你同我说的话"，他粗鲁地否决了缪拉对布吕内的指控。对于缪拉渴望回到巴黎的请求，他的回应是："士兵应该对妻子忠贞，但他不应该总想着回到她身边，除非他无事可做。"

在波拿巴的回复抵达缪拉处前，缪拉就收到了巴黎战争部的命令，命令他向安科纳（Ancona）行进并占领此地。根据坎波福米奥条约，此城应归于法国。缪拉被要求避免与教廷产生敌对，他还被告知布吕内知晓此番安排，而且波拿巴在回信里也肯定了这点。

缪拉很高兴能有事可做，于是写的信也较之前更为正式和有礼，但老毛病还在。1月13日，他请求第一执政免去他的指挥官一职，他想要离开意大利，摆脱总司令所犯的错误。缪拉向波拿巴做了正式的报告，他说，波拿巴仑不用担忧他莽撞的言行会造成麻烦。

"但是，"他继续写道，"我必须向您说明，我再也无法忍受这毫无技巧可言的粗糙行军了。虽然在您天赋异禀的指挥下，我们最终会取得胜利，但军队在行进中又有了新的麻烦，他们沉迷于劫掠——军中最为可耻的行径。人人都想成为指挥，但没有一个人有此能力。"

接着他继续指责布吕内，并通过表扬麦克唐纳来让自己的指责更有说服力。在信的末尾他提及，布吕内让他在前往安科纳的路上占领托斯卡纳。

波拿巴对缪拉提出的辞呈和对上司的指控毫不在意。他向缪拉指出，布吕内让缪拉占领托斯卡纳是出于对其的信任，并命令其立即执行。缪拉要推进到博洛尼亚（Bologna），接管那里的军队，并向佛罗伦萨和安科纳前进。

缪拉在1月17日抵达博洛尼亚。当时，托斯卡纳已经有了法国军队，由米奥利斯（Miollis）将军指挥，击溃了达马斯（Damas）将军率领的由锡耶纳奔来的那不勒斯军队。有报告说，从安科纳而来的奥地利纵队还在弗利（Forli）。在缪拉抵达博洛尼亚的当晚，他写信给米奥利斯，让后者军队的第一师于30日前往佛罗伦萨支援前者；如果那不勒斯人撤退，后者只需尾随，占领他们放弃的阵地，但不要超过托斯卡纳边界。

缪拉接管了指挥，让全军向安科纳行进。同天晚上，他写信给法国在里窝那的领事，以知晓那不勒斯人的动向，但他完全多余地告诉了领事那要同时与奥地利和那不勒斯作战的计划框架。

在博洛尼亚，缪拉发现勒瓦绍夫（Levachoff）将军在前往那不勒斯的路上，带着保罗沙皇送给那不勒斯朝廷的奖章。缪拉知道第一执政想在民事上与俄国交好，所以他竭尽所能地招待勒瓦绍夫。他写信告诉波拿巴，他已为俄国将军安排了晚宴和假面舞会、欢迎仪仗，以及由政界和军界人士组成的欢迎式；之后，他带着勒瓦绍夫一同前往佛罗伦萨，于1月20日抵达。俄国将军告诉缪拉，沙皇写信给波拿巴，希望他出让那不勒斯，所以缪拉到佛罗伦萨的第一件事就是给达马斯写信，询问他是否仍对法国存有敌意。带着这封信的军官还带着勒瓦绍夫给那不勒斯总参部的信，最后的结果就是达马斯将军立即撤出了托斯卡纳，撤进了教廷领土。

之后传来消息，根据《吕内维尔条约》的安排，奥地利同意交出安科纳。缪拉所要做的全部事宜就是派人落实细节并选出一个团进行卫戍。就在这几天，他在中部意大利成了不符合法理但却拥有实权的总司令，并在佛罗伦萨组织了个军事朝堂。从巴黎来的消息更加让他倍感满足：21日，卡罗琳给他生下了一个儿子，即未来的阿希尔·缪拉（Achille Murat）亲王。

当下，缪拉扮演的角色相较士兵更像外交官和政治家。法国已与奥地利达成和解，第一执政掌握了欧洲大陆的大权；只有英国仍在继续与他对抗，而他在意大利的策略就是对英国封锁亚平宁半岛所有的港口，这也是与那不勒斯和谈的第一条件。缪拉也在保证并逼迫那不勒斯军队撤离罗马和教皇国。北意大利的西沙平共和国名义上已经成为法国的领土。在中部意大利，拿破仑急着想和教皇保持良好关系，他已经计划签署宗教协定，作为稳定公共秩序的手段，恢复宗教在法国的地位；教皇国要受到尊重，法国将满足于占领安科纳，托斯卡纳和诸小公国将合并为一个新的国家——埃特鲁利亚（Etruria）王国。缪拉当时还没有被告知这番安排。

由于托斯卡纳大公逃亡奥地利，摄政委员会在大公缺席的情况下组建，并由亲法的三人执政接替，这让佛罗伦萨的雅各宾派很反感。缪拉报告，托斯卡纳蔓延着广泛的不幸和失望，在其向人民公布了"将给他们带来更好的国家，邀请他们与自己一同迎接"的公告后，他下令扣押了在里窝那的所有英国人财产，并宣布中部意大利的所有港口对英国船只关闭。

在与那不勒斯的和谈中，缪拉与俄国大使一同在波旁朝堂中进行友好斡旋。和平条约最终在3月底签署。由缪拉提出，实为塔列朗指明的条款为：撤离教皇国；释放法国战俘以及因法国利益而监禁之人；没收所有停留在那不勒斯港口的英国和土耳其船只，并下令不再经由西西里供给封锁马耳他的英国舰队的给养。

为逼迫那不勒斯人从罗马撤离，缪拉从托斯卡纳派了一个师，先是将其派到福利尼奥（Foligno），接着又派到佩鲁贾（Perugia）。在这一威胁下，那不勒斯人开始撤离，并屈服于除了扣押英国船只以外的任何条件。最后，扣押英国船只的条件不出现在和约中，而是作为单独且秘密的条款。波旁当局可以保留这一小让步，但要提供150万法郎给缪拉的军队，以缓解他供给军队的困难。

这边刚刚安置完成，第一执政又对波旁提出了新的要求——法军占领塔兰托（Taranto）的港口和军火库。那不勒斯人抗议说，和约已经为缪拉接受，再提新的要求就是对信任的践踏；但在巴黎强硬的态度下，缪拉重新向那不勒斯表示敌对并率军推进，于是这一要求也最终实现。

在那不勒斯问题尚在解决中时，缪拉与梵蒂冈关系良好。1月23日，他从佛罗伦萨给教皇庇护七世去了一封长信。他告知后者，如果与那不勒斯和谈破裂，他的军队将会穿过教皇领地；但请教皇相信，一旦这种情况发生，会有严格的命令约束士兵，让他们尊重当地的财产和信仰，而且缪拉表示愿意做任何事来"重建法国与教廷的良好关系"。

国务主教大臣孔萨尔维（Consalvi）感谢了缪拉的来信，并派了一个秘书卡莱皮（Caleppi）前往佛罗伦萨与他商讨目前形势。缪拉在2月2日再次写信告知孔萨尔维，他对与卡莱皮会谈的结果很满意，这显示出了法国与罗马之间的友好和相互尊重。缪拉让孔萨尔维转告教皇，法国绝不会干涉教皇的国家，请让各处当地官员留在原职，并表示不会有法国人、西沙平人或托斯卡纳人在没有法国参谋部的护照的情况下留在罗马。这是为了防止他在佛罗伦萨驱逐的暴乱者留在罗马，第一执政不想再要一个罗马共和国。

2月13日，缪拉长久的愿望终于实现了，他不用再向布吕内做报告了。在托斯卡纳和教皇国的缪拉军队，根据第一执政的法令，作为"南部侦察军团"而成为独立存在，而缪拉则担任军团的总司令。

他把参谋部设在福利尼奥，就在教皇国内。就像他给战争部的信上提及的那样，尽管他给梵蒂冈去信使他们放心，但他的军队离罗马是如此之近，这让教皇和红衣主教都感到很紧张，也间接鼓动了城里的共和主义暴乱者。

2月18日，他写道，他将尽早把军队撤回托斯卡纳并用部分兵力守卫厄尔巴，孔萨尔维已经催促他动身了。对军费绞尽脑汁的缪拉，暗示红衣主教从福利尼奥撤军需要支付这一行军行动的军费开支。红衣主教哭了一通教廷没钱后，最终同意支付十万罗马斯库多（Scudi）[①]，并送给缪拉一个珍贵的宝石浮雕作为礼物，缪拉把它送给了卡罗琳。卡莱皮邀请缪拉造访罗马，在与那不勒斯的初步和约签署后，缪拉和他的总参谋长离开福利尼奥前往罗马，于2月22日抵达。

缪拉作为孔萨尔维的客人在夏拉（Sciarra）宫住了三天。庇护七世数次接见缪拉，后者给教皇和红衣主教留下了深刻印象。孔萨尔维赞扬了缪拉的诚实、正义感和温

---

① 译注：19世纪前的意大利银币。

▲浮雕缪拉侧像

和；红衣主教在回忆录中记录了缪拉如何用宽厚和体贴赢得了他的欢心。卡莱皮已经起草了一份法兰西共和国与庇护七世的和约，迫切想要安抚缪拉和他的上司——第一执政波拿巴，他已经定下罗马港口驱逐英国船只的规定。缪拉告诉孔萨尔维，草拟的条约将成为与法国谈判的基础。红衣主教称卡莱皮无权建议或接受教皇管控下的港口对基督子民船只的驱离；教皇庇护七世也认为自己的官员的职责是与所有人友好相处，并在冲突中保持中立。缪拉就这点与罗马方面进行争论，但孔萨尔维的态度很坚决。

缪拉本可以向巴黎汇报这次不愉快的谈判，但他采取了宽容的路线。"好吧，"他最后说道，"既然这份条约让您和教皇如此痛苦，那我们就把它扔到火里，再也不提了。"

作为确立友好关系的结果，教廷支付的钱款减少为 7.3 万斯库多。缪拉和他的军官对造访罗马非常高兴，而且收到了庇护七世和红衣主教赠送的浮雕宝石，以及其他作为友好见证的艺术品。

3 月的第一周，缪拉返回了佛罗伦萨。他已经写信给阿里帕夏（Ali Pasha）——阿尔巴尼亚的治理者，向他保证法国与伊斯兰国家将保持友好，请求他释放夺取伊利里亚（Illyrian）海湾要塞时被俘虏的法国人；同时，他还从安科纳派了装有物资和军火的船只支援封锁埃及的法军。3 月 8 日，缪拉写信给第一执政，说将军和军官都担心自己被送到埃及，而他告诉他们巴黎方面没有这么做的理由。在同一封信上，缪拉报告他已协助自己的参谋准备好了将要在大教堂唱的赞美诗，以庆祝和平的重新建立。当天礼炮响了一天，夜晚灯火通明。

在信的末尾还有一条给他妻子的留言——"卡罗琳又参加了舞会，她真不应该去；她会生病的，而我也会失去我的小卡罗琳，阿希尔也会失去他的母亲。"

卡罗琳的消息由费什（Fesch）舅舅带来，他还带来了巴黎的各种传闻。费什舅舅说他发现卡罗琳泪流满面地读着缪拉的来信。他向缪拉保证卡罗琳和阿希尔非常好，但她无法拒绝出席舞会，而且她并未觉得劳累；她不久后就将带着孩子来到意大利，让他不再为此焦虑。

与那不勒斯的和谈最终达成，与罗马也重新恢复友好关系，缪拉接下来的任务就是埃特鲁利亚王国的落成典礼。这个短寿的国家起源于《吕内维尔和约》，是拿破仑与西班牙波旁王室结为盟友的政治产物。这个由帕尔马、摩德纳、路加和托斯卡纳组成的新王国，由帕尔马公爵——费迪南·德·波旁在佛罗伦萨治理，他是西班牙菲利普五世的孙子，迎娶了西班牙的公主，也被称为"埃特鲁利亚的费迪南一世"。

费迪南国王就职后，缪拉又准备执行《吕内维尔和约》的另一个条款，将埃特鲁利亚的厄尔巴割让给法国。在他派遣托斯卡纳政府军队到达费拉约港后，这部分军队本来会紧接着在里窝那集结一个旅，但登船行动被一些觉得自己会被送到埃及的士兵的哗变所拖延了。最后，在4月30日至5月1日的夜里，远征军在厄尔巴的隆戈内（Longone）港登陆，由塔罗（Tharreau）将军指挥。隆戈内即刻投降，但小岛的首府仍拒绝屈服，他们在塔罗旅的陆上封锁和冈特罗姆（Gantheaume）舰队对港口的封锁下，仍坚持到11月。

5月6日，卡罗琳带着阿希尔抵达佛罗伦萨。缪拉因为孩子的到来非常高兴。"阿希尔非常可爱，他已经长了两颗牙了。"他在给第一执政的官方报告底下附言说道。在卡罗琳到达后不久，他写信给在拉巴斯蒂年迈的母亲，这封极具特色的信让虔诚的天主教徒让娜·缪拉非常高兴：

> 我很久没有给您写信了，我亲爱的母亲，但我绝对不是忘记了，因为您一直在我心里。而且我怎能忘记赋予我生命，在孩提时代抚育我的人？教皇送了一个念珠给您，是他亲自为您祈过福的。教皇将这教堂中备受瞩目之物送给您对我来说是多么高兴啊！我相信您收到它会无比欣喜！我现在可以称得上是世上最幸福的人，我有我的卡罗琳和阿希尔的陪伴。如果您能和我在一起，我的美好人生就会非常完整。我是如此嫉妒我的兄弟！他和您在一起，他看着您，爱着您，他应该非常幸福。再见，我亲爱的母亲。我希望能去巴雷日（Barèges），那样我就能够拥抱您，用我全部的心意拥抱你！
>
> J. 缪拉
>
> 我送你一幅教皇的画像。

卡罗琳与丈夫一起在埃特鲁利亚王国的创立晚宴上享受着作为法国代表的荣

耀。7月,缪拉在帕尔马见了费迪南国王。8月,佛罗伦萨为他们的新国王举办了庆典,并宣布新王国的成立。

缪拉完成了在中部意大利的工作。他向第一执政证明他在行政和外交的战场上,也能和指挥军队一样出色。缪拉在罗马所做的工作则体现了当时拿破仑对外的主要政策,其中,与教廷之间的宗教协定尤为重要。孔萨尔维的信件显示出他视缪拉为私人朋友,在佛罗伦萨送给缪拉将军的众多礼物中,还有一幅来自红衣主教个人画廊的拉斐尔名作。

在佛罗伦萨欢庆仪式结束后,8月初,缪拉收到了第一执政看重他的最好证明。他被指派前往指挥阿尔卑斯山南部的军队,即"意大利军团"。8月中旬,缪拉受命前往他的司令部,即西沙平共和国的首都——米兰。

第六章

在米兰的总司令

1801 年—1803 年

缪拉于 8 月 20 日入住在米兰的宅邸。虽然他多次给第一执政写信诋毁布吕内，但后者却大度地写信祝贺他了的高升；了解为人处世技巧的缪拉也做了礼貌性的回应。"我亲爱的布吕内，"他写道，"我恳请你相信，能接替你我是多么的自豪，但同时对我来说，接替你是如此的困难。"布吕内迫切地想安排自己的一个师级将军布代去指挥西沙平共和国的军队，缪拉表示愿意答应他的这一请求；缪拉说自己非常乐意，因为布代曾在马伦戈与他并肩作战，但这都是他口头上的恭维罢了。9 月 15 日，缪拉写信给第一执政：

"前些日子布吕内写信向我请求让布代在我的司令部任职，但我认为这应该先询问贝尔蒂埃。出于政治上的考虑，我需要这么做，但更谨慎的声音让我恳请您不要把布代派来。意大利军团的将军们都被宠坏了，他们现在都觉得自己是总司令。"

▲贝尔蒂埃，未来的帝国元帅、总参谋长

这个插曲显示了缪拉唯利是图的虚伪一面。

他写信给他的大舅子，汇报西沙平共和国民事管理的倒行逆施、官员无所作为，他认为整个政府系统的人员都应该被替换。至于北部意大利的军队，缪拉认为他们太过分散于各个小要塞，于是他首先将法国和西沙平共和国的意大利军队集结起来，并且计划在 9 月进行和平军演。

缪拉在 1801 年秋季写的信件大部分是从米兰寄出的，主要内容都是处理当时的公事，字里行间都能明显看出北意大利混乱的状况。缪拉已不再是那个热情的爱国革命者了，他站在了统治阶层一方。他认为目前的米兰政府软弱无能，这很危险，而现任的管理人也向构建西沙平共和国新宪法的第一执政波拿巴递交了辞呈。缪拉在 8 月 28 日写给波拿巴的信上提到对西沙平共和国政府的改变刻不容缓：

"这里与其他地方一样，当局如果无法树立威信，那只能产生灾难。倘若现在不采取一些措施补救，这些灾难可能会带来不幸的结局。因此，我认为您应该毫不犹豫地接受当局管理人向您递交的辞呈。要替换他们很容易，这里有一些品德高尚又很有价值的人，公众认为他们可以担此重任。他们将贯彻您的意见，并确保西沙平共和国的繁荣。法兰西这一名字对当地公民来说也将不再是指敌人，而且我们将不会再听到富有地主和乔装贵族被以波拿巴的名义暗杀的消息。"

"贝尔蒂埃命令我要尊重政府。他好像在对我说'自己去掺和这出闹剧吧'。我无法扮演这一角色。这与我的立场和义务相距甚远，而且我也很难认同他。他写给当地人民的信简直让人耻于阅读，也暴露了他的弱点，并且他的信还在咖啡馆附近兜售，这我就不过多提及了，蒙塞已经把复印件寄递给您了。贝尔蒂埃让这些读了信的人随意聚集在一起，以显示他是他们的支持者，并且让他们相信，西沙平的保护者是他，而不是您。"

"此外，我向您发誓，您知道我没有理由误导您，共和国所有的人都迫切想要一部建立在我们法兰西的律法基础之上的新宪法。任何其他更流行，并更为当局者接受的法律，只会招致不幸。"

最后，新的宪法以共和国的形式赋予了主席和他的同僚全权，这一政令一直到 12 月才最终确认下来。当时，波拿巴在里昂会见了西沙平共和国的代表梅尔齐，米拉内塞家族的首领，温和的保守人士。这是他自己选出来的管理者，并作为他在米兰的代理人和西沙平的副主席。

在里昂会面很早之前，缪拉还能向波拿巴汇报北意大利毫无混乱迹象，并且他的下属完成了将军队运送到各个兵营和要塞的任务。作为米兰的总司令，缪拉的处境很轻松，他能够支配的资源也比原来要丰富得多。他的年薪和年津贴达到 32.8 万法郎。除了去威尼斯的几天，卡罗琳都始终跟他在一起。但在 10 月的第三周，缪拉夫人带着阿希尔离开意大利返回了巴黎一段时间，缪拉希望与她一起回去，而第一执政拒绝了缪拉离开的请求。即便这样，缪拉还是跟着卡罗琳一路到了法国的塞尼山走廊。

10 月 18 日，缪拉返回了米兰。

这个月初，英国和法国已经在伦敦筹备合约的消息传到了米兰。缪拉给庇护七世去信告知消息，信上称呼他为"我亲爱的红衣主教"。他还写信给在厄尔巴指挥

包围费尔拉约港要塞的将军，命令他与由流亡军官和一小股托斯卡纳军队组成的英国守军停战。在停战的夜里，守军进行了突围，双方都有损失，这是整个战争的最后一次交火。缪拉的另一封信是写给驻埃及法军总司令梅努将军的；他告诉他和平已经到来，并说："希望这个消息能让你成为胜利者，或者即便之前还不是，那么你现在也是了。愿这能作为你光荣作战和英勇无畏的报偿。"从安科纳送信的副官还打算在埃及给他的长官缪拉购置几匹阿拉伯马。

但当缪拉于 10 月 18 日从塞尼山返回时，他发现从亚历山德里亚经塔兰托转寄给波拿巴的信件中说，在埃及的法军于停战前夜被击溃并投降了。

11 月，缪拉写信给"法兰西共和国的执政"，称当他在埃及时，波拿巴将军曾为表彰他的行为，赏赐给他一套在开罗的房子；但随着梅努将军在埃及的投降，房产将不再为他所有，他请求，为补偿他的损失，应补偿给他与房产相应的钱款。此外，如果请求被准许，他将把钱款用于修建联系洛特地区和康塔尔地区的道路，道路还会经过他的老家。这可能是他第一次为自己的老家服务，但后人没有找到这个请求的任何下文。根据记载，缪拉给他故乡的第一件礼物是一座极具特色的肖像，由米兰的艺术家绘制，当地官员把它挂在了他们集会的长廊上。

另外，在战争期间，大量志愿军团在北意大利组建，现在他们成了烫手的山芋。缪拉报告，这些志愿军团处于随时响应任何骚乱的状态下，应该下令解除他们的武装。这一措施在其他地方都能安静地执行，但在博洛尼亚，此地的骑兵和国民卫队的炮兵在 11 月 3 日加入了军团的骚动。国民卫队炮兵把大炮拉到城墙前并装填完毕，炮手则手握点火器站在大炮旁边。为了引诱法军军队倒戈，煽动性的公告被四处张贴，公告开头为"处死军队长官，士兵友谊万岁"；所幸博洛尼亚指挥官戈贝尔将军出动全部守军，解除了国民卫队的武装，缴获了他们的 7 门大炮，并俘获了其首领。这件事情发生之后，缪拉下令北意大利国民卫队禁止在家中拥有武器，步枪、刺刀和弹药要存放在兵工厂，由军队保管。他认为此举可以避免在新宪法发布时任何可能产生的骚动。

缪拉仍十分想返回巴黎，并且多次请求能短暂离开米兰；但直到 12 月底，第一执政才认为局势已足够安全，可以让他短暂离开岗位。他渴望短时间造访巴黎的一个原因是，他花费了大量金钱在首都及近郊购置地产。执政时代的共和国将军们找到了积累可观财富的方法，而缪拉就是在这方面尤为成功的人之一。

1800 年 6 月 15 日，他已经在塞纳河畔的讷伊（Neuilly）购置了维利耶城

▲缪拉在巴黎的宅邸——特吕松宫

堡，以及维利耶的老教堂和公墓。1801 年 12 月 15 日，他通过巴黎的代理人，用47 万法郎的价格买下了德塞夫勒大区的拉莫特－圣－海劳耶（La Motte-Sainte-Héraye）城堡，这座城堡每年能给他带来 3.2 万法郎的收益。不到四个月的时间里，他至少花了一百万法郎。显然，他的财富可能不单纯来自工资和津贴。

1802 年 1 月 12 日，他又斥资 50 万法郎购下了特吕松宫作为他在巴黎的自用房屋；这是巴黎最好的房子之一，一座由法国建筑师勒杜为当时富有的银行家特吕松（Thélusson）建造的宅邸。它涵盖庭院和花园，有两个门，一个通向普罗旺斯大街，另一个通向胜利街；马车可以经过普罗旺斯街的大拱门下的一个斜坡道，驶上围绕花园而建的平路上，平路会将马车引向拱廊，客人则下车步行走上大楼梯；从这里，马车再沿另一个斜坡而下，进入胜利大街的马厩。大楼梯通向接待室、两间前厅、两间大会客厅、一间音乐厅、一间图书馆和一间画廊；有一间会客室的窗子是科林斯柱式的，在石柱装饰的阳台可以看到花园。缪拉花了个好价钱买下这座房产，他让卡罗琳随意购置家具和进行装修。接下来的 3 月份，他又花费 15.3 万法郎，给他的维利耶城堡增加了大量领地。

缪拉终于在 1801 年 12 月的最后一周被获准返回巴黎。他与一帮要前往里昂的米兰代表一同离开，并且在家里度过了新年。

1802 年 1 月 4 日，缪拉和卡罗琳出席了第一执政弟弟，路易·波拿巴迎娶约瑟芬与前夫之女奥坦斯的婚礼。这是场盛大的婚礼。世俗仪式于白天在杜伊勒里宫举行，宗教仪式于晚上在波拿巴位于胜利街的旧居举行；一间大屋子被临时装扮成教堂，临时圣坛前站着教廷的使者卡普拉拉红衣主教。他身穿长袍，头戴僧帽，手持牧杖。拿破仑·波拿巴和约瑟芬到场，还有第一执政的母亲莱蒂齐亚夫人；约瑟夫·波拿巴（他将要前往亚眠与英国商定最终和约）、吕西安和第一执政的妹妹们也均到场；和波利娜在一起的是她的丈夫勒克莱尔将军，他将要动身前往圣多明戈。当教廷使者结束婚礼仪式时，缪拉牵着卡罗琳的手走到前面。他告诉使者，在他结婚的时代，法律只要求婚礼时有世俗仪式就足够了，他和他的妻子希望他们的结合能够得到上帝的祝福，于是就有了第二个仪式。

1月的最后一周，缪拉在里昂待了几天，在2月初又回到了米兰。在日期为1802年2月2日的公告上，缪拉向西沙平共和国人民宣布新的宪法已经完成，国家将被赋予新的名称——意大利共和国，监管者将在新政权下监管它的进展。波拿巴将成为重组国家的首领，副主席梅尔齐，这位"由民众呼声而选出任此要职"之人，将在民众中行使管理之权。缪拉表示，新的幸福时代已经来临，"意大利共和国"这一新名字将埋葬过去的种种不幸。"这个名字将唤起你们灵魂中可贵的尊严，有力地唤起意大利土地上长久存在的、为人们热爱的美德和被悉心培养的艺术。"他慷慨激昂地说道。

不过，这片"幸福的土地"同时还要支付法军守卫大部分的工资和生活费用。拿破仑·波拿巴曾说过，他不会在阿尔卑斯的那头花一分钱，而且，在前文演说稿墨迹未干时，缪拉就写信给埃斯特鲁利亚的路易国王，要求他必须立即支付税收中前者应得的部分。缪拉自己过得很滋润，在里昂与波拿巴告别前，作为驻意大利法军总司令的缪拉，月薪已经涨到4万法郎；他还获得了薪金外

▼奥坦斯

的 3 万法郎作为"特别津贴"，以及米兰的一座宫殿作为住所。但这明显不是缪拉唯一的收入来源。

根据 1802 年 3 月 27 日签署的亚眠条约，法国军队将从中部和南部意大利撤军，缪拉要前往罗马和那不勒斯亲自向军队下令，从教皇领地和那不勒斯领土撤离。3 月份，孔萨尔维写了封友好的信告诉缪拉，夏拉宫已经准备迎接他的入住。但他的行程被突然告知延期，缪拉匆忙赶往巴黎，于 3 月 23 日到达，一直待到 4 月 6 日动身返回米兰。

他匆忙造访巴黎的原因成谜。当时的解释是由于卡罗琳的身体原因，她马上要生下缪拉的另一个孩子了。但当时卡罗琳的身体尚且不错，还可以在缪拉返回米兰前夜的晚会上，作为女主人招待来宾。另有传言，孔萨尔维在给卡普拉拉的信中暗示道，缪拉被指控接受大量钱款，以在意大利共和国的管理层安排各式人物，所以他被召回巴黎对此进行解释。不过，如果真是因为缪拉收受贿赂的原因，那他的解释一定令波拿巴很满意，因为第一执政只是向他表达了良好的祝愿。

经过米兰后，缪拉在 4 月 18 日抵达罗马。条约已经签署，缪拉是教皇的贵客，教廷为他准备了 50 人的仪仗队立于夏拉广场，以欢迎他的到来。19 日，梵蒂冈举办晚宴，缪拉作为重要的客人参加了宴会。红衣主教、外国大使，以及罗马贵族都到场向他表示尊敬，他还与教皇进行了长时间的会面，后者赠予缪拉镶有钻石的浮雕。20 日，缪拉前往那不勒斯。在此地，国王赠给了他一把刀柄镶嵌着钻石的马刀，这就是后来缪拉在战场上带领冲锋时的重要武器。即便如此，那不勒斯的招待还是和罗马完全不同，虽然一切都井然有序，但那不勒斯人并没有表现出丝毫作为朋友的诚意。

在缪拉返回米兰的途中，他收到了 4 月 25 日卡罗琳为他诞下一女的消息。孩子的教名为"玛丽·莱蒂齐亚·约瑟芬·安农齐娅特"，名字取自于拿破仑·波拿巴的母亲和妻子，以及卡罗琳在洗礼时获得的名字。缪拉急切地想陪在妻子身边，第一执政也没有反对，于是他急匆匆地从米兰北上，于 5 月 25 日抵达巴黎，一直在首都待到了 10 月。

在停留法国期间，缪拉通过信件与在意大利的同事保持联系。6 月，他写信给兄长安德烈，派通讯员弗朗索瓦乘马车到拉巴斯蒂，将他的侄女（大哥的两个女儿）接到巴黎接受教育。他还请安德烈让自己的儿子随行。"到了他开始接受教育的时候了，"他写道，"他可以和阿希尔一起。"通讯员带着一些礼物，还有一封给老

卡罗琳与女儿莱蒂齐亚

母亲的信。"告诉我们的母亲，我全身心地爱着她，而且如果她能看到或知晓我对她的爱，这对我来说该多么幸福啊。"缪拉在给安德烈的信中写道。但让娜·缪拉从来不是特吕松宫豪华沙龙的成员，她更乐意与安德烈待在拉巴斯蒂的小家里。

在这里我们可以顺便看下三个由缪拉提供教育的孩子的未来。孩子们已经在乡下学校上了几年学，缪拉把他们送到了康庞夫人在圣日耳曼的学校，奥坦斯和卡罗琳都是这座学校的校友。大一点的女孩儿，玛丽·安图奈特，1808年与霍亨索伦的卡尔亲王结婚；小一点的女孩，克洛蒂尔德·让娜于1812年与卡里利亚诺公爵结婚。安德烈的儿子皮埃尔，到巴黎时才4岁，后来作为皮埃尔·缪拉伯爵，于1830年被家乡人民选为国民议会成员，1847年在拉巴斯蒂去世。

直到秋天，缪拉才和卡罗琳一道离开巴黎，返回米兰。他们途径里昂，于10月16日经过塞尼山。当初波拿巴翻阿尔卑斯山时曾在圣伯纳救济院停留，看到僧侣们给士兵分发面包和酒，就为他们在塞尼修了另一座西多会救济院。缪拉在这里做了短暂停留。他写信向波拿巴说，他受到了"阿尔卑斯善良僧侣"的热烈欢迎，僧侣们愿为他们的缔造者献身，他们渴望得到一幅波拿巴的肖像，缪拉承诺会送给他们一幅，还会送一些钱来救济院。僧侣们招待了穿过塞尼山的士兵，甚至借给他们钱，当然，也没有人会还钱，这可是僧侣们最后的积蓄。到达都灵后，缪拉一行人受到了当地民事和宗教领袖的接待。缪拉报告说，这些好的领导人对将皮埃蒙特并入法国一事并不特别反感。

在米兰，缪拉起初与梅尔齐和意大利共和国政府保持着良好的关系。在意大利停留的这段期间，他时常给波拿巴写长信。他的一些信件展现出了他的直白坦率。他警告波拿巴，在意大利有相

▼莱蒂齐亚·缪拉之墓，缪拉像立于其上

当一些团体对他的政策感到失望。他们渴望统一意大利，建立一个以罗马为首都的共和国，而且他们视第一执政为反动分子，因为后者不但保留了那不勒斯王国和教皇领地，还要在托斯卡纳建立新的王国，让贵族听命于他，把威尼斯划给奥地利，毁掉了其原有的国家构成。缪拉提醒第一执政，许多意大利人都觉得投靠英国人更好。

就这样，缪拉成了那些怀有共和理想的人的公开敌人。对意大利将军莱基建议同情意大利"雅各宾"的提议，缪拉表示反对，他说他已经受够了上一次的革命，不想再看见第二次。在这种情况下，缪拉应该与保守党和贵族共和主义者的代表梅尔齐保持好的联系。但这时，

▲缪拉与抱兔子的小女孩

缪拉作为军人的那种自满和专横又冒了出来，他会对作为法国伦巴第总督的身份住在米兰而感到满意，但又被只作为政客从属的身份所激怒。他认为梅尔齐太急着想与所有人交善，对极端自由主义者太友好，这些人都被缪拉称为"雅各宾主义者"和"土匪"。自尊心让缪拉觉得副主席没有对他引起足够重视。他抱怨道，他和妻子想要在公众仪式、社交场合、舞会和宴会上受到足够的尊重。

1802 年—1803 年初，缪拉在给波拿巴的信上反复抱怨梅尔齐，这说明二人的摩擦仍在继续。12 月，缪拉与卡罗琳一起巡查了伦巴第的守备。二人的日常生活就是白天检阅，下午和晚上参加舞会和宴会。当他回到米兰后，与米兰的民事官员关系再次紧张。他对当时的地位很不满，当他读到 1803 年 1 月 7 日的公报：勒克莱尔将军因黄热病死于圣多明戈，他于 1 月 14 日写信给波拿巴，表示自己想要接任此职。对缪拉而言，用指挥小股军队与黑人非正规军在西印度黄热遍地的灌木中作战，来替换米兰宫殿的生活是个不合适的买卖，但他迫切地想在"危险的气候"中冒险。可是波拿巴不打算再在圣多明戈失去一位妹夫了，并且他认为缪拉在欧洲更有用处。

2 月份，米兰出现危机。缪拉曾于 1 月 24 日给波拿巴去过一封长信。开头称，第一执政对他信上提到的政治消息毫不重视，他推测第一执政的意思是让他把注意

力放在军队报告上，但他必须汇报伦巴第所发生的造反之事。

缪拉在信中谈道，危险的谣言在伦巴第的大街小巷扩散着，如同圣多明戈的瘟疫一般。广为流传的谣言称，意大利共和国将并入法国，30000 法军很快将进入米兰。同时，一首被竞相传阅的攻击法国的反诗的复印件，也被缪拉随信奉上。这首诗的作者是意大利第 3 步兵团的切罗尼（Ceroni）上尉。在印刷前，切罗尼曾把手稿交给议会成员奇科尼亚拉（Cicognara），以及视缪拉为敌人的特利耶（Theullie）将军看过。相传，这首诗还是切罗尼献给奇科尼亚拉的。

切罗尼的诗谴责将威尼斯划给奥地利是"背叛"行径。用诗歌的夸张语言称法国盗贼"身覆王室之血"高呼着"自由或死亡"，却用自由换来暴政！诗歌号召意大利人民站起来淹没这虚伪的恩人和他危险的礼物。虽然没有一点实质证据，但缪拉断定是梅尔齐鼓励了这些"爱国者"，并且私下里曾与第一执政的敌人莫罗通信。

"事态非常危险，"缪拉在信上说，那不勒斯朝堂是敌人；所有好的意大利人都乐于把他们临时的国家并入法国。

波拿巴不喜欢任何形式的诗人或吟诵者，尤其当他们还在现役士兵的名单上时。但他没有即刻就缪拉的报告采取行动，除非他收到显示危机进一步加重的信件，明确说明意大利革命者正在酝酿革命。第一执政已经收到了梅尔齐的安抚信，而且迫切想要伦巴第相安无事。但在 2 月 27 日，缪拉写信说，切罗尼正打算印刷与第一首反诗类似的另一首"诽谤诗作"。在告知梅尔齐意图后，他派了莱基将军去逮捕切罗尼上尉并没收了他的文件；这其中还包括切罗尼写给奇科尼亚拉、特利耶和博洛尼亚治安官马真塔（Magenta）的信件，上述的所有人都参与了对法国的敌对行为。

他把文件呈送给了第一执政。缪拉进一步告诉第一执政，是梅尔齐纵容了这次动乱。前几天，剧院上演了《帕奇的阴谋》，观众是一帮无论何时都对法国和波拿巴会表达敌意的"狂欢的匪徒"；之后的一幕是《恺撒之死》，也是相同的景象。当地的"爱国者"正与英国方面进行信件往来。英国人曾说，近来伦敦的商人关闭了所有在意大利的贸易，而且有 15 艘英国船只在地中海待命。

波拿巴现在彻底被激怒了。他写信给缪拉："我从头到尾读了你呈送给我的文件。你是对的，立即逮捕涉及印刷此反动小册子的相关军官。"同日，他写信给梅尔齐："如果你的内政部长和警察长管理有道，你就不会看到法国军官逮捕意大利共和国公民的耻辱之事了。"梅尔齐做了无力的回应，解释了他对骚乱的疏忽的缘由。

波拿巴给梅尔齐和缪拉下令，要亲眼见到奇科尼亚拉等人被逮捕，而且切罗尼要被送上国民议会受审。4月11日，议会判定切罗尼有罪，并将他驱逐出军队，未来三年他都将处于警察的监管下；奇科尼亚拉和特利耶被免职，被迫居住在政府指定的地点；马真塔也被免职，而且失去了民事执行特权。梅尔齐面对缪拉的攻击，向第一执政递交了辞呈，但波拿巴认为这些惩罚已经足够教"爱国者"做人了，他现在想要的是怀柔手段。他告诉梅尔齐必须待在岗位上，并写信给缪拉让他与副主席友好相处；他告诉缪拉，要让送信人带回"你与梅尔齐一切正常，所有的争吵都已结束，意大利共和国诸事顺利"的回复。

缪拉遵守了命令，与梅尔齐达成了正式和解。没有参与二人争执的卡罗琳巧妙地运用她的影响力缓和了丈夫与副主席之间的关系。1803年5月16日，她的第三个孩子，一个男孩出生，她邀请了梅尔齐在洗礼时作为孩子的教父；孩子名为吕西安·拿破仑，以此纪念他的两个叔叔，名字中还包括梅尔齐的名字——夏尔·弗朗西斯，以纪念这位副主席。

▼古维翁·圣西尔，缪拉未来的同僚兼帝国元帅

1803年5月，法国和英国重新剑拔弩张，这也直接缓解了缪拉与当地民事官员的关系；他现在正忙着组织北部和中部意大利的军队。但他仍在信上抱怨米兰政府，而且他与一个名叫古维翁·圣西尔的下属爆发过激烈的争吵。二人冲突的根源是圣西尔的报告跳过了缪拉的参谋部，直接呈递给了巴黎。在一封给波拿巴的信上，他说圣西尔是个骗子，他对圣西尔所做出的任何事都不会感到奇怪，因为此人"来自莱茵军团"，那里的"绅士"都觉得自己是伟人。其实，圣西尔对缪拉的所作所为，不就是缪拉曾经对布吕内所做过的事情吗？

第七章

巴黎总督

1803 年—1805 年

1803 年 8 月，缪拉被召回巴黎。当时波拿巴不仅在忙着入侵英格兰，更在为未来的帝国制做准备，他希望那些处于他核心圈子里的人能够在其身边以备不测。当缪拉于 8 月 23 日抵达首都时，其身份仍是法军在意大利的总司令，他丝毫没有意识到自己不会再回到米兰，自己的新事业也将拉开帷幕。

缪拉在米兰最后的安排是奉波拿巴之命，将意大利共和军一个有 6000 人的师在皮诺（Pino）将军的带领下开入法国。这是官方的派遣，梅尔齐表达了他对巩固意大利和法国两个共和国关系的满意之情，但缪拉还是向波拿巴告知了他的副主席梅尔齐在收到命令时的失望——"他沮丧、沉默、面露失望"。这终结了意大利共和国独立的所有希望，这是拿破仑将米兰视为法国行省首府的证据。

直到 10 月，缪拉的信件还显露出他仍在接收意大利卫戍部队的报告，并通过信件联系的方式直接指挥军事事务。11 月，他回老家待了两个星期，终于实现了他曾保证过无数次的回家探访。立法会（Corps Legislatif）的选举被安排在雾月 23 日（11 月 10 日）。10 月 29 日，内政部长夏普塔尔告知缪拉，第一执政让他主持在卡奥尔的洛特省选举团会议。选举团本是选出立法团代表的选举人，而即将到来的选举意义则更为重大，新团体的主要任务将是讨论帝国的成立。缪拉到卡奥尔主持选举的任务就是波拿巴为其所特意安排的。

最后，在经历了 12 年的漫长等待后，年迈的让娜·缪拉在拉巴斯蒂迎回了自己的儿子；与缪拉一同归来的还有卡罗琳和三个孩子，这让老母亲更加欢欣。缪拉家族圈子里的农民和小农场主们目不暇接地看着眼前华丽的马车和闪耀的制服。但让他们高兴的是，这位伟大的人——拿破仑著名的骑兵将领，有着阿布基尔和马伦戈的英勇事迹的人，并没有忘记他们。他与多年前的朋友依旧友善而平等地交谈，并渴望知道他们每一个人的情况。

11 月 10 日，当地官员为他树立了凯旋门的欢迎仪式后，缪拉主持了卡奥尔的选举团会议，他开始了他的演说："虽然我明白应该放下个人感情，只谈及你们被召集到这场重大的公众活动的原因，但我无法压抑在离开多年后，再次回到我度过童年和初次接受教育的城市时的那种喜悦。"缪拉告诉他们，在他的事业中，他都致力于为家乡和同伴谋取福利；与他们共同度过的日子是他生命中最快乐的时光，而且他很高兴能再次见到朋友们，并结交新的伙伴。演说获得了热烈的掌声，这预示着缪拉将军将会被选为该省的 4 名代表之一。选举结束后，缪拉名列榜首，得到

▲回家看望母亲的缪拉

164 票中的 162 票①。

当时，正在重振教育的第一执政在卡奥尔建立了学校。缪拉任命在巴黎给他侄子辅导的让·维耶公民在此任职。在选举结束后，缪拉在拉巴斯蒂待了几天，于 11 月 15 日返回巴黎。现有史料不太确定缪拉还有没有再回过家。可能在五年后，他作为帝国的中将向西班牙进军时匆匆瞥过家乡一眼。

返回巴黎后，波拿巴没有把他派回米兰。1804 年 1 月 15 日，他被任命为巴黎总督，指挥第一军区和国民卫队。他的新职位给他带来了 60000 法郎的津贴，而卡罗琳也从第一执政的专款中获得了 60000 法郎的年金。

---

① 官方选举反馈上写道：若阿基姆·缪拉，生于 1767 年 3 月 25 日，37 岁，居于拉巴斯蒂，已婚，有三个孩子；1789 年前在图卢兹大学就读；1789 年后任总司令。财产状况：交税 8963；得 164 票中的 162 张赞成票。

在作为帝国的骑兵将领时，他给自己设计了服饰：作战时胯下是豹皮鞍褥，脚蹬红色马靴，身穿金色刺绣的束腰外衣，肩披衬有昂贵的毛皮的毛皮，头戴着用宝石固定的装饰着鸵鸟羽毛的帽子，手握钻石镶嵌的马刀，坐骑配有金色的马镫和马嚼。

作为巴黎总督，缪拉有了他的宅邸，庄严的特吕松宫成了他的总部；卡罗琳用舞会、宴会和音乐会主持着半军事的"宫廷"。弗雷德里克·迈松阁下用他细致的观察力注视着每个细节，讲述了精心打理的缪拉宫殿的富丽堂皇。而巴黎的普通社会谈起他们，则认为他们是奢侈、浪费和虚荣的代表，这是缪拉身上那种加斯科涅人的炫耀和自满的体现，其典型的性格特征在后来还会有所体现。

在特吕松宫，到处都是耀眼的色彩和昂贵的器物。这儿有很多会客厅，第一间会客厅的陈设和色调是配有大量金色刺绣、镶边、流苏的蓝色天鹅绒，以及镶金的桌案、举着金烛台的大理石像、镀有金边的镜子、土耳其地毯。会客厅后面是三个沙龙，每个沙龙都有自己的构色，而铜饰和大理石在丝绸、天鹅绒和刺绣中预示着更稳固的财富。冬天的夜晚，沙龙在烛光的照明下与耀眼的制服和女士的华服交相呼应；夏天，维利耶城堡也是同样一番闪耀的景象。

只是缪拉并未在他的"宫廷"享受几周，他就发现自己面临着被迫与"罪恶"同流合污或失去眼下财富的抉择。他选择了前者，也一定程度上卷入了与波拿巴有关的"昂吉安公爵事件"①的丑闻中。

有传闻说缪拉是整个事件的教唆者，并且心甘情愿地参与进其中。这是由当时的流言衍生而出的诽谤。比如勒米萨（Remusat）夫人就在写到缪拉时重复了此话："他在整个事件中扮演了一个丑恶的角色。是他教唆了波拿巴，向其重复仁慈会被视为软弱，而雅各宾派会暴怒。"但缪拉对意大利的"雅各宾"完全不尊重，对法国的也尊重有限，而且在这件事上波拿巴不需要任何催促。

缪拉的错误在于他没有进行有力的反抗；在半心半意地反对后，他遵从了命令。在野蛮地冲入外国领土，并在埃滕海姆（Ettenheim）逮捕昂吉安前，缪拉是知道计划的，第一执政曾私下告知他。缪拉随后理解为，波旁的亲王会在他的贵族和军事成员面前接受公正的审判；他也盼着能够出席，甚至违反保密协定，询问一个将军

---

① 译注：昂吉安公爵被认为是一系列针对波拿巴的暗杀活动的主谋，虽然他不在法国，但距国境甚近，随时可能潜入法国，于是波拿巴策划了对昂吉安公爵的"跨境"处决。

是否愿意与他一起。

毫无疑问,当逮捕公爵后,他收到第一执政的日期为"风月29日,共和七年(1804年3月20日)"的信件时是无比震惊的。信上告知缪拉,犯人将在万塞讷(Vincennes)的军事法庭接受审判,并且他希望看到命令被执行。缪拉对当时在他身边的友人阿加尔说:"波拿巴想给我泼脏水,但他不会如愿的。"

清晨,缪拉乘坐马车前往马尔迈松,与第一执政进行了激烈的争论。波拿巴以"如果你不执行我的命令,我就送你回凯尔西(Quercy)山区"结束了争执。在这个关键时刻,一个比缪拉更强硬的人会说,他已经准备好宁可消失在拉巴斯蒂的小村子,也不会执行这个命令。他应该坚持公正地审理昂吉安公爵。他也可以进一步要求,即便昂吉安被判有罪,也应该对其仁慈对待。但缪拉并不打算牺牲他的财富,最后,缪拉失望地离开了,用阿加尔的话说就是"充满了困惑、震惊";当缪拉回到特吕松宫时,便成了一副病快快的样子。但是决定性时刻已经过了,到目前为止,缪拉都没有强烈反抗波拿巴的意志,有的只是为逃避责任和良心谴责的轻微斗争。

在那里,他的总参谋长凯撒·贝尔蒂埃正在等候他并询问军事法庭的成员名单。缪拉问凯撒为什么介入了这件事,他没有向下属下达任何命令,也没有对任何人谈起过。凯撒回答说自己是被哥哥、战争部长派来的。缪拉回答道:"好,告诉你哥,我刚见过第一执政,我已经向他表明我不想组建军事法庭,而且也不会这么做。"之后,亚历山大·贝尔蒂埃亲自赶来,但缪拉仍旧试图逃避。"不,我不会组建军事法庭的,如果波拿巴愿意,让他自己去做吧。"缪拉义正词严地说道。

亚历山大·贝尔蒂埃带着缪拉的答复见了波拿巴。结果就是在夜里7点时,宪兵队上校萨瓦里带着波拿巴的最后通牒来到特吕松宫。信上没有提及缪拉之前的反对,而是命令他组建军事法庭、提名成员,更直接命他派宪兵分队到万塞讷城堡[①]看守昂吉安并"执行判决"。而且,为了避免一切可能的错误,附言还特意证明了昂吉安公爵的案件已经得到审理,他的死刑已经被决定:

"让军事法庭的成员明白必须在当晚完成全部流程,并下令执行判决。毋庸置疑,是死刑,而且要立即执行,罪犯的尸体就地埋在那个堡垒外面的空地上。"根据结尾的话语,萨瓦里将执行命令。

---

① 在万塞讷城堡外墙的角落,处死昂吉安公爵的地方立着一座纪念柱,上面写着"纪念路易·安东·亨利·德·波旁,昂吉安公爵,1804年枪决于此处——2004年波旁协会"。

▲未来的帝国公爵，萨瓦里　　▲处死昂吉安公爵

　　缪拉仍避免采取行动。"你已经有了第一执政的命令，我的话对你没用。"他打发了萨瓦里。之后凯撒·贝尔蒂埃带着战争办公室起草的组建军事法庭的命令前来。起先，缪拉拒绝签字，但"他的总参谋长凯撒·贝尔蒂埃指出，波拿巴实际上已经按自己的意愿组建了军事法庭，人员名单也是由他授意的；他作为巴黎总督的签名只不过是个形式，但是是必要的形式，他不能拒绝。公开向政府宣战或表露任何决裂的倾向，都难以让他事后与第一执政和解"（来自于阿加尔的叙述，我们可以视为缪拉自己的声明）。缪拉在这番说辞下妥协了，签署了命令。

　　在缪拉软弱地屈服后，一些法庭成员在亚历山大·贝尔蒂埃的告诫下，来到缪拉的官邸请求进一步的命令。缪拉很反感自己被逼着进一步参与进丑恶的事件中，他只是告诉他们立即前往万塞讷。

　　在3月20日至21日的夜色中，行动结束了。当昂吉安的尸体蜷缩在无名的坟墓中时，缪拉倒是没有拒绝分享染血的钱。与萨瓦里和其他参与这场悲剧的人一样，他收到了 10 万法郎的津贴。他已经获得了奖励，无法逃避承担这场悲剧的罪责，老谋深算的富歇对此的评价家喻户晓："这个错误，尤胜犯罪。"

其实如果缪拉有足够的勇气宣布，与其直接或间接卷入此事，他宁愿辞去巴黎总督一职，拿破仑可能就会犹豫是否进行判决的最后一步（处决昂吉安公爵）；但波拿巴也可能会一意孤行，这可能会葬送缪拉的事业。缪拉不会冒险。就他善良、情绪化的性格而言，当他听到判决被执行时，可能真的哭了。可以确定，缪拉认为自己缺席军事法庭就已经逃避了大部分责任。在后来缪拉于皮佐迎来了对自己的审判时，他在审判中说道，上帝可以证明他没有参与犯罪，而且其他人也没有必要去质疑他所说的话是否真诚。

毫无疑问的是，缪拉为避免判决的进一步执行尽了自己最大的力。当波拿巴从王家的密谋中渔利，并打算把任何可能牵扯其中的反对者送上被告席时，缪拉用他的影响拯救了不止一位被告；他甚至还介入了卡杜达尔①之事，但没有成功。在卡罗琳的帮助下，他试图争取了拿破仑对波利尼亚克（Polignac）亲王和里维埃（Riviere）侯爵的谅解。缪拉还大着胆子给第一执政写信，希望能够拯救卡杜达尔：

乔治·卡杜达尔是有罪的，但在一个内战国家，人们难以用准确、公正的法则来讨论一个人的罪责，只有政治环境能最终定性谁有罪。危机时期犯下的罪责被归为政治范畴，而非法律。阁下就是我所说之事最好的证明……乔治无疑是有罪的，但他有这么做的正当理由……就像你宽恕波利尼亚克阁下和里维埃一样，为什么不能宽恕卡杜达尔呢？他是个充满荣誉感又拥有坚强性格的人，如果你能宽恕他，我将让他担任我的副官，并用自己的人头为他担保。

▼万塞讷城堡角落里的纪念柱

人们希望他能在昂吉安的事上也表现出这般勇气，但那时缪拉内心中的软弱可能战胜了他的这般勇气。当他看到报纸上的报道认为是他促成了年轻公爵的死亡，而其他

---

① 译注：此人策划了 1803 年在马尔迈松路上对波拿巴的绑架（暗杀）行动，随后被判处死刑，送上了巴黎的断头台。1814 年被路易十八追授为法国元帅。

人都在试图营救公爵时，缪拉确实非常激动。他又听闻萨瓦里和他的特工对谣言推波助澜，盛怒之下的他写信给第一执政，指责这些对自己的诽谤和中伤，并提出辞去总督一职；在结尾处缪拉还特意暗中讽刺了波拿巴在马尔迈松对自己所说之话：

我应该辞职去我的凯尔西山区，这样人们就可以肆意传颂波拿巴夫人跪在你脚下请求宽恕昂吉安，而我却坚持要他死的故事了。

波拿巴派人告知缪拉不要太过于关注恶毒的流言蜚语，他充分利用了缪拉对自己的感情和他的野心，向其恳请道："在保王党的利刃威胁我时，请不要抛

▲卡杜达尔

弃你的将军，你的朋友，你的大舅子。"二人达成和解后，他迁就缪拉，宽恕了波利尼亚克和里维埃。

第一执政利用这次失败的密谋，毁灭或流放了他的潜在反对者和对手。被剥夺公权的人，统统被流放或被扔进了在卡宴沼泽的监狱。

当所有挡在拿破仑面前的障碍都被清除后，帝国制在 1804 年 5 月 18 日经公民投票和元老院选举后得到最终确定，拿破仑·波拿巴[①]成为法兰西帝国的皇帝。缪拉自然是这一计划的促成者，他在立法院为法兰西立法者——拿破仑的雕像揭幕，并谈及国家将会处在此人那明智而又备受青睐的立法下。当然，作为皇帝的妹夫，他可以很快地积累财富和获得荣誉，而且他对此也没有失望。

当元帅制确立后，缪拉是第一批被授予此头衔的人，他的名字在元帅名单中排第二位；只有贝尔蒂埃，这位拿破仑信任的总参谋长，代理拿破仑向全军下令之人，名字在缪拉之前。排在缪拉之后的将军，诸如拉纳、马塞纳、奈伊和其他人很多都

---

① 译注：按照习惯上的说法，人们在拿破仑称帝之前称呼其姓，在称帝后称呼其名，以示区分。

有着更出色的作战指挥和服役记录，而对缪拉个人而言最重要的战役还尚未到来；到目前为止他的行动记录只包括北方军团、意大利战役、埃及和叙利亚战役以及马伦戈战役中的一些次要行动。但重要的是，这些人并没有与波拿巴家族联姻。

缪拉还被授予了荣誉军团大鹰勋章，以及法兰西海军上将（Grand Admiral）的荣誉头衔。不过，这个头衔并不涉及海军的管理，而只是一种宫廷和形式上的身份象征。这一系列的荣誉使得缪拉在帝国大官员中位列第二，只有约瑟夫·波拿巴排在他前面。当缪拉出席重大场合时，他将作为大上将出现在皇帝内部的圈子里，穿着由艺术家大卫设计的朝服，搭配长裤、短上衣、斗篷、羽毛饰帽子，以及金鞘的宫廷佩剑；他的大上将身份也为自己在元老院谋得了一席之地。

缪拉并没有获得他更为垂涎的头衔，但也快了。元老院通过法令赋予拿破仑的兄弟，约瑟夫、吕西安和路易"帝国亲王"的头衔，而且他们的妻子也因此成为亲王夫人。5月18日，在圣克劳德的国家晚宴上，当卡罗琳听到她的姊妹的新头衔，而自己仍是"缪拉夫人"时，在愤怒之余流下了失望的泪水。第二天早上，拿破仑责备她在晚宴上的失态，这对兄妹间展开了争吵；拿破仑说道："看你的样子，人们会认为我剥夺了你的继承权。"卡罗琳对这番挖苦以倒地不起的方式进行回应。最终，她得到了她想要的。

5月20日，公报宣称在帝国的新政体下，法兰西的亲王和亲王夫人获得了"尊贵的殿下"的称呼，而皇帝的姊妹也应该拥有同样的头衔。如果卡罗琳获得公主的头衔，她的丈夫若不是亲王，那卡罗琳就会显得受到轻视，于是一项帝国法令解决了这个问题，即亲王头衔的提拔既要源于他对帝国做出的贡献，又要源于他的婚姻关系。拿破仑说道："我们希望，不仅要认识到缪拉将军为国家做出的贡献，还要看到他在各种情境下表现出的对我的依附，并且册封一个与我们血脉相连之人为亲王，同样也是对我们身份的回馈。"

新的头衔给缪拉带来了新的收入。弗雷德里克·迈松估算了新元帅的官方收入，做成了下面的表格：

帝国海军上将	33.3万法郎
元老院成员	3.6万法郎
荣誉军团大鹰勋章	2万法郎

法兰西元帅	4 万法郎
巴黎总督	6 万法郎
第一军区司令	1.2 万法郎
工资总计	50.1 万法郎
津贴——办公开支	14.4 万法郎
住宿	1 万法郎
草料	1.5 万法郎
收入总计	67 万法郎

这是缪拉的官方收入。此外还有投资收入，例如缪拉每年从拉莫特－圣－海劳耶城堡收取的租金就达到 3.2 万法郎。卡罗琳作为帝国家族的公主，从拿破仑自己的专款里获得了 24 万法郎的收入。在帝国时期，迈松估计缪拉的总收入大约为 150 万法郎。

另外，卡罗琳还从他的皇帝哥哥那收到了礼物。1804 年 12 月 31 日的夜晚，她收到了 20 万法郎作为新年礼物；在第二年的 3 月 22 日生下第二个女儿时，收到了爱丽舍宫作为礼物——拿破仑在各方面总共花了 97 万法郎买下爱丽舍宫。在大革命时期，它一度成为私有财产，音乐会场地变成了花园，对面还有木材搭建的摊位和商铺。卡罗琳至少在一年后才真正拥有它——所有的时间都用在了原住户的搬迁、赔偿，以及将花园和宫殿恢复原貌上。

在 1804 年 12 月的加冕仪式上，有着巴黎总督和法兰西海军上将的双重身份的缪拉扮演了重要的角色。作为巴黎军队的司令，他负责当天的军队纪律和城市治安。在巴黎圣母院加冕的队列里，缪拉托着约瑟芬的王冠走在她前面，卡罗琳则作为皇妹和公主托着她的裙摆。当巴黎为皇帝和皇后举行宴会时，缪拉作为首都的总督，在市政厅的台阶上迎接了他们。他在元帅们为皇后约瑟芬举行的宴请上也是显著人物。[1]

---

[1] 加冕结束后，拿破仑授予了缪拉的哥哥荣誉军团星章；之后，皇帝还给了这位诚实的拉巴斯蒂农场主"帝国伯爵"的封号。缪拉给了他钱让他建立自己的宅邸，这也是后来拉巴斯蒂－缪拉城堡的核心部分。

▲拿破仑加冕

　　在加冕后，拿破仑前往米兰获取伦巴第铁王冠，意大利共和国转变为意大利王国。他曾想过把这顶附庸国的王冠赏给缪拉，但他犹豫了，最后放弃了这个想法，因为他不确定他的妹夫上一次待在米兰时留下的不快记忆是否有助于王国的统治。在他离开巴黎期间，拿破仑有理由警告缪拉即便是在小事上也不要有损权威。

　　作为巴黎总督，缪拉在杜伊勒里宫进行了检阅，队列里有一些新组成的帝国近卫军。拿破仑写信告诉缪拉，只有皇帝可以在卡鲁塞尔广场举行检阅和视察，巴黎总督选择的检阅场地必须是战神广场或爱丽舍广场，而且近卫军不能出现。拿破仑认为近卫军应该用于作战演习而非检阅；这样一来，拿破仑就能有一支只听命于己的军队了。

　　从意大利返回法国的拿破仑把注意力放在了入侵英格兰的大目标上。他组建了英格兰军团，参谋部设在布洛涅，整装待发的军舰会将军团送过海峡，而海军将为

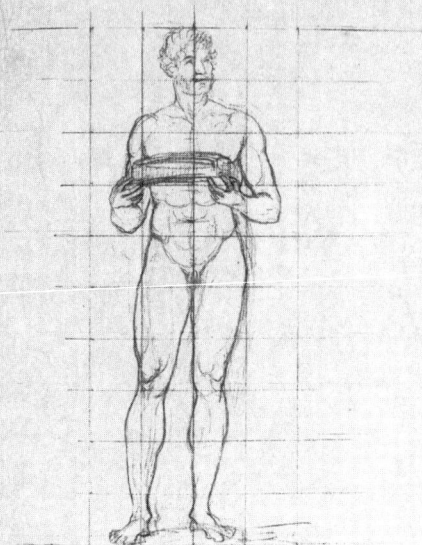

▲《加冕》中的缪拉裸体速写

他控制住海峡，拿破仑认为仅需一小会的时间就能实现这个目的。缪拉作为远征军的骑兵指挥官，在卡罗琳的陪同下，巡查过北部沿海大营不止一次。但是拿破仑的海军将领们却没能拿下海峡的控制权，而英国的战争补贴则让奥地利再次武装了起来。1805年，新的反法联盟成立——英国、瑞典、奥地利和俄罗斯成了联盟的四部分。

当入侵英格兰的计划无法实现时，聚集在海峡沿岸的大军团将渡过莱茵河，在南德意志和多瑙河沿岸迎战奥地利和俄罗斯军队。拿破仑和缪拉以及贝特朗迅速视察了可能的交战地。贝特朗的任务是确保巴伐利亚选帝侯站在法国一方，表明胜利一定是在拿破仑这边，并向其许诺会在战后给予好处；缪拉的任务则是迅速了解地形，尤其是莱茵与多瑙河之间的联络要道。在拿破仑看来，缪拉的军事能力和判断力足以让他担此重任。

缪拉化名为"布尔蒙上校"，于1805年8月25日乘坐驿递马车出发；9月中旬，他回到斯特拉斯堡，期间在南德意志地区行进百里，其中大部分时间都是在巴伐利亚境内。他的路线是从巴黎到美因茨，即后来的法国莱茵要塞，从这里经维尔茨堡和班贝格（Bamberg）到波西米亚边境，了解向布拉格行进的可能性。他在马车上读着贝列斯勒（Belleisle）元帅1741年成功入侵波美拉尼亚的记录，这是拿破仑让他随身带着的。接着，向南，他接近了奥地利边境，经由纽伦堡到拉蒂斯邦，之后沿着多瑙河向东，到达多瑙河与因河在帕绍（Passau）的汇合处。他还从帕绍出发，顺因河而下，西至慕尼黑，继续行至乌尔姆，之后就是巡查著名的黑森林的道路。他于9月中旬抵达斯特拉斯堡，在此地把报告送递给了拿破仑。缪拉已经走过所有在未来的战役中他要直接带领骑兵行军的路线了。

当缪拉的驿递马车咯吱咯吱地驶过巴伐利亚的道路时，位于布洛涅大营的军团已经解散；当他抵达斯特拉斯堡时，大军团已分为多路纵队向莱茵河流域各个城市前进着。在即将开始的战役中，缪拉已经被安排了职务，也获得了取得荣誉的机会。

他被授予骑兵总指挥的头衔，这是拿破仑受到古罗马时代在皇帝（Imperator）身旁专门指挥骑兵之人（Magister equitum）的启发。人们可能会对拿破仑在这种小细节上模仿古老帝国的行为感到奇怪，但拿破仑帝国时期的铸币背面仍有"法兰西共和国"的字样，而铸币的正面则是他的胸像以及"法兰西皇帝"的字样，就像凯撒在罗马帝国中保留共和国的字样一样。

在帝国军队的构成中，每个军有一个骑兵师或旅，包含3个或4个轻骑兵团。这些骑兵的兵力足够应付侦察、警戒和先锋的工作，且不用在战场上发起猛攻；其他的骑兵则组成有若干师的军，名字叫"骑兵预备军"；我们可以称其为大军团中的独立骑兵部队。他们先是掩护整体部队的前进，之后派遣整个军或一些骑兵师，支援任何处于交战中的步兵军，以作为决定战斗形势的关键。

1805年在缪拉麾下的骑兵预备军组成如下：

重骑兵——南苏蒂将军师：4个胸甲骑兵团；2个卡宾枪骑兵团。

德奥普尔将军师：4个胸甲骑兵团。

龙骑兵——3个龙骑兵团组成的师（每师各6个团），以及一个由步行龙骑兵营组成的师：

第一师，克莱因将军。

第二师，布尔蒙将军。

第三师，瓦尔特将军。

第四师，布尔西耶将军（8个营）。

轻骑兵——米约将军师：4个猎骑兵和骠骑兵团。

缪拉负责指挥这32个骑兵团和8个步行龙骑兵营，共22000人、14000匹战马。顺带一提，大量步行骑兵的出现是因为之前为入侵英格兰而准备的大量骑兵，在渡过海峡时船只无法运送这么多的马匹所致。

法军拥有的骑炮数量，对这般大规模的骑兵军队来说相对较少。缪拉总共才有24门大炮，其中每个胸甲骑兵师分配3门，龙骑兵师和米约轻骑兵分配2门，总共14门；剩下10门重炮则归属于布尔西

▼布洛涅大营

耶的步行龙骑兵师。

缪拉请求并任命了贝利亚尔（Belliard）为他的参谋长。这位青年来自于普瓦图古老的封建家族，在大革命爆发前成为贝利亚尔伯爵。在革命者攻陷巴士底狱时他才20岁，后来他投入革命事业，放弃了头衔和名字前面的"德"（de）。他于1791年志愿加入军队，很快便被他的同事选为上尉。他在北部军团表现出色，并担任迪穆里埃的参谋，当时缪拉还是朗德里厄的猎骑兵少校。在莱茵，他曾是奥什的参谋，之后被派往意大利军团。在1796年战役和阿尔科拉战斗中，他被波拿巴升为旅级将军。在蒂罗尔效命于茹贝尔麾下后，他去了埃及，跟随德赛沿尼罗河追击马穆鲁克直至阿斯旺大坝。后来，他担任开罗总督，也就是在这儿，他成了缪拉的朋友。①

不过，当缪拉的骑兵军队向莱茵行进时，他本人还在斯特拉斯堡忙碌。根据8月30日的命令，拿破仑给予缪拉"帝国中将，于皇帝不在时享有全权"的特权，并命令他在斯特拉斯堡组建司令部，监督各军在莱茵渡河点集合，为渡河进行必要准备；同时，检查要塞武装，并获取敌人备战和行进的情报。这些情报由法军散布在南德意志的情报据点提供，再由缪拉的参谋部收集并转交；每天都有大量的情报，以及军团抵达莱茵、浮桥建造情况、莱茵要塞工作和物资供应的报告呈送给皇帝。而当缪拉听闻从慕尼黑传来的奥地利军先锋进入巴伐利亚的消息时，他派第1骠骑兵团与一个龙骑兵旅渡过莱茵河，以监视黑森林的道路，并向伊勒河（Iller）派遣巡逻队。

▼缪拉元帅

9月25日，拉纳的第五军、近卫军和大部分的骑兵集结在斯特拉斯堡和凯尔附近；贝纳多特和第一军在莱茵河上游，经法兰克福向维尔茨堡行进；马尔蒙和第二军在美因茨附近；达武和第三军在曼海姆对岸；苏尔特的第四军在斯皮雷（Spires）附近；奈伊和

---

① 布鲁塞尔立有贝利亚尔的铜像，位于皇家街道，面朝帕尔克方向。这座铜像是为了纪念他为比利时做出的贡献。在比利时新王国建立后，他组建了军队；贝利亚尔1813年1月于布鲁塞尔离世。

第六军在马克绍（Maxau）附近，准备渡过浮桥并占领卡尔斯鲁厄（Carlsruhe）。

这一天，骑兵预备军的大部队已经渡过了莱茵河，并开始穿过黑森林。9月26日，拿破仑抵达斯特拉斯堡，他有足够的理由对缪拉的工作感到满意。这位皇帝检阅了集合在城市附近的大量军队，缪拉则离开斯特拉斯堡去指挥骑兵军团的行动。

从此以后，缪拉将与拿破仑在乌尔姆、奥斯特里茨、耶拿、奥尔施塔特、埃劳和弗里德兰的舞台上共同书写绝妙的胜利篇章；在从莱茵河到多瑙河，再到涅曼河的众多战斗中，他都沉醉于"战斗的喜悦"，享受压倒性的胜利，带领如潮水般的骑兵冲向敌军；将战场的残骸留在后面，并冲击溃散的敌人，带着缴获的大炮和军旗凯旋。公爵的铁冠和国王的王冠也将被他收入囊中，但昂吉安公爵事件的报应也在等待着他。

第八章

乌尔姆战役和奥斯特里茨

1805 年

相对于法军在战前的充分准备，奥地利则将在战争初期将能够发起致命一击的机会拱手让给了拿破仑。他们急于逼迫巴伐利亚中立，既没有等待他们的俄国盟友加入战斗，也没有把全部的兵力投入战场。被过誉为"伟大战略战术家"的马克元帅（Field-Marshal Mack），率6万名奥地利士兵渡过因河进入巴伐利亚。当时，法军的先头部队在莱茵流域，而马克的奥地利军队在伊勒河一线，面朝黑森林东部出口，其右翼则在乌尔姆的武尔滕贝格（Wurtemberg）——伊勒河和上多瑙河的交汇处。

▲马克元帅

作为传统战术和按部就班行事的忠实拥护者，马克毫不怀疑地认为法军会像一个世纪以前那样展开战斗——沿黑森林峡谷一带从莱茵中部推进。行军的前几天，缪拉的任务就是让马克对此深信不止。因此，他将他的骑兵沿着山谷排列，并穿过巴登的松林，驱逐东边陡坡上监视他们的奥地利骑兵；缪拉并不急着把他们全都赶走，冲突也只是小规模的交火。在森林东边构成防御屏障后，他又派分队到左边增强北部的防御屏障，防止任何奥地利骑兵误打误撞地发现10月初的黑森林北部边缘和内卡河谷的山地上到底发生了什么；但马克对这个方向毫不担心，他相信拿破仑和大军团正朝着驱赶他的胸甲骑兵、龙骑兵和猎骑兵队伍的方向行进。

就这样，缪拉通过清除上多瑙河流域北部地区的奥地利骑兵，有效地隐瞒了己方部署：拿破仑和大军团正集结在斯特拉斯堡（拿破仑的近卫军和拉纳军），并已经绕到了他的背后，而不是穿过森林山地向东；奈伊军从马克绍经普福尔茨海姆和斯图加特向马克的右翼行进；同时，在更北方，达武和苏尔特正穿过上内卡河谷；马尔蒙和贝纳多特正在维尔茨堡集结；巴伐利亚人也已经在班贝格被召集加入左翼的法军纵队。七支大军正在执行大集结的战略，他们的先锋部队能在一周内集合于下乌尔姆的多瑙河渡口，以切断马克军队的联络和补给线，确保有双重把握战胜后者。

就像后来马克自己所说的"这简直是在做梦"那样。10月5日，当听闻有大量法军集结于乌尔姆东北城郊，向多瑙河强行军，拿破仑和近卫军已经经过了斯图加特的消息时，他从才"梦中"惊醒。他急忙收紧了伊勒河一线的军队，并把他们集结于上乌尔姆。

缪拉在按照拿破仑的命令清除
了黑森林东边出口的奥地利骑兵前
哨后，命布尔西耶的步行龙骑兵营
携带 10 门大炮和一些骑兵向乌尔姆
推进。他将剩下的兵力集结在军队
的左侧，经普福尔茨海姆与拿破仑
亲自指挥的法军右翼会合。

德奥普尔的胸甲骑兵师被分
派给拿破仑指挥的近卫军和拉纳
军；缪拉和余下的骑兵则掩护侧翼
向多瑙河行进；奈伊的第六军，共
20000 人，临时听命于缪拉。在军
队渡过多瑙河时，缪拉将在他们的
最右建立哨点，同时作为其他军转

▲拉纳元帅

向乌尔姆东的轴心。拿破仑给缪拉写信道："你必须掩护我所有精确而隐秘的行进。
如果敌人有意抵抗，那我必须第一时间得知并采取措施，不要在形势于对方有利的
情况下作战。"缪拉曾向拿破仑抱怨过他的马匹已经因急行军、连续的巡逻和侦察
而疲惫不堪；拿破仑让他征用任何能找到的马匹以做后备。"目前来说，对我最重
要的是什么？"拿破仑写道，"是消息。派出间谍和特工，同时别忘了抓俘虏。区
分出健康状况不好的马，用强壮且健康的马匹进行侦察。"

10 月 6 日，所有纵队的先锋都靠近了多瑙河，缪拉被指派让骑兵渡河清扫通
向奥军后卫的障碍。这时候，他已不再需要执行任何搭建防御屏障的行动了，战斗
马上就要开始了。

7 日早上，缪拉和克莱因、布尔蒙、瓦尔特的龙骑兵旅抵达多瑙沃斯对岸，但
过河的桥梁被驻扎在城市中的奥地利人毁掉了。苏尔特军的大炮向对岸的奥军开火。
缪拉率瓦尔特的龙骑兵逆流向明斯特的桥梁赶去，结果发现拉纳军的旺达姆师正在
渡河，于是他命令步兵空出桥梁为他的骑兵让路；之后他向多瑙沃斯（Donauwerth）
疾驰，想要截断撤退的奥地利部队。在发现敌军已经向东撤去后，缪拉便紧跟着追
去。在赖恩（Rain），奥地利人渡过了莱希河并烧毁了身后的木桥。缪拉率领骑兵

涉水过河，向 600 名奥地利骑兵发起进攻，占领了赖恩。之后，他留下瓦尔特的龙骑兵观察莱希河一线，自己则匆忙地与正在多瑙沃斯渡河的骑兵部队会合。

8 日，缪拉骑兵的先头部队沿多瑙河南岸向通往乌尔姆和伊勒河河谷的道路行进；奈伊军在他的右侧，拉纳也正赶往支援。

当发现法军已经抵达多瑙河时，马克决定撤出乌尔姆，并打算于法军正在渡河时进行攻击。他的前锋，奥芬贝格（Auffenberg）将军指挥的 8 个营和 13 个骑兵中队，在 8 日早上抵达韦尔廷根（Wertingen），但马克发现法军此时已经大规模出现在南岸，对他来说一切都来不及了。在马克正对选择采取何种作战方案而犹豫不决时，他不经意间把奥芬贝格孤单地留在了韦尔廷根。

这天，缪拉率领 14 个骑兵团与一些骑乘大炮沿着多瑙沃斯 - 韦尔廷根的道路行军。作为拉纳军先头部队的乌迪诺的掷弹兵师紧紧跟在他后面。下午，缪拉的前锋巡逻队与奥芬贝格的岗哨有了接触。由于整个大军团都在他身后，缪拉决定即刻发起进攻，这就是韦尔廷根战斗，乌尔姆战役的第一场激烈战斗，也是缪拉独立赢得的战斗。这是一场出色的胜利，两个骠骑兵团冲入奥地利军的岗哨，奥芬贝格和他的军官们听到交火声时还在吃饭。

奥地利人仓促之下，只能让士兵沿着塞扎姆（Sezam）小河一线列阵。此时，克莱因的龙骑兵旅已经在城市上方涉水过河；艾克塞尔曼斯，这位缪拉的副官、后来的著名骑兵将领，已经带领两个步行龙骑兵团穿过了设在另一侧的人行桥。莫珀蒂（Maupetit）上校带领第 9 龙骑兵团冲入街道，将奥地利人驱逐出城。在城外，他的进攻被奥地利步兵阵地的炮火阻挡，他本人也受了重伤。这时，缪拉当即投入战斗，带着克莱因的龙骑兵师和第 10 骠骑兵团反复地进攻奥地利的步兵阵地和骑兵。奥地利的骑兵溃退了，但步兵仍旧坚守着阵地，直到乌迪诺的掷弹兵投入战斗。之后，奥地利步兵的方阵一个接一个地崩溃，奥地利人逃进了韦尔廷根西边的森林。缪拉的战利品有 8 面军旗、10 门大炮和 2500 名战俘。

缪拉匆忙写报告告知皇帝他的胜利，并派艾克塞尔曼斯带着报告和缴获的军旗前往送达。拿破仑授予了艾克萨尔曼斯荣誉军团大十字勋章，并让他带给缪拉一封饱含热情的祝贺信。但当兴奋劲儿一过，拿破仑就对缪拉的胜利表达出了不满；他告诉缪拉，应该用骑兵切断奥地利的撤退路线，用乌迪诺军正面与他们交火，并俘虏奥芬贝格的整个师。不过，这话说得很不公平。通常情况下，在战斗结束、全军已经知晓胜利后，更容易表现出对取得决定性战果的渴求，但是这与在 "战争迷雾"

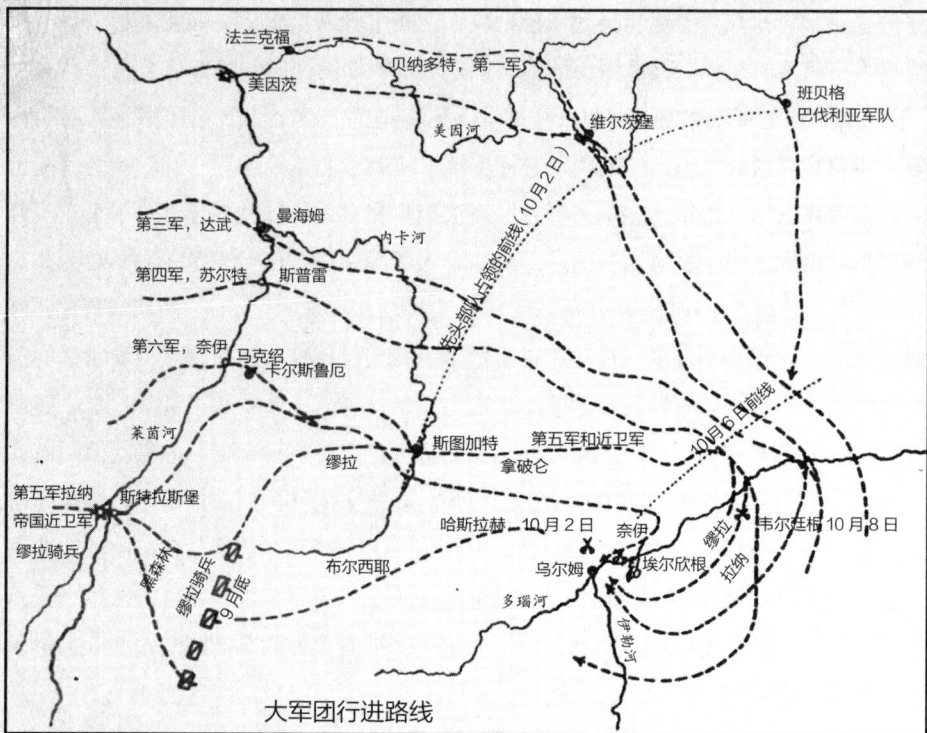

▲1805年乌尔姆战役期间法军行进路线

中要当机立断决定做什么还是有很大差别的。如果缪拉没有即刻进攻，等到乌迪诺军赶来，奥芬贝格就可能在后卫部队的掩护下撤退，而不会丢弃一门大炮，缪拉也不会抓到一个战俘。

"这就是场小胜，却让作为司令的缪拉非常兴奋。"拿破仑在给约瑟夫的信上写道。但缪拉认为这是场大胜利，直到自己生命的最后一刻，他仍为自己在韦尔廷根的胜利而感到自豪；他追击敌人直到天黑，晚上在几门大炮的支援下粉碎了敌人重整的企图。第二天，奈伊攻下了多瑙河上的贡斯堡（Gunsburg）桥，让他的部分人马赶到了南岸，并与正沿着韦尔廷根－乌尔姆推进的缪拉取得联系。10日，拿破仑让整个左翼的军团听命于缪拉，这样一来，缪拉除了骑兵①以外，还指挥着奈

_____

① 除了两个胸甲骑兵师——德奥普尔师与近卫军一起在皇帝的司令部，南苏蒂师被派往贝纳多特军，正跟着第二军和巴伐利亚军队向慕尼黑进军，以阻挡库图佐夫的俄军的前进。

伊军和拉纳军，两位元帅显然都对这样的安排而感到不乐意。

　　缪拉下达的第一个命令就招致了和奈伊的争吵，不过事实证明奈伊的想法是正确的。当时，缪拉在10日会见了拉纳和奈伊，并命令奈伊将第六军全部调往多瑙河南岸，只留布尔西耶的步行龙骑兵营在北岸监视乌尔姆。奈伊在拉纳的支持下，指出如果马克从北岸这个方向突围，布尔西耶手上的兵力将无法拖住对方，并且马克会通过迅速向东北方移动的方式，威胁到大军团向乌尔姆下方的多瑙河桥梁处运输的物资和弹药。缪拉屈服了，他告诉奈伊可以让杜邦的师留在北岸，奈伊则坚持认为这样做还不够，他展开地图，试图让缪拉明白他们这样做的风险。缪拉拒绝继续讨论，甚至拒绝看地图。"我完全不明白你的计划，"暴躁而又自满的缪拉愤怒

▼奈伊元帅

地说道，"我在面对敌人时才制定出计划！"

在争论中，缪拉刻意强调是拿破仑命令他集合第五、第六军与他的骑兵。但拿破仑对战场局势的理解要明显强于缪拉，而且他认为缪拉也能够与他保持一样的想法。在11日写给缪拉的备忘录中，拿破仑告诉他，加上两个军，他手头的兵力在五万到六万之间。他必须能够让下属"在六个小时内集结并击溃敌人"。第二天，他再次写信给缪拉，告诉他要占领多瑙河上的浮桥，以便与北岸的军队保持联络；一旦奥地利军队在此方向突围，他便可以在第一时间内增援友军。所有的一切都表明，拿破仑和奈伊对战场上的局势有着相同的看法。

其实，如果马克更有进取心，那么缪拉在11日的行动结果就会更糟。当时，在缪拉的布置下，杜邦在北岸集结，虽有缪拉派来的两个团和部分布尔西耶的步行龙骑兵支援，但在哈斯拉赫（Haslach），杜邦受到了人数众多的奥地利军队的进攻；法军不得不突围撤退，奥地利的骑兵夺取了大量物资、军火、马车，还有一部分奈伊元帅的军队资金。奥地利步兵占领了多瑙河桥梁的北端，当地的法军卫戍部队烧掉了木制的桥面后便撤退了。不过法军仍做了出色的抵抗，杜邦缓慢而又稳健的撤军让马克以为杜邦兵力比实际上要多得多，所以并没有继续推进。他停了下来，满意于占领山谷一线和离桥头很近的埃尔欣根村庄及修道院。

得知马克试图在乌尔姆突围的消息，拿破仑即刻前往前线。他不公正地责备了奈伊不增援杜邦师，并下令要在当晚夺取多瑙河桥梁，第二天占领埃尔欣根。这一行动便交给了急于用出众的胜利挽救在皇帝心中位置的奈伊进行负责。整个第六军集结在左岸准备进攻埃尔欣根，拿破仑和他的参谋，以及缪拉和一众骑兵则围观整个进攻。在带领军队发起进攻前，奈伊疾驰到皇帝处，以获得他最后的指令，接着，他转向缪拉，说了番其他人并不明白的话："来，亲王，和我一同在敌人出现时制定作战计划。"但缪拉并没有参与这天的作战。第六军向高地发起了刺刀攻击，这场胜利为奈伊赢得了"埃尔欣根公爵"的封号。

▼埃尔欣根之战

法军中路现在转向到乌尔姆南侧。奈伊得到了拉纳军的增援，之前被派到多瑙河左岸的近卫军也接近乌尔姆北部。15 日，法军步兵猛攻了弗劳恩贝格和米歇尔贝格高地，攻击了撤退的敌军，截住了奥军的一个步兵营，迫使他们放下了武器。之后，缪拉的骑兵完成了对乌尔姆西边的封锁。马克因消息的闭塞和制定作战计划时的犹豫不决而只能安静地待在陷阱里坐以待毙。

从奥地利人在哈斯拉赫击退杜邦到奈伊在埃尔欣根取得大胜的期间，有大约 1.8 万名奥军逃出了法军给他们准备的包围圈，他们是由费迪南大公指挥的大约 8000 名骑兵，以及韦尔内克的步兵师；而被围在乌尔姆的马克于 17 日选择投降。拿破仑在给夫人约瑟芬的信上写道："我仅靠行军就俘获了第一支奥军。"

当然，大公和韦尔内克是跑不掉的。虽然他们正全力赶往波西米亚边境，但早在马克投降前，拿破仑已经派缪拉前往追赶他们了。

10 月 18 日，缪拉接管克莱因的龙骑兵师、近卫军掷弹兵、杜邦步兵师的第 1 骠骑团和福科内（Fauconnet）的两个猎骑兵团；第二天，他又获得了乌迪诺和米约至少两个猎骑兵团的支援。缪拉用不屈不挠的毅力和彻底的胜利完成了任务。从 16 日到 20 日，共 5 天的时间里，缪拉的骑兵行进的距离至少有一百里；被派往左右两侧的骑兵中队，行进的距离要更长。他与敌人至少交火了八次，俘获至少 1.5 万名战俘，缴获 11 面军旗、128 门大炮和一千余辆运输马车。

在 16 日发生了两场战斗。克莱因在阿尔贝克迫使一些奥地利营投降。12 英里之外，黑布雷希廷根（Herbrechtingen）村，缪拉率步兵和炮兵与奥军列阵的后卫部队交火；他派了轻步兵进攻村子，自己则带领龙骑兵冲锋。他在战斗和后面的追击中俘获了 3000 名奥军士兵，并缴获数门大炮。第二天，在内勒斯海姆（Neresheim），他又打了一场胜仗。克莱因的龙骑兵缴获两面军旗，俘虏 1000 名奥军，其中还有一位奥地利将军，就连大公本人也险些落入法国人手中。

当天晚上，缪拉只在内勒斯海姆的修道院睡了一会儿。天亮，一名奥地利军官举着停战旗来到修道院报告说，他们三个营已精疲力竭，而且也没有食物补给，只想投降。缪拉命人看守好战俘，自己则继续率军追击。

当天早些时候，韦尔内克在诺德林根（Nordlingen）附近被法军包围，同行的 7 名军官和全部军队向法军投降。奥军大量的物资运输车向东边逃去，在福科内的猎骑兵与护卫物资的奥军交火之后，车辆与物资也随即落入法军手中。这一天，缪拉缴获了至少 5 面军旗、80 门大炮、400 辆奥地利运输车，抓到了至少 5000 名战俘。除了物资和军火外，缪拉还找回了在哈斯拉赫被敌人夺去的军队资金。

19 日和 20 日，缪拉的追击仍在继续。大公试图用进行停战谈判的方式来拖延追击，缪拉拒绝了这个请求，但这一番通讯还是拖慢了克莱因的龙骑兵追击的速度。奥地利人为了加快撤退速度，放弃了他们的大炮和物资，而法军则多次与他们的后卫部队交火。

20 日当天，缪拉到达纽伦堡。在他面前的是弗兰科孔尼亚（Franconian）山地险峻的道路，法军马匹也露出了疲态。于是，缪拉停下了为期五天的追击，

▲1805年10月20日，马克投降

但这已经做得足够好了；大公只带着不超过 3000 人的部队穿过了波西米亚边境，当初马克开进巴伐利亚时的 6 万奥军现在就只剩下这么一点人了。

拿破仑给了缪拉应得的称赞。在 10 月 22 日的大军团公报上，拿破仑写道："当人们看到缪拉亲王从阿尔贝克到纽伦堡的追击时，会充满惊讶；他每天都在战斗，进攻着两天前就行动的敌人。"在后来的公报上，他称这追击为"非凡的行动"，并统计了战利品，共有 18 名奥地利将军被法军俘获，还有 3 名阵亡。

当马克在乌尔姆投降时，库图佐夫和俄军前锋才刚刚抵达因河，正要进入巴伐利亚。不过由于这些俄国人行动缓慢，结果当时那些原本要与库图佐夫会合的奥地利军队现在只剩下 3.5 万人可以立即投入战斗了。即便是库图佐夫得到约翰大公集结于蒂罗尔的 2 万奥地利军队的支援，他的兵力也不够进攻已经开往慕尼黑，意在阻止他在乌尔姆方向行动的贝纳多特；贝纳多特手下有属于自己的军团（第一军）、达武军（第三军）和巴伐利亚军队。而当得知乌尔姆陷落，拿破仑正在慕尼黑附近集结军队，并打算即刻向奥地利进发的消息时，库图佐夫立刻开始沿着多瑙河南岸撤退了。

缪拉在纽伦堡让军队休整几天后，收到拿破仑的命令，要前往慕尼黑。通过把缴获的良马交付给自己的部队，缪拉很快就替换了战役初期倒下的马匹。在慕尼黑，他奉命直接追击后卫部队仍停留在因河的库图佐夫。

缪拉带着德奥普尔胸甲骑兵师、布尔蒙和瓦尔特龙骑兵师，以及米约的猎骑兵和苏尔特军的轻骑兵出发。在与俄军的后卫部队交火后，缪拉强渡了因河，并在

▲拿破仑进入维也纳

10月29日进入奥地利领土。在第二天，尾随着敌人的缪拉发现俄军后卫部队（4个营和8个骑兵中队）正在里德（Ried）严阵以待，于是，缪拉指挥骑兵发动了进攻。"发现后卫部队和进攻后卫部队，对（缪拉的）骑兵来说是同一件事。"拿破仑在公报上对此次行动做了这样的描述。

最后，俄军溃败撤退，留下500人成为战俘。夜幕降临后，缪拉停止了追击。31日，他在伦巴赫（Lembach）又抓获400名敌军。总之，在11月初与敌军后卫部队的战斗中，骑兵俘获了至少2000人。

11月7日，缪拉占领了通往维也纳道路上的莫尔克修道院。奥皇当天早上还在这座修道院，直到法军出现的几个小时前才离开。缪拉从莫尔克派出了分队，向距离维也纳不到20里的圣博尔滕前进。夜里，骑兵前锋与数量并不多的身穿白色制服的奥地利人交火，这支奥地利部队是金迈尔负责掩护道路的师。当时，库图佐夫和俄军已经北转，在杜伦斯坦（Durrenstein）渡过多瑙河，并进攻沿着左岸行进的法军八个军。

缪拉在这次的追击中犯了第一个错。他本有拉纳军在身边支援他，以应对金迈尔的奥地利师，而且他的原本任务是与敌军撤退的主力保持接触，并持续侵扰他们；但他太过于看重驱逐敌人，以及可能进入奥地利首都后获取的荣誉。

在圣博尔滕成功驱逐了面前的金迈尔师后，缪拉手里仍有他大部分的骑兵，拉纳军相当可观的力量也与他在一起。11月11日，他将参谋部设在了距离维也纳西边郊外不足3里的地方。他派出了部分骑兵部队占领南边通往施蒂里亚（Styria）的道路和西边通往匈牙利的道路，并派巡逻队沿多瑙河搜集船只。当天，他收到了拿破仑命令他停止追击的指令。"我的兄弟，"皇帝写道（用他给元帅写信的惯用称呼），"我无法赞同你的作为。你没有顾及我给你的命令而没头没脑地一味向前……你只想着进入维也纳获取荣誉。但没有危险就没有荣誉，进入没有任何抵抗的首都那意味着什么荣誉也没有。"

缪拉让部队休整 24 小时，之后获准继续前进。同时，拿破仑获得了莫尔捷的增援，确保了多瑙河北岸的安全，并考虑要占领维也纳以提升士气；他决定要把司令部设在弗兰茨皇帝在申布伦的宫殿，这是奥地利的凡尔赛宫。

对缪拉来说，占领维也纳十分容易，金迈尔已经渡过多瑙河，撤到了弗洛里斯多夫（Florisdorf）的东部城郊。但缪拉不仅想急于进入首都，更想将多瑙河大桥握在手里。他听说金迈尔的工程兵已经给大桥布上了地雷，炮兵连也已经就位，在法军前进时奥地利人就可以向他们开火。因此，缪拉决定与拉纳一起用计谋夺下大桥。

13 日早上，当拉纳军和几个骑兵预备团进入维也纳的街道时，缪拉与第 1 骠骑兵团，以及拿破仑的副官贝特朗将军和其参谋拉尼斯少校前往大桥处。在大桥西边，他们受到了奥地利骑兵巡逻队的攻击；他们告诉奥地利人和谈已经开始，并请求他们去叫桥梁的指挥官过来。骠骑兵停下后，拉纳与缪拉也下了马，背着手缓慢地走过大桥，与正在等候他们的奥军司令奥尔施佩格（Auersperg）伯爵的奥地利军官交谈了起来。

在桥梁尾部的远处，奥军炮兵连已经将炮口对准河滨的维埃斯（Viennese），以便清扫道路。大炮上膛，炮手则手持火绳站在大炮后面；沙袋堆砌在桥上，填满火药的布袋列成一排，这里的一切都显示奥军已经做好即刻毁掉桥梁的准备。缪拉和拉纳的确冒了很大的风险，继续往前走，他们发现自己已经置身于掌管炮兵连的军官中。缪拉告诉奥地利人，他们所有的敌对准备都用不到了，"今天后，"缪拉说道，"我们的皇帝就会是你们最好的朋友，而我们则会成为同志和盟友。"

与此同时，乌迪诺的一个掷弹兵营出现在西岸。一些人在白杨后面隐藏身形，其他人表面上在原地踏步，但他们是在一点一点地接近桥梁；桥上有一个法军工程师军官，隐藏在他的战友中间，忙着切断引火线。不一会，奥尔施佩格到了，认同了缪拉和拉纳友好的请求，并表示对停战的消息非常高兴。

这时，一个奥地利军官指着乌迪诺的掷弹兵，问为什么他们在接

▼夺取维也纳大桥

近桥梁。拉纳告诉他，他看错了，这些人在原地踏步取暖，因为早上有些冷。之后又一众参谋加入了两位法国将军。突然间，骠骑兵冲上了桥梁，身后跟着数量加倍的掷弹兵。炮兵连的指挥官急忙下令"开火！"但这命令几乎没人听到，因为缪拉掐住了他的喉咙；同时，拉纳和其他军官敲掉了炮手手里的引火线。骠骑兵冲入炮兵连队中间，炮手们赶忙逃开，法军和奥军混作一团；缪拉和拉纳则向奥尔施佩格抱怨奥军的炮兵军官正要进行毫无目的的屠杀，后者应该被送上军事法庭。奥尔施佩格的头脑顿时一片混乱——一半相信停战，一半又担心自己上了当。最后，掷弹兵穿过了炮兵连，占领东岸，大量法军也从对岸的街道出现；奥尔施佩格只能被迫接受法军提出的让他带着大炮撤离的要求，撤进了弗洛里斯多夫。

金迈尔逮捕了奥尔施佩格，他最后被送上了军事法庭，罪名是放任阵地被占领，最后被判处死刑。弗兰茨皇帝给他减了刑，奥尔施佩格在一个要塞被囚禁了十年。即便是在法军中，对缪拉这"顽童的把戏"的观点分歧也很大；他和拉纳显然撒了个大谎，但幸运的是奥尔施佩格是一个十足的蠢蛋。马尔博在他的回忆录里说，他们的行为让士兵们有点"难以接受"。当然，这也没什么值得骄傲的。

神奇的是，仅仅两天之后，缪拉就落入了几乎相同的陷阱。拿破仑命缪拉带着德奥普尔和南苏蒂的胸甲骑兵，以及瓦尔特的龙骑兵团和轻骑兵渡过多瑙河，重新与库图佐夫接触，以确认他是撤向波西米亚还是摩拉维亚，并尾随他们。拉纳军和苏尔特军跟在后面。

11 月 15 日，缪拉与在霍拉布伦（Hollabrun）附近的巴格拉季翁军遭遇。当地道路崎岖，骑兵用处不大。同时，据说俄奥联军的特使正在申布伦与拿破仑商讨可能的停战期。缪拉急于在拉纳和苏尔特赶来前，将巴格拉季翁控制在霍拉布伦，所以他与俄军进行了交流，并告诉他们他相信申布伦方面正在进行停战安排。巴格拉季翁告诉缪拉，沙皇的副官温青格罗德亲王正跟他在一起，而且带来了重要的消息。温青格罗德面见了缪拉，出乎意料地告诉他双方已经安排了和解，而且不久就会停战，缪拉军也可以不用再前进了。缪拉天真地认为巴格拉季翁向他编造的瞎话是事实，并且还得意于与沙皇的直接代表进行了交谈，参与了国际事务的解决。他同意停战，并向拿破仑报告说，因为沙皇副官的缘故他停止了骑兵和听命于他的两个军的行进。

于是，巴格拉季翁收获颇丰，而缪拉则搬起石头砸了自己的脚。霍拉布伦以北几里外，携带大量物资的库图佐夫军正穿过法军的前锋部队而向西朝摩拉维亚撤去。

▲法军胸甲骑兵

▼缪拉占领维也纳和追击库图佐夫

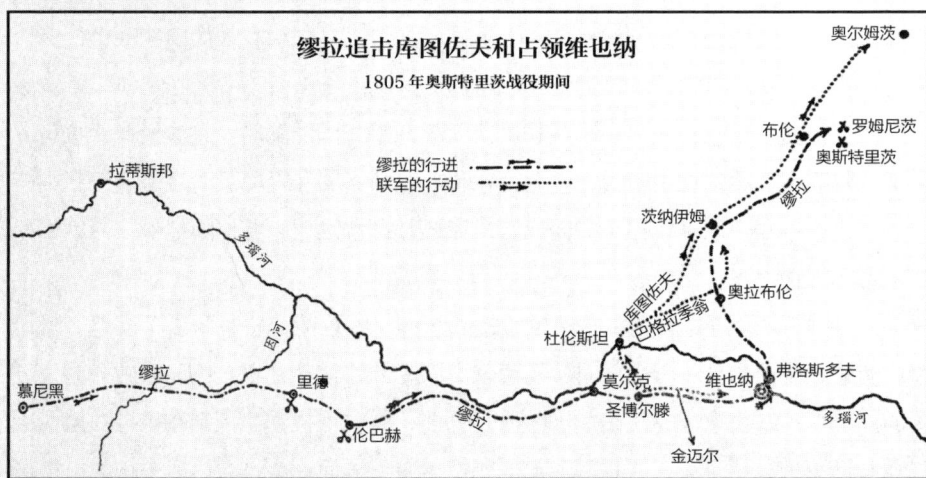

缪拉追击库图佐夫和占领维也纳
1805 年奥斯特里茨战役期间

缪拉的行进
联军的行动

巴格拉季翁作为侧翼掩护此次行动，通过温青格罗德对缪拉的花言巧语，成功地拖住了他惧怕的大军一天或两天的行军。

拿破仑得知所发生之事后，异常愤怒。"我都无法表达在这件事上我对你的失望了，"他写道，"你只是我的前锋指挥官，没有我的命令，你无权进行和谈。你让我错失了战役成果。即刻撕毁条约，追击敌人。"

缪拉于 16 日早收到了回信，这时才意识到自己上当了。他召集拉纳和苏尔特军进攻巴格拉季翁，后者在经过一番艰苦的战斗后撤退了，留下 1800 名战俘和 12

▲奥斯特里茨战役前夜

门大炮。骑兵在这次交火中参与较少，但他们尾随撤退的敌人，俘获了大量战俘。

之后，缪拉的前锋紧跟着撤退的库图佐夫。17日，他骑马经过了兹诺伊莫（Znaim）；19日，他占领了布伦（Brunn），而敌人前脚刚刚离开。接着，他沿着奥尔穆（Olmutz）的道路推进。第二天，他在劳斯尼茨（Raussnitz）率领骑兵打了一场出色的战斗。瓦尔特的龙骑兵遭遇了6000名联军骑兵，并成功拖住他们，直到缪拉带着两个胸甲骑兵师和同乡贝西埃的两个胸甲骑兵师抵达。随后，法军骑兵用一连串的冲锋将敌人驱逐出了战场。

不过，库图佐夫在撤向奥尔穆的途中，也获得了奥地利和俄罗斯的增援。与此同时，法军在经过了长久的一连串急行军后，所带来的损失和留在后面的分队也造成了追击人员的减少，优势在某种程度上已属于联军。于是，缪拉的角色变成了后卫，他在联军面前向后退去。拿破仑正谋划着将联军引诱到自己事先选定好的决战场——奥斯特里茨和布伦之间冰冻湖面后方的戈尔巴赫（Goldbach）河畔。

12月1日，两支军队在戈尔巴赫河谷的对岸对峙。无须过多讲述奥斯特里茨胜利的细节，总之，这是一场决定性的胜利，法军以少胜多，而且就在皇帝的加冕纪念日上。实际交战人数为联军82050人（包括16500名骑兵），对抗法军65000人。法军中有15000人为骑兵部队，三分之二在左侧的缪拉麾下；他负责指挥整个左翼，包括骑兵预备军和拉纳军。与他作战的是巴格拉季翁的俄军，以及82个奥地利骑兵中队，还有利希滕施泰因（Lichtenstein）的俄罗斯和哥萨克骑兵。

随着奥斯特里茨的太阳的升起，戈尔巴赫溪上清晨的雾气开始散去，朝法军右侧进攻的俄奥联军大纵队从山坡上倾泻而下，达武在山谷和曼尼茨（Mennitz）河流湿地之间顽强地抵抗着数量众多的敌人。联军对法军右侧发起进攻，并试图切断法军通往维也纳的道路是拿破仑战前希望并预见到的，这让他能够在左侧与数量相近的联军作战时，中路兵力占优，进而可以在普拉岑高地猛攻敌人，将其一分为二，以切断进攻他右侧的俄奥联军的撤退路线，最后再联合顽强战斗的达武部队将联军赶到冰湖上，用大炮来问候他们。

在右翼的持久战斗和中部展开决定性的攻击时，缪拉的任务是牵制巴格拉季翁的步兵，并防止利希滕施泰因的骑兵从侧翼或后方突破。当地的战场并不适合骑兵作战，而拉纳和乌迪诺的掷弹兵以及絮歇、勒格朗的部队均遭遇了巴格拉季翁凶猛的进攻，双方的骑兵在起伏不平的地面上一次又一次进行冲锋、战斗。缪拉在战斗中犯了个险些致命的错误：缪拉和他的参谋和护卫站在步兵战线旁边时，一个个身穿蓝色制服的骑兵在战场的浓烟中穿梭。"别开枪，他们是巴伐利亚盟友！"缪拉对步兵喊道。结果，正在接近的骑兵突然发起了冲锋。原来，他们是俄国的龙骑兵！缪拉发现自己连同几个参谋和护卫都被孤立了，他持剑在龙骑兵中战斗，所幸全身而退且没有受一处伤。

▼伊萨贝约于1805年绘制的缪拉肖像

之后，法军中路的胜利让俄军左侧陷入孤立。巴格拉季翁开始朝着奥斯特里茨前面的高地撤去，拉纳率军展开反击，絮歇的兵团上刺刀发起冲锋，缪拉的骑兵也凶猛地开

始向敌人的骑兵冲去；最后，缪拉向撤退的巴格拉季翁军发起进攻，缴获了多面军旗和 27 门大炮，俘获七千余战俘。

最终，夜色和人马的疲惫让缪拉结束了追击。第二天，缪拉并没发现联军的主力部队正朝着匈牙利撤退，而只是追赶着利希滕施泰因所率的占领奥尔穆道路的骑兵。天黑前，法军停止了追击。弗兰茨皇帝请求拿破仑公开和谈，双方安排停战。不到一个月，双方达成了符合法国条件的协议，并于 1806 年新年签署了普雷斯堡条约（Treaty of Pressburg）。

讲到这里，我们需要把目光从战场的胜利，转移到缪拉与老家亲友的关系上。在奥斯特里茨战役结束的几天后，他从维也纳给家乡的哥哥安德烈写了信，信上对当时的大事件只字未提，他所关心的只有他时日无多的年迈母亲：

"我亲爱的哥哥，我们必须预料到年迈的母亲随时可能离开我们，我希望提醒你我们在这件事上神圣的使命。我希望保有她的爱并让它时刻伴着我，因此，当你为她合上眼睛时，你比我更幸福，因为你感受到了她最后的气息。请为她的尸体做防腐处理，在葬礼后安置在我让你建造的石头墓穴中，之后我便能把她的遗体运送到我为她在乡下城堡准备好的地方。我眼含泪水向你诉说我的愿望。你是个好儿子，也是个会答应我任何请求的好兄长。"

让娜·缪拉于三个月后去世，时间为 1806 年 3 月 11 日，而她的儿子若阿基姆此时正忙于接管贝格大公国。她最后的日子由安德烈和她的女儿精心照料。她的遗体被安葬在拉巴斯蒂教区的教堂，缪拉在那儿立了一个纪念碑，以作为对她的怀念，上面的铭文为：

La piété filiale[1]

àdame murat

1806

Décédée le 11 mars ,agée de 85ans

Non la conobbe il mondo mentre l'ebbe

Connobill' io ch' a pianger qui rimasi.[2]

---

① 译注：意思为"孝顺"。
② 彼特拉克的十四行诗：世界知晓她而不曾拥有她，我知晓她，仍在此为她哭泣。

第九章

贝格大公
1806 年

虽然在乌尔姆大捷后次日的特拉法加海战粉碎了拿破仑称霸海洋的梦想，但是奥斯特里茨会战的胜利让他成了欧洲大陆的主宰。千百年来，能在欧洲大陆享有至高无上的权力总是被欧洲的政治家所优先考虑的事情，而享有这个权力的人往往都是"皇帝"。在官方上，皇帝是基督教国家的世俗领袖。几个世纪以来，这一身份是由哈布斯堡王室家族传承，但现在弗兰茨二世屈服于拿破仑，并放弃了这传承多年的传统和德意志的皇位，只作为奥地利的"弗兰茨一世"皇帝，认可他那狂妄自大的暴发户对手为"法兰西的皇帝"。

古老的欧洲帝国四周通常有一圈附属国，因此拿破仑也打算在他的新帝国周围建立附属公国。那不勒斯的波旁国王在战争开始时，轻率地决定与奥地利共命运，于是法国军队占领了那不勒斯，约瑟夫·波拿巴成为国王，拿破仑另一个弟弟成了荷兰国王。普鲁士在战争期间的立场仍犹豫不决，曾有多次能够加入联军作战的关键时刻，但它静观其变的时间太长以致误事。当奥斯特里茨的消息传来时，普鲁士同意了申布伦条约（1805 年 12 月 15 日）对德意志版图重构的安排，割让莱茵沿岸的众多领土给拿破仑组建"莱茵邦联"——德意志西部和南部的多个受拿破仑保护的小国联合体。

缪拉这时也获得了他在乌尔姆战役和奥斯特里茨会战中出众表现的奖励。拿破仑广泛封赏了战斗中表现出色的骑兵军官；缪拉手下的 32 位上校被授予了荣誉军团最高等级的勋章，他们中的 13 人还被升为旅级将军（general de brigade）。而拿破仑能给这些人的长官什么赏赐呢？法国元帅已经是最高的军衔了。拿破仑认为，缪拉应当被给予国家主权。

拿破仑对他的封赏还另有目的。卡罗琳的姐姐埃丽莎和波利娜都已经在中部意大利被给予了附属国领地；卡罗琳也动用她所有的影响力，不遗余力地劝说拿破仑通过给予她丈夫一顶小冠冕或王冠，使她也获得同样的地位。不过，当她得知自己的丈夫获得的是一顶小冠冕时，她感到很失望，但它在以后可能就会变成王冠。

当时，拿破仑正在计划着组建莱茵邦联，并已经决定在法国和普鲁士边境中间建立一个新的国家，由一位法国亲王治理，这就是给予缪拉的奖励。根据申布伦条约，普鲁士将克雷夫公国割让给法国，包括下莱茵的韦瑟尔（Wesel）要塞和巴伐利亚北部边境的安哈尔特（Anhalt）。拿破仑的盟友，巴伐利亚选帝侯成为国王，同意接管安哈尔特，作为交换，割出贝格公国和毗邻克雷夫公国、靠近杜塞尔多夫的莱茵流域。克雷夫（Cleves）和贝格（Berg）将组成一个新的主权国家，叫"贝格大公国"。

▲荷兰国王，路易·波拿巴

　　1806 年 3 月 9 日，当时尚在巴黎的缪拉接到皇帝的通知前往科隆，在此处他
将从巴伐利亚国王手里正式获得对贝格领土的管理权。他之后将前往大公国的首
都杜塞尔多夫，这里此时由杜邦将军指挥的法军占领。同时，普鲁士将撤出韦瑟
尔要塞，并将它移交给布尔蒙将军。

　　组建新的国家及任命缪拉为大公的帝国法令于 3 月 15 日签署。皇帝称，他授
予他"最亲爱的妹夫，若阿基姆亲王"两个公国领地，并由他的直系男性后裔继承，
享有完整的独立主权；帝国大元帅的头衔跟着大公一并世袭。君主的官方头衔为"若
阿基姆亲王、法兰西上将、贝格和克雷夫大公"。从此缪拉便成为拥有领地的缪拉
亲王，小阿希尔作为国家的法定继承人，被称为"克雷夫公爵"。

16 日，缪拉的副官布尔蒙占领韦瑟尔。同天，缪拉抵达科隆，在此地他正式获得了巴伐利亚国王出让的贝格领地。21 日，巴伐利亚守军离开杜塞尔多夫，这座城市由杜邦的 6000 名法军占领。

25 日，这位新晋大公身着法国元帅制服，由骑宪兵和掷弹兵护卫着，从科隆沿莱茵河岸骑行。在杜塞尔多夫要塞，他受到了杜邦将军和他的下属军官、当地牧师和民事官员的欢迎。在向他致意的炮声中，缪拉接过了城市的钥匙，之后便穿过飘扬着旗帜、人群簇拥的街道，进入法军列队的城市中心霍夫加滕（Hofgarten）选举广场。夜里全城灯火通明；第二天，大公参加了圣安德鲁教堂的大弥撒。当时他身着宫廷正装，即法国上将的官方礼服，披着蓝色镶金线

▲贝格大公，缪拉

斗篷。在圣坛边的华盖下，缪拉坐上了王座，弥撒结束后，他宣誓遵守国家宪法，用法语感谢了臣民对他到来的热情，并宣布他将致力于克雷夫和贝格的繁荣。

一周的时间还没到，缪拉就试图扩大他的领土。他把自己的国家看作是法兰西帝国广泛领土上的核心组成部分，这可能也是拿破仑的观点；但皇帝打算过一段时期再找机会合并其他国家的领地，而急性子的缪拉想立刻开始扩张领土。在他进入他的国家首都三天后，他就给拿破仑写信："在占领克雷夫公国时，布尔蒙忽视了占领埃森（Essen）和韦德（Werden）古老修道院的领地，我已经让他去占领这两块领地了。我希望不会有反抗，但如果有，我信任您的公正和支持。"同日，他写信给外交部部长塔列朗："此次占领行动的结果可能会招来战争，但我要维护我的权力，请维护我，并相信我是在打头阵。"

显然，扩张领地的结果可能就是战争。当时，布吕歇尔指挥着克雷夫的普鲁士守军，他恼怒于同胞们在 1805 年的迟缓，而且他还在柏林一遍又一遍的命令下，十分不情愿地撤离了克雷夫和韦瑟尔。即使撤离了，他还故意在两处留下了小哨

所，并且让临近的普鲁士边境军队全副武装。当布尔蒙分别占领他们后，布吕歇尔就带着步兵、骑兵和炮兵包围了埃森和韦德，向他的政府报告，请求驱逐或俘虏法国人。

这对柏林和巴黎都是刺激，但拿破仑不想要战争。"我很烦恼，"他说，"要在这件不那么重要却又无法友好解决的事上耗费精力。"情况由于缪拉坚称布尔蒙占领两地时没有普鲁士士兵而变得更加艰难。普鲁士驻巴黎大使则给出了证据以证明缪拉说的是谎话，于是，缪拉试图燃起皇帝在这件事上的个人情绪。"陛下，"他写道，"如果我放弃您赋予我的权力，如果我允许您的鹰徽在普鲁士的鹰旗前退却，我会充满罪责。请让我将他们赶出威斯特伐利亚，我们要让这些傲慢无耻的恶邻见识一下陛下您是如何用压倒一切的力量同他们说话的。"

▲布吕歇尔

在法国和普鲁士军队在克雷夫边境的接触，而且布吕歇尔和缪拉都迫切想要交战的情况下，局势越发很危险。还好拿破仑给新晋大公野心勃勃的动机泼了冷水。"我还能对你说什么？"他写道，"你现在的行为根本没有权衡利弊，没有任何远见。你没有理由占领埃森和韦德，因为普鲁士专员还没有移交他们；但如果你占领了他们，普鲁士的将军和他们的区区几个营根本无法将你驱逐。我给普鲁士国王写信让他撤军，而你也必须撤出你的军队。你让我的军队丢尽了脸面。"历时三个月，双方才达成保存双方颜面的和解声明，并安排法国军队和普鲁士军队同时撤离。

当这一敏感问题还在讨论中时，缪拉又有了新要求：毗邻普鲁士领土的马克公国应该并入贝格。他说，这一要求是有历史依据的，而且马克和贝格有紧密的贸易联系，它们实际上已经是一个国家了，而皇帝则拒绝聆听他提出的这个要求。

4月，外交形势因缪拉要求在莱茵流域征收商业税而再次严峻。拿破仑给缪拉写信让他与普鲁士和平相处，不要做一个如此傲慢无礼的邻居。他不希望与柏林争

▲身着礼服的缪拉

吵，拿破仑说，缪拉的政策无疑会导致不好的结果；如果缪拉一会儿要求这个，一会儿又要求那个，那么他只好被迫从站不住脚的地方撤出来，而耐心和友好不会让他失去任何东西。他必须保持安静，而且首先要谨言慎行。

拿破仑警告缪拉，他在杜塞尔多夫说的每一句话都可能被他认为是朋友的人立即报告给柏林、圣彼得堡和维也纳；他必须致力于构建国家机构，而不是提出莽撞的要求和进行野心勃勃的对话。报告韦瑟尔要塞的情况，这才是他最重要的工作，但是到现在拿破仑还没有从缪拉那听到一个关于要塞的词。

当时，缪拉为接受克雷夫的结盟誓言，于4月3日造访韦瑟尔。他写信给拿破仑说，贝格的税收让他无法维持要塞的开销，而且他认为最好应该解除要塞的武装，廉价出售里面的物资并将其作为一个开放城市。拿破仑的答复是韦瑟尔必须保留，而且防御工事必须加强并保持完全有效的状态。这是保卫下莱茵流域和荷兰边境的重要堡垒。拿破仑将负担起它的全部开支，但要塞必须属于法兰西帝国，由法军守卫，大公臣民和民事官员不得干涉指挥官。

于是缪拉派人去找他的老朋友阿加尔，前者在卡奥尔学校的校友兼洛特地区立法团同事。他授予了阿加尔莫斯堡（Mosbourg）伯爵的封号并赐给他城堡，让他成为第一任总理，当前者外出时全权治理公国。安排好这些事宜后，缪拉于4月25日前往巴黎，这时他才只在他的新领地待了一个月。

若阿基姆和卡罗琳，即贝格大公及大公夫人，在杜伊勒里宫举行的公众纪念仪式上受到了君主的礼遇。但卡罗琳和缪拉都迫切想获得更为牢固的好处，并且竭尽所能从拿破仑那里获得他们想要的东西；这也是缪拉来到巴黎的原因，他在这儿比在杜塞尔多夫更能为自己谋得利益。莱茵邦联的组成已经在开始安排了，并将在7

月初正式成立。缪拉巧妙地在妻子身后催促其向拿破仑表示应该增大公国领土,这样他的国家就可以增加 28 万人口和获得更多的税收,这要通过拿骚公国割让给他一大块莱茵流域的领土来实现,包括科隆对岸的多伊茨(Deutz)、柯尼希斯温特(Königswinter)地区和七个山区,以及一众小领地,这些土地有一部分后来被普鲁士占领。

一周后,他请求并从拿破仑那获得了一些特权——允许接受西班牙总理戈多伊赠予的金羊毛勋章;一万人的武装和一些炮兵连作为大公国的军队;调波兰枪骑兵团到他的军队;从波恩(Bonn)移栽一些橘子树到他在杜塞尔多夫的花园;法国军事院校免费培养贝格军校学员;15 万法郎用来结算卡罗琳在巴黎爱丽舍宫的开销;获得科隆附近的布伦(Bruhl)城堡,著名的"流放马萨林之地"。

◀缪拉担任贝格大公期间的盾形纹章

最后他提出了韦瑟尔的问题。他认为这座要塞应该是他的，法军对要塞的占领使他无法成为独立的统治者。拿破仑的继女，约瑟芬的女儿奥坦斯讲述，有一天缪拉用无可争辩的语气说道："皇帝无权夺走这个要塞，我不是从他那儿得到这个要塞的，根据条约是普鲁士国王把它给我的。"在7月回杜塞尔多夫的路上，缪拉正式写信请求拿破仑把韦瑟尔要塞给他，并向拿破仑恳求说这是关系到公国地位的问题；不仅仅是现在，更是为了他的后继人着想。拿破仑回复道，他在韦瑟尔上花费了百万法郎，而且这么一个控制下莱茵流域的重要要塞，必须作为帝国防御体系的一部分。"至于保证你孩子统治的独立，"他继续道，"这真是一个可笑的争执，对此我只能耸耸肩。我为你感到脸红，你是一个法国人，我希望你的孩子们也是。我请你不要再谈及任何对你而言如此丢脸的话题，法国人的利益委于你身，而你却在为你的孩子考虑抵抗法国的方法，这是多么的离奇。我最后警告你一次，不要再跟我说这些话，那简直是太荒谬了。"

7月25日，缪拉抵达杜塞尔多夫。在此处，阿加尔告诉缪拉，普鲁士军队还没有撤出所有割让出来的领地。缪拉立即写信给拿破仑，声称他将率领一万法军和大公国本土的军队，用武力夺取领地。

8月2日，皇帝给他去了另一封责难信。"我的兄弟，"他写道，"你武力驱逐普鲁士的想法简直是愚蠢至极；这对普鲁士来说将是侮辱，而且与我的意图完全相反。我是那个国家的朋友，而且为了让普鲁士留在汉诺威，我结束了与英国的和平协议。从这里你就可以看出，我是否愿意卷入这桩蠢事中，我都无法言表读起你的来信时的烦恼，你是个让事情陷入绝望的莽撞之人。"

9月1日，缪拉召集贝格和克雷夫的议会成员，提出通过额外税款以增加国家收入。拿破仑不得不再次介入以终止缪拉的计划。"缪拉亲王正在做蠢事。"拿破仑对此写道。本来双方可能会有一系列的争吵，但就在那时，拿破仑另有工作要缪拉去做，贝格大公将再一次成为勇猛的法国骑兵将领。

其实法国与普鲁士在夏季的摩擦，缪拉的刺激也起了部分作用，这在一定程度上刺激了柏林的主战派。倚靠沙皇的影响力，他们在威廉国王的谨慎政策中获得了优势。8月，普鲁士开始集结军队并与俄罗斯缔结盟约；9月15日，普鲁士内阁要求拿破仑撤出在德意志领土上的军队。拿破仑以宣战作为回应，并且下令立即增援驻扎在南德意志的法国军队，他视此处为向柏林进军的根基。

9月18日，贝利亚尔——缪拉的参谋长，奉命前往维尔茨堡。29日，缪拉才亲自动身前往。他的任务与 1805 年战役之初一样，作为帝国将领，他要监督大军团在巴伐利亚北部的集结，组织物资供应和情报工作，并在拿破仑到来时指挥骑兵预备军。骑兵组织与前一年几乎相同，有德奥普尔和南苏蒂的胸甲骑兵师（一共 10 个团）、4 个龙骑兵师，分别由克莱因、格鲁希、布尔蒙和萨于克指挥，每个师有 6 个团；一个由两个团组成的骠骑兵旅，由拉萨尔指挥；以及 1 个团的猎骑兵，由米约指挥，战役伊始，共 37 个团。之后，加入缪拉麾下的还有埃斯帕涅将军指挥的从意大利调来的由 4 个团组成的胸甲骑兵师，以及由贝克尔（Becker）将军指挥的第 5 龙骑兵师和从萨于克、格鲁希师中各减去的 2 个团。

9 月 30 日，缪拉的骑兵前锋抵达普鲁士边境，在此停滞数日。10 月 7 日，皇帝发布公告，命令全军挺进。第二天，缪拉就越过了边境，将他的巡逻队大胆地推进到了普鲁士和萨克森军队集结的图林根（Thuringian）山区。当天，他强渡了萨勒河（Saale），经过激战，占领了萨尔堡（Saalburg）；翌日，他帮助驱逐了在施莱茨（Schleitz）的普鲁士分队。这些行动虽然都是小规模的，但它是战役初期影响双方士气的第一场胜利。

拿破仑写信责备了缪拉冒进山区的行为，说他作为指挥应该学会要比他那些莽撞的下属更为谨慎。拿破仑告诉缪拉，他在前进和行动时将团分散得太开，他应该在手里保留稳定的兵力。

11 日，松树密布的图林根森林被缪拉的骑兵丢在了后面；拉萨尔幸运地缴获了大量普鲁士物资，以及约 500 辆马车，其中包括很有用的运载驳船的车队。第二天，拿破仑写信给缪拉：

"把你的骑兵在莱比锡平原铺开，不要只在单个方向派巡逻队。"拿破仑迫切想要确认他右侧的前线没有敌人。

拿破仑的计划是在大军团向西转，朝向耶拿和奥尔施塔特，进攻那些报告中集结于此的大量敌人时，缪拉立即充当他的

▼缪拉在耶拿

右后卫。不过，将骑兵向东北方大规模调动的结果就是他们只有通过急行军，才能在 10 月 14 日战斗的当天抵达战场。在这一天两场会战中最激烈的奥尔施塔特会战中（虽然皇帝的到场让耶拿的会战更为有名），跟着达武军的骑兵只有 1700 人；超过 8000 人与皇帝一起在耶拿作战。夜里，缪拉率领德奥普尔和南苏蒂的胸甲骑兵，以及克莱因的龙骑兵紧跟敌人的脚步冲入了魏玛的街道，在秋天的夜幕下俘获了千余战俘。

第十章

帝国骑兵
1806年—1807年

在被拿破仑击败前，普鲁士在弗雷德里克大王（旧译"腓特烈大帝"）的光辉下延续了二十余年，结果，普鲁士的力量在两周内就被粉碎。现在缪拉的任务就是摧毁余下的一切，这将是军事历史上最不可思议的大追击。

被击溃的普鲁士军队以几路纵队先是向北，后往西北方向，最后朝西仓皇撤去。拿破仑率领主力部队向柏林行进，并分了两个军，以支援缪拉的追击。

10月15日，战斗的第二天，缪拉出现在埃尔福特外最后的敌军面前。他所发动的第一次猛冲就缴获了大量物资，并俘虏了800名战俘。之后，他绕城一圈，切断了拥挤在街道的数千敌人的撤退路线。莫伦多夫将军和奥林治－拿骚亲王也在城中，他们拒绝向缪拉投降，并试图让缪拉同意他们的条件；但缪拉明确表示投降必须是无条件的，不然他们就要遭到进攻。不过，缪拉知道，他只有骑兵，进攻埃尔福特是非常冒险的，所幸，奈伊率军赶到支援了他。守军随后投降，共有1.4万人，其中半数受伤，缪拉还缴获了至少100门大炮。缪拉让奈伊留下处理战俘，自己则继续追击。

很快，缪拉就追赶上了克莱因的龙骑兵，而拉萨尔的骑兵负责打头阵。他们已经与由魏玛大公率领的1.5万人的纵队有了接触。由于无法阻止这么庞大的力量，他们只得紧跟其侧翼和后方部队。缪拉发现霍亨洛厄亲王指挥的主力部队正经由戈达－马格德堡朝北移动，因此他欣然地继续观测魏玛的军队，插入他和霍亨洛厄的军队之间，以避免他们会合，并继续紧跟后者，且在多次向敌方后卫部队的进攻中俘获了数名战俘。

20日，缪拉出现在马格德堡前。霍亨洛厄在该地渡过了易北河并向西北撤退。缪拉要求要塞守备司令克莱斯勒投降，但普鲁士将军表示他要守卫到最后。奈伊的一个师被留下以包围要塞，缪拉率领骑兵师的主力沿易北河南岸向东行进。向柏林行进的法军纵队的前锋正接近马格德堡，缪拉的任务是掩护前锋，向柏林推进，并重新对在柏林北部和西北的敌军展开攻势。22日，所有骑兵部队渡过了易北河，向柏林强行军，拉萨尔的轻骑兵占领了夏洛滕贝格（Charlottenberg）的城郊。格鲁希和布尔蒙的龙骑兵、德奥普尔的胸甲骑兵紧随其后。保卫首都的施潘道（Spandau）要塞守军被要求投降，而守军拒绝向这么一小股骑兵投降，直到第二天拉纳军的出现，他们才被迫投降。同日（10月25日），拿破仑进入柏林。

根据间谍和与敌人后卫部队接触的骑兵分队传来的消息，霍亨洛厄正试图绕道柏林北边，以经斯德丁（Stettin）抵达东普鲁士。10月25日早，拉萨尔与缪拉的前锋部队已经向柏林北部的奥拉宁堡（Oranienburg）推进。当天下午，缪拉广派分遣队，沿着从城市中心放射出去的小道搜寻敌人，并与其作战；之后，缪拉率骑兵主力立即赶往支援，身后还跟着拉纳元帅的步兵和炮兵。

26 日，拉萨尔成功击溃了在侧翼掩护霍亨洛厄及其部队撤退的席梅尔普芬尼希（Schimmelpfenning）骑兵师。第二天，霍亨洛厄直接往西经主路向斯德丁撤去，缪拉向着可以在普伦斯劳（Prenzlau）截断敌人的方向前进。米约的猎骑兵被派出骚扰普军侧翼，结果却在布瓦岑堡（Boitzenburg）附近被数量占优的敌军逐回。缪拉急忙向交火方向奔驰而去，带着两个团的骑兵和一个乘骑炮兵团支援米约，回击了敌人，成功切断了他们的退路，俘虏了大量普鲁士近卫骑兵。

霍亨洛厄在黎明前继续行进，希望能够摆脱缪拉的追击。10 月 28 日早上，当他正进入普伦斯劳时，法军骑兵飞驰进街道，并在城郊阻止了他们。整个早上，城镇的周边都发生了激烈战斗；缪拉带着他的骑兵和骑炮一次又一次地进攻，直到拉纳的步兵赶到。在步兵出现前，缪拉就已经牢牢控制住了普伦斯劳通往斯德丁的出口，并派了分队沿着城市道路巡逻。在法军步兵纵队出现时，缪拉要求霍亨洛厄投

▼法军进入柏林

降；普鲁士将军在试图获取对自己有利的条件失败后，只好投降。霍亨洛厄、奥古斯都亲王、普鲁士的 1.4 万名步兵和 2000 名骑兵成了战俘，缪拉还缴获了 45 面旗帜和 64 门大炮。

第二天早上，米约俘虏了从普鲁士主力部队里分隔出的 6 个骑兵团和 3 个营的步兵，缪拉则派拉萨尔和两个骠骑兵团前往斯德丁要求守军投降。在一番犹豫之后，要塞守军决定投降，但要求正装以战斗仪式出城。拉萨尔返回缪拉处，请求他尽快带着拉纳的步兵前来，但直到守军出城，都不见一个步兵的影子。普鲁士人出城后，看到他们被这么一小股骠骑兵给吓唬住而投了降，便立马逃脱，准备抵抗。当拉萨尔向他们进攻时，他们上好刺刀，将子弹上膛，顽强地抵抗着；当维克托的步兵师抵达后，这场冲突以普鲁士人放下武器结束。

收到霍亨洛厄投降和占领斯德丁的消息后，拿破仑向缪拉致以热情的问候。"我的兄弟"，他于 10 月 30 日在柏林写道，"我必须要祝贺你占领斯德丁。如果您的轻骑兵能这样轻松地占领要塞，我就可以遣散我的工程兵，并熔掉我的大炮了。但你仍需要抓住布吕歇尔将军和魏玛公爵，沿奥德河下行，对敌人紧追不舍，即便是追到斯特拉松德也要在所不惜。现在还不是休息的时候，要等到这两支军队放下武器才行。"

当时，布吕歇尔已经集合了两路纵队，放弃了直接抵达东普鲁士的计划，他打算经过马克伦堡（Mecklenburg），抵达斯特拉松德和鲁夫，以此经海路将军队转移至柯尼希斯贝格。通过十月最后两天的急行军，缪拉成功阻止了他，拉萨尔在安克拉姆（Anklam）抓获 3500 名战俘。通往斯特拉松德的道路被切断后，布吕歇尔转而向西，向中立城市吕贝克和丹麦边境行进；缪拉的骑兵紧紧跟在后面，频繁地进攻他的后卫部队，贝纳多特军和苏尔特军也以强行军的方式对其进行尾随。11 月 5 日，布吕歇尔抵达吕贝克。早上，缪拉的骑兵进攻了他的后卫部队，缴获了一个炮兵连的 8 门大炮。

吕贝克的地方官抗议普鲁士军队进入他的城市，但布吕歇尔无视他们的中立声明，士兵上着刺刀进了城。这座倒霉的城市虽然没有参与战斗，但 11 月 6 日，缪拉将普鲁士后卫部队赶入城市里的街道后，普鲁士人和这座城市均遭到了贝纳多特和苏尔特步兵的进攻。布吕歇尔不得不放弃吕贝克，若继续抵抗，他在这里将被包围，因为缪拉的骑兵和轻炮兵遍布城郊。在留下街道上的 2000 名死伤者和 6000 名战俘，以及大部分的大炮后，布吕歇尔撤向丹麦边境的拉特考（Ratkau）；他希望能够在丹麦得到庇护，但他发现丹麦军队已在他面前列阵阻拦。与吕贝克不同，这里对破坏中立的行为是用大炮和刺刀予以回击的，而且布吕歇尔的人马已经疲于长期的撤退，他失去了大量的大炮和物资，无法再重复在吕贝克施行的强硬手段。此时，缪拉的骑兵已经做好了发起强攻的装备，以作为贝纳多特和苏尔特军大军总攻的前奏，这时，布吕歇尔送来了停战请求。

11月7日下午，这位弗雷德里克大王时代的老兵带领1.5万人向法军投降。缪拉写信给拿破仑："陛下，战斗结束了，因为已经没有剩下的敌人了。骑兵军团将要启程到柏林与大军团会合。"

最后的追击持续了三天。毫无疑问，敌人每一次都是因为步兵的出现才最终投降，但确实是缪拉怀着他那不知疲倦的精力找到敌人，拦截并拖住他们，直到行动缓慢的步兵赶来支援，完成他开始的工作的。普鲁士大约有5万人被俘，200门大

冯·霍斯塞茨基将军在他的著作《百年行动》中将缪拉和骑兵部队的大追击制成了表格

10月14日	耶拿战场
10月15日	埃尔福特
10月16日	朗日塞尔夫萨
10月17日	北豪森
10月18日	哈尔伯施塔特
10月20日	在马格德堡前，六天行进200公里
22日	在德绍
25日	在斯潘道
28日	在普伦斯劳，霍亨洛厄投降，八天行进270公里
29日	在斯德丁，斯德丁投降
30日	在弗里德兰和安克拉姆
11月4日	在什未林
6日	在吕贝克
7日	在拉特考，布吕歇尔投降，十天里共行进320公里

24天总共行进800公里，一些部队甚至走得更远。

波罗的海

拉考特

吕贝克

丹麦边境

布吕歇尔和魏玛大公

缪拉

汉堡

安克拉姆

拉萨尔

缪拉

斯德丁

布吕歇尔

拉萨尔

布瓦岑堡

普伦斯劳

易北河

魏玛

奥德河

霍恩洛厄

奥拉宁堡

施潘道

柏林

魏玛大公

布伦瑞克

马格德堡

缪拉

缪拉

霍恩洛厄

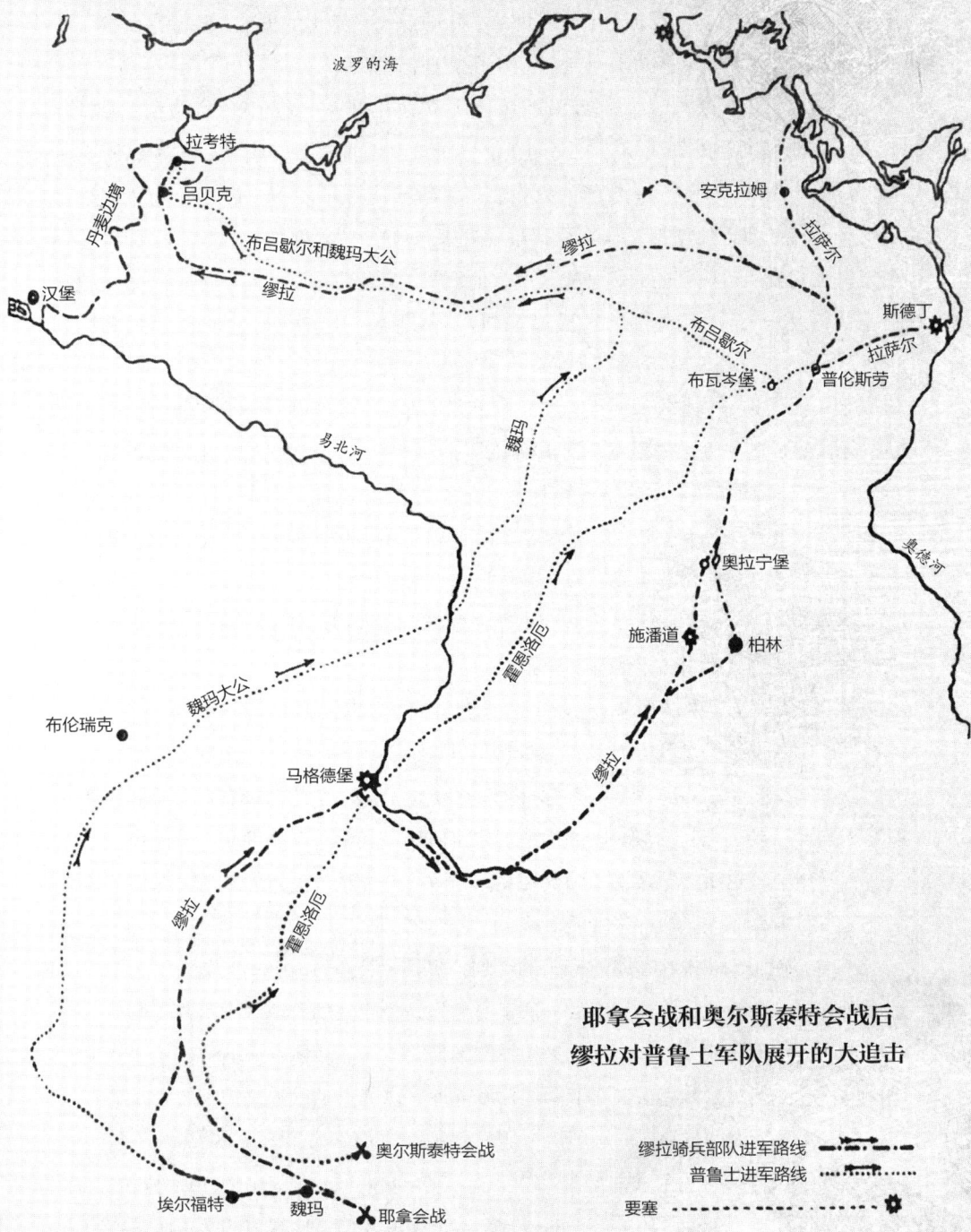

耶拿会战和奥尔斯泰特会战后
缪拉对普鲁士军队展开的大追击

奥尔斯泰特会战

埃尔福特

魏玛

耶拿会战

缪拉骑兵部队进军路线 ▬▶▬▬
普鲁士进军路线 ⋯⋯⋯
要塞 ⚙

▲缪拉的大追击

炮落入法国人手中。对普鲁士而言，耶拿的惨败是一场绝对的灾难，除了东普鲁士的一小部分军队，普鲁士在其他地方将不再有任何军队。

一年前，俄罗斯人的缓慢行动致使他们的盟友在战争开始的第一周被拿破仑打败。现在他们又要进入战场了，此刻正沿着维斯瓦河前进。10月底，本尼希森在格罗德诺（Grodno）附近集结了6万人，布克斯豪登（Buxhowden）的5万人在维尔纳，约有2万人的增援正从土耳其边境赶来。沙皇可以将15万人投入到即将在东普鲁士和波兰边境打响的冬季战役中。他倒霉的盟友弗雷德里克·威廉国王只剩下东普鲁士的莱斯托克军（约2万人），以及但斯克、格劳登茨（Graudenz）和托伦（Thorn）的一小支守军。

大军团得到了莫尔捷军（第八军）和新增的由皇弟热罗姆·波拿巴指挥的南德意志军队组成的第九军的增援。马格德堡向奈伊投降，达武也已经派出部队占领波森（Posen）。大军团总参谋部在柏林，并集结起了20万士兵，正为下一个任务做准备。他们要在维斯瓦河以外与俄军交火，同时解决西里西亚的普鲁士守军，并驱赶出驻扎在波兰的小部分俄军，以"解放"波兰。

热罗姆亲王负责最容易的占领西里西亚的任务。缪拉的任务则更艰巨、重要，他要将皇帝的鹰徽插进古老的波兰王国的首都。

他将要带入波兰的军队有达武军(已经于11月9日占领波森)、拉纳和奥热罗军，以及后备骑兵主力，总共8万人；一些参与过之前追击苦战的骑兵师则被留在了后方，其他师配上了德意志的战马以弥补损失；大部分胸甲骑兵师没有参与北部的强行军，因此得到了很长一段时间的休整。三个胸甲骑兵师、两个龙骑兵师和第三军的轻骑兵组成了这次进军波兰的骑兵力量。与拿破仑在柏林度过一周后，缪拉把他们作为步兵前锋派上了通往华沙的道路。

当时，他听到了一些皇帝对未来的计划。贝格大公国可能会与莱茵东岸的重要地区合并，这会使他的小冠冕变成一顶王冠。但这个想法随着热罗姆与符腾堡公主的联姻而变得不可能，一些可能会划给他的领地将成为热罗姆在威斯特伐利亚新王国的领土。虽然贝格和克雷夫在他的朋友埃德加－莫斯堡伯爵的治理下欣欣向荣，但缪拉并不急着返回他无名的小朝廷，他只在那里待了一周的时间。

当时所进行的向波兰进军、占领华沙、拿破仑取消为波兰复国的计划等行动，都为缪拉打开了莱茵地区小国之外的视野。接下来的几周，他都视波兰为他未来的王国，而热罗姆亲王，除了紧紧抓住的巴伐利亚那一块土地外，也同样惦记着波兰；

但缪拉对此并不知情，而且就算他知晓，也不会把热罗姆视为障碍。他认为，在旧时代，波兰贵族不止一次从出色的士兵中选出国王；一个骑士的国度，王冠最好的候选人将是在无数战场上证明了自己实力的骑兵统帅，而他的继承也可以让拿破仑的妹妹成为王后。

在波兰战役的初期，缪拉就在为他将要扮演的角色做准备。礼服方面，他自己设计了一套华丽的制服代替元帅制服，目的是当他在接见波兰贵族时，能让后者觉得他是他们中的一员。当缪拉于 11 月 28 日进入华沙时，他走在第一猎骑兵团和布尔蒙的龙骑兵旅的前面；他的马嚼和马镫是金子做的，马鞍垫着虎皮，他自己也打扮得光彩夺目。缪拉脚蹬红色马靴，下身穿着白色马裤，短上衣上满是金线刺绣；钻石马刀配着镶

▲缪拉

着宝石的肩带。皮外套和桶状军帽由昂贵的毛皮制成，后者还插着白鹭和鸵鸟的羽毛，由一块钻石搭扣固定。人们用热情的欢呼迎接他。"他进入了波兰古老的首都，"阿布兰特斯公爵夫人写道，"彰显着骑士般的英勇气概，与波兰人完全不同。他向勇敢而敏感的波兰人致意，他们已经打算跟随，并为这位冲入敌人阵地时犹如参加舞会一样灵敏自如的年轻亲王献身。"

缪拉进入和占领华沙没有遭到抵抗。当地守军已经撤过维斯瓦河而进入了帕拉加（Praga）城郊，还摧毁了桥梁。他们在法军渡河时就撤走了，但是在占领华沙后，缪拉组建军事朝廷的头几天，维斯瓦河两岸的渡头边还有敌人哨兵的监视。

起初，缪拉有充足的理由认为他的梦想会实现。波兰贵族在他的接待中，坦言他们希望看到王国的重建，并由一位来自皇帝家族的亲王治理。波兰上一任国王的兄弟，一名出色的士兵，波尼亚托夫斯基亲王来到华沙向缪拉祝贺，称缪拉为国家希望的化身，表示自己无意于祖辈的王冠，并将波兰英雄国王斯蒂芬·巴托里的佩

剑赠予这位法国元帅。在给缪拉的信上，亲王写道：

我们拥有使波兰变得伟大之人的无上财富，但现在我们认为要将它交到公众眼中更显赫的人手里。出于这番考虑，我斗胆请您接受我冒昧的请求。它曾由前任国王保管，它曾跟随我们国家最伟大的国王斯蒂芬·巴托里，打赢了无数场战斗。我相信它在阁下您的手上将重拾过去的荣耀，并为我们的祖国而战。

信件空白处有如下献词：

由约瑟夫·波尼亚托夫斯基赠予若阿基姆，贝格大公

波兰国王斯蒂芬·巴托里，1575 年

为了祖国的另一个英雄，1808 年

这个充满历史意义的礼物让缪拉觉得波兰的王位已经牢牢抓在自己的手里了。在他从华沙写给拿破仑的信上，除了直接宣称自己继承王位外，缪拉已经足够直接地表达了这番愿望。他告诉皇帝他在华沙受到的热烈欢迎，贵族和政府领导的友善，将皇帝视为国家救星的献身精神，以及他们希望尽早看到波兰被恢复为"一个独立国家，由一位由皇帝选出的外国国王治理"。

▼波尼亚托夫斯基，未来的帝国元帅

但拿破仑此时对波兰的任何事都还没有做出决定，他仍在波兰的领土上作战。本尼希森和布克斯豪登的俄军正在向华沙行进。12 月中旬，俄军纵队的先锋抵达波兰首都东北的纳雷夫河，而参谋部设在华沙的拿破仑已经集结好四个军，缪拉的预备骑兵则集结在维斯瓦河一线、城市以北、城郊、乌克兰河一带，之后便向纳雷夫河前进，迎战敌军。

这是第一次也是最后一次缪拉让他的军队独自上了战场。当大军与暴雨和冰雹做斗争、大炮的轮子在泥地艰难滚动时，缪拉正在华沙养病。缪拉的军队与敌人在格劳米

▲达武元帅

（Golymin）和普鲁图斯克（Pultusk）遭遇。12 月 26 日前后的苦战，以俄军的撤退收尾，他们放弃了大量的火炮，原因仅仅是因为运输队无法移动陷入泥泞的大炮。

虽然缪拉身体仍很不好，但当他听到战斗迫近的消息时，便匆忙从华沙赶往战场。他在 26 日的两场战斗都结束后才赶来，当时已经无法组织追击，天气和道路的恶劣状况让这根本难以实现。他花了几天时间将骑兵安置在前哨线的木制营房中，以构成一条对抗哥萨克侵扰的骑兵链。之后他将指挥权交给南苏蒂，独自返回了华沙。

随着 1807 年新年的降雪和降霜，城郊又可以进行大规模调动了。1 月，有消息称撤退的俄军先向西北方移动，之后又向法军阵地的西北方向行动，在绕了一个大圈后进入东普鲁士，还带上了莱斯托克的军团，意图攻击在皇帝最左侧的贝纳多特军。拿破仑留下了一小股队伍在纳雷夫保护华沙，命令大军团向北集结。一系列隐藏皇帝动向的措施在紧密进行着。按照拿破仑的计划，本尼希森本应该继续朝着贝纳多特军行进，并坚定地认为自己要进攻的只是一个独立的军团，这样一来，当他贯彻执行作战方针时，缪拉的骑兵就可以切入他的右后方，切断他们与俄罗斯人的联系。但是一个小的疏忽暴露了整个计划。当时大军团并没有使用密码传递重要文件，文件传递是否成功则完全要指望参谋军官的小心谨慎。一个年轻的军官带着详尽说明行动细节的手写命令，在没有护卫的情况下坐着雪橇传递消息。当他刚进入法军的警戒线后，就以为自己安全了，便铺上毯子愉快地睡了起来，但天黑后他被摸过警戒线的哥萨克骑兵抓获；于是，收缴的信件告诉了本尼希森他想要知道的消息，他取消已经下达的命令，开始向北朝柯尼希斯贝格撤去。

于是，法军只能呈三路纵队追击，奈伊在左，达武在右，拿破仑居中，缪拉的骑兵部队在拿破仑前面。这是一场艰难的行军，1 月底冬季的严寒已经开始了，人和马匹都在大雪覆盖的道路上蹒跚前行着。

▲奥热罗元帅

本尼希森决定背靠柯尼希斯贝格，在普劳茨－埃劳进行抵抗。2月的第一周，当他将部队集结在自己选好的战场时，他的后卫部队给法军前锋暴露出了又长又宽的方阵正面。2月6日早上，缪拉在霍芬（Hof）村附近遭遇了强大的后卫部队。随着太阳的升起，冻土有局部融化，俄军背后的小溪谷变成了泥沼。眺望小溪谷，地平线已升高到松林的边缘，俄军的12个营部署在这边，一些大炮布置在他们左边的高地上，骑兵部队的两侧都有大炮。

当时缪拉手里只有骑兵和轻炮兵；但是在身后不远处，由皇帝亲领的苏尔特军和奥热罗军正以长纵队赶来。如果是别人，或许会谨慎一点，只与敌人进行小范围交火，并持续观察他们的动向，直到步兵和大炮能够投入战斗。不过这不是缪拉的风格，在他的主力赶到之前，他便派科尔贝的龙骑兵前锋穿过泥沼向敌人的阵地发起无畏的冲锋，但这次冲锋只回来了很多没有骑手的马匹。之后，科尔贝的骑兵经过重整，又联合克莱因的师，再次发起冲锋，向敌军左边的炮兵连冲去；他们冲入大炮中间，短暂地缴获了他们，但很快又被步兵的火力所驱逐。当他们还在作战时，德奥普尔的前锋第1胸甲骑兵团赶到，掩护龙骑兵撤退。

到目前为止，法军处于劣势。缪拉已经把轻炮兵投入了战斗，德奥普尔的胸甲骑兵师也赶来并构成战线；他们卷起斗篷，重新整队，控制住马匹。第1胸甲骑兵师在发起进攻后也随即加入了战线；在他们的侧翼，勒格朗的步兵前锋已经抵达。突然，一道耀眼的光芒从众人眼中闪过，缪拉身着他那华丽的波兰制服疾驰到胸甲骑兵阵地前；他勒住马，踏在金马镫上，但没有抽出佩剑，他用镶嵌着宝石的马鞭指向敌人的左侧，大声喊着："冲锋！"德奥普尔跟在他身后，缪拉催促部队前进，胸甲骑兵挥舞着剑，如浪潮一般汹涌而又稳健地前进，他们叫喊着："冲锋，跟着亲王！"勒格朗的步兵也向前挺进，在骑兵冲锋后，在他们的左侧构成交火阵线。

缪拉的佩剑仍未出鞘，他向大炮阵地冲去。法军猛烈的进攻席卷整个俄军炮兵阵地，怒吼声遍布俄军左侧，一切阻碍都在他们的面前消散；胸甲骑兵在猛冲炮兵阵地后，转向了步兵，俄军一个方阵接着一个方阵地溃散。克莱因和科尔贝迫切想报先前之仇，又把龙骑兵投入了战斗；勒格朗的步兵火力包围了敌人，俄军骑兵赶来救援支离破碎的步兵，但被胸甲骑兵击溃。缪拉始终身处在冲突最激烈之处，有人可能认为他的制服、身上的金饰和宝石可能会让他成为敌人首先的进攻对象，虽然他的毛皮上衣被子弹撕裂开了一道口子，但他连一处擦伤都没有。俄军死伤1200人，最终穿过树林撤退，法军俘获800名战俘，缴获9门大炮和4面军旗。

第二天，缪拉发现联军军队在小城埃劳北部列阵。本尼希森有6.5万人，包括2.2万名正规军骑兵和哥萨克骑兵；联军军队大部分是俄罗斯人，普鲁士只有5600人。拿破仑可用于作战的人数有7万人，其中2.4万人是骑兵。战斗于7日开始，直到8日才变成大规模作战。

这是拿破仑时代最激烈的战斗之一，也是他险些失败的战斗之一。战斗在阻挡双方视线的大雪中打响。直到下午，拿破仑在兵力人数上才与敌人接近。早上，他只能用200门大炮对抗本尼希森的450门大炮，但由于俄军的步兵战线纵深太深，所以倍受法军跳弹的折磨。起初，拿破仑只有苏尔特和奥热罗的军团，以及缪拉的六个骑兵师[①]与敌人作战，剩下的大军正在朝着炮声前进，还要在雪地里跋涉很长一段距离才能到达战场。

这一天的危机时刻是奥热罗军因为雪天而视线受阻，遭到了俄军步兵和炮兵的正面攻击，同时侧翼还遭到炮击和骑兵的进攻。奥热罗本人也遭到攻击，他的旅长和上校均有死伤，他的两个师在风雪的掩护下后撤，一些团实际上已经陷入混乱，可能不久就会夺路而逃。

当时，缪拉正在拿破仑身边，与后者的参谋和护卫一起站在埃劳公墓边的高地上。虽然漫天风雪，皇帝还是看到了奥热罗溃散的战线，他指着俄军的进攻对缪拉说："你要让这些人吞噬我们吗？"

缪拉的回答则是解救奥热罗全军的著名冲锋。六个骑兵师组成三股巨浪冲向俄军。身先士卒的是缪拉，带领着两个轻骑兵师；之后是格鲁希率领的三个龙骑兵师；

---

① 这六个骑兵师分别为：科尔贝和布吕耶尔的骠骑兵和猎骑兵，格鲁希、克莱因和米约的龙骑兵，以及德奥普尔的胸甲骑兵师。

▲埃劳的骑兵冲锋

最后是德奥普尔和他的胸甲骑兵们。超过 1.8 万匹战马涌向俄军中部[①]，突破了由敌人步兵匆忙构成的方阵。在狂风暴雪的浓雾中，一些步兵团甚至还没来得及列阵就被踩在了马下，另一些也很快被击溃，俄军的 16 面军旗被夺走。骑兵的第一波冲锋直冲到俄军第三条阵线前才停下。在进攻的最后一步中，拿破仑派了贝西埃的掷弹骑兵和自己的护卫近卫猎骑兵去协助缪拉。这些新增力量让骑兵突破了第三条战线，接着，胜利的骑兵部队回到本阵；他们将奥热罗军从崩溃的边缘解救出来，并且逼得本尼希森无力重组战线，只得溃败而撤退。缪拉的骑兵大冲锋成功避免了灾难的发生。

直到天黑战斗结束，双方的军队还时有交火。拿破仑在下午就获得了大量增援，而且他确信第二天还会有增援。本尼希森已经把所有能用的人都投入了战斗，他不认为如果战斗重新打响，他疲倦的军队能够继续与数量占优的敌人作战；他损失了

———————
①现代有研究认为，当时投入冲锋的骑兵为 40 个中队，兵力为 5000 人。

▲拿破仑与众人在埃劳

▼拿破仑向缪拉下达命令

1.8 万人，包括 9 名将军，24 门大炮落入敌手。9 日，他在天亮以前率领剩余的部队撤向柯尼希斯贝格。

缪拉率骑兵紧跟着本尼希森，但他们的队列因前一天的苦战而人员减少，而且大量的人员和马匹都被糟糕的天气击倒。缪拉在距离柯尼希斯贝格 6 英里的维滕贝格（Wittenberg）附近，与敌人的后卫部队遭遇，但此时没有发生交火。缪拉对前卫部队接近俄军警戒哨时没有产生任何枪声而感到吃惊。他骑到阵前，看到他的骠骑兵和哥萨克相处融洽；他们打着友好的手势向法军骑来，与他们交换白兰地、伏特加和雪茄。一个俄国军官从人群中骑马出来，与缪拉的军官握手，并说战争结束了，他们已疲于相互屠戮；一些哥萨克军人挥着手向骠骑兵致意，还喊着"勇敢的

▼格罗所绘缪拉侧像

法国人"，以向他们致意。这是心照不宣的停战，一些俄罗斯正规骑兵也跑来向法国人表示友好。

缪拉认为这番情景直接证明了他的骑兵已经接近疲惫的顶点。他写信给皇帝："我确信敌人不会在柯尼希斯贝格抵抗；更确切的，我认为他们已经准备撤离。下午我受到了哥萨克的礼遇，而且他们的骠骑兵、枪骑兵向我们挥手告别，我打赌我没看错。"

然而，缪拉判断错了。俄罗斯人还没有放弃东普鲁士，距离战争结束前，双方仍有苦战，但是双方都无法在冰天雪地的波罗的海沿岸地区作战。拿破仑生平头一次非常乐意中断战斗，从胜利的战场撤离，并将军队安置在城镇、村庄和木制营房中，直到来年春天。虽然进入冬营过冬这一古老的习惯一度在 18 世纪消失，但这一次必须再度出现。

第十一章

野心
1807 年—1808 年

在 1807 年初的冬季，当第十军（勒菲弗）占领但斯克期间，余下的大军团驻扎在帕萨格河一线的兵营，骑兵在埃尔宾河左岸。此后，骑兵重跨战马，应征士兵也从法国各地的兵营赶来；到春天时，缪拉麾下已有 2 万名善战而出色的骑兵。随着天气的好转，大部队开始整体调动。当皇帝在埃尔宾河畔检阅军队时，缪拉便能向他展示精心布置的骑兵作战方式。冬季期间，大军团进行了整体重组。5 月初，拿破仑除了缪拉的骑兵外，还有 15 万人在帕萨格河一线，至少 7.5 万人在波兰、西里西亚，以及德意志的其他地方。

本尼希森整个冬天都留守在柯尼希斯贝格，普鲁士的弗雷德里克·威廉在盟友的保护下把他的宫廷安置在这里。俄军也获得了增援，但远没有他们的对手多。春天时，本尼希森手中至多有 10 万人，但是有人抱怨说他在但斯克还没有陷落时，毫无进攻法军的打算，反而一周又一周地盼着增援。直到 1807 年 5 月 7 日，但斯克陷落，拿破仑集结军队向柯尼希斯贝格前进时，本尼希森才终于行动了。

缪拉在埃尔宾河大检阅之后，于 5 月 28 日造访了但斯克，并参观了被占领的

▲本尼希森

◀勒菲弗元帅

▲拉萨尔将军

要塞。在此处，他收到了总参谋长贝尔蒂埃的消息，唯一驻扎在帕萨格河北岸构成前哨的奈伊军，突然受到了敌人的进攻。大军团正在组织反击，缪拉要带领着他的骑兵从埃尔宾沿岸朝着莫霍伦根（Mohrungen）进发。

当时奈伊在古特施塔特（Guttstadt）进行了顽强抵抗，虽然他失去了一些阵地，但他为组织反击争取了时间。本尼希森在他首胜的第二天，发现大股法军正朝他涌来，于是开始了向东北方的撤退。莱斯托克的普鲁士人向柯尼希斯贝格撤去，俄军主力撤向海尔斯贝格（Heilsberg），他们在此处的阵地相对坚固，并打算进行抵抗。缪拉在 6 月 9 日渡过帕萨格河，跟着俄军的后卫部队重新占领了古特施塔特。第二天，缪拉与苏尔特的步兵和炮兵、埃斯帕涅的胸甲骑兵，以及拉萨尔 12 个团的轻骑兵构成的前锋部队一同前进。很快，柯尼希斯贝格出现在了缪拉的视野中。

当时，拿破仑已经决定派达武绕到本尼希森左侧，威胁其侧翼和后方，进而迫使他放弃海尔斯贝格一线。缪拉没有跟进这一行动，他擅自率领前锋部队即刻发起了进攻，这导致在俄军撤出阵地前，双方都付出了惨重而没必要的伤亡；法军骑兵与大约 80 个数量占优的俄军中队作战，这几乎是一场艰难的肉搏战，甚至缪拉也遭遇了死里逃生的情况。

当时缪拉率领他的骠骑兵和猎骑兵在拉萨尔身旁发起进攻，突然，他的战马被打死，在他捉住一匹无主战马，刚刚跨上马鞍时，便被一队俄军龙骑兵包围。他奋力战斗，所幸拉萨尔亲自赶来，砍倒了几个敌人，救了他；几分钟后，缪拉也在激战中救了拉萨尔一命。"现在我们扯平了，我亲爱的将军。"他握着后者的手说。公平地说，拉萨尔这次能脱险，全是因为缪拉，这位帝国亲王、贝格大公、法兰西的元帅可以像士兵一样不顾自身安危地战斗，而跟随他的人也愿意为他们的勇敢领袖献身。

但对于这场大胆而无畏的战斗，也招来一些责备他缺乏冷静的判断力的评价，一些同样勇敢却更谨慎的军官质疑他所冒的险，这来源于当天的另一件事。当埃斯帕涅的胸甲骑兵进攻时，戈内维耶（Gonneville）上校正指挥着一个团。他虽然对缪拉充满敬意，但无法不有理有据地批评道："贝格大公带着他的参谋从我们的右后方奔来。他飞快地冲过我们的前线，身子向马前倾斜，在他飞速经过埃斯帕涅将军时，向他喊道'冲锋！'15个中队，没有支援，就被派去进攻60个精良的俄军骑兵中队。这只是一个简单的命令，没有任何详细的解释。最让我惊讶的是为了接近敌人，我们要跨过一条沟壑，并且在距他们阵地不足两百步的炮火密集区重新集合。"

缪拉的进攻能够成功，只是由于俄军骑兵惯常而又出奇地缺乏进攻的欲望；他们是等法国胸甲骑兵重新集合后，才向他们发起进攻，而不是趁着他们整队时就有所行动。当天法军的损失非常惨重。这场小战斗造成了约7000人的死伤，其中大部分都是骑兵；在他们跨越沟壑的战斗中，第6团失去了22名军官中的17个，而且在晚上重新集合时，只剩下一个中尉指挥两个羸弱的中队。拿破仑有充分的理由对这不必要的人员折损而生气，也许这就是他把缪拉的工作从指挥转移到从属的原因；拿破仑把他派到了左翼（苏尔特和达武军），尾随向柯尼希斯贝格撤去的联军部队。

因为这次的冒失，缪拉没能参加在6月14日于弗里德兰打响的决定性会战。在会战当天的早上，皇帝命他和拉纳与大军团会合，留苏尔特在柯尼希斯贝格前。第二天，缪拉一路追赶俄军的骑兵，并带领大军团一路追至涅曼河。

当6月19日，缪拉在提尔西特看到这条边境河流时，指挥本尼希森后卫部队的巴格拉季翁在哥萨克骑兵的保护下过了河。左岸只有俄国人，缪拉正将部队整队为两条战线，以准备发起进攻，看上去就要打入俄罗斯的领土。这时敌阵中的一个参谋军官带着停战旗赶来，他交给了缪拉一封沙皇写给拿破仑的信。拿破仑已经带着他的参谋和骑兵护卫队前来，缪拉把停战信交给了他，战争宣告结束。

之后，就是著名的两个皇帝在涅曼河中央的浮船上会晤，并签订了提尔西特条约。条约的明文和秘密条款——承认了拿破仑是欧洲大陆的霸主，而沙皇亚历山大将作为他重整世界秩序的盟友和帮手。

缪拉盼着皇帝煞费苦心重整的欧洲里，会有一个留给他的王冠——没准就是波兰。在两位皇帝会晤的那天早上，他穿上了他亮闪闪的波兰礼服，去祝贺拿破仑。可能是皇帝不喜欢缪拉的野心，于是硬生生地对他说道："回去换上你的将军制服，你这样看上去就像个马戏团小丑。"缪拉服从了，于是他身着骑兵制服，带着荣誉勋章和戈多伊给他的金羊毛勋章出现在一众环绕在拿破仑身边的光彩夺目的元帅之中。沙皇授予他圣安德烈十字勋章——巴托里和索别斯基王冠的可怜替代品。热罗姆·波拿巴亲王在条约中获得了威

▲法皇和沙皇在提尔西特–涅曼河上的会面

▼拿破仑在弗里德兰

斯特伐利亚王国，缪拉曾希望这片领土能并入他在莱茵地区的大公国。拿破仑给他愿意当附庸的三位兄弟都安排了王国——约瑟夫在意大利，路易在荷兰，热罗姆在威斯特伐利亚。若阿基姆·缪拉，这位皇帝的妹夫，比前三位做的工作都危险得多，却仍只有一顶小冠冕和少量德意志国民，因此缪拉想找些补偿，在他与皇帝回到巴黎后，一直致力于劝说拿破仑增加他的公国领土面积，以提高其在莱茵地区的重要性和给他更广泛的税收权力。

他没有在回巴黎的途中停下来造访一下他的领地，他很乐意把政府留给阿加尔管理。缪拉的家不在杜塞尔多夫而在巴黎，卡罗琳在他离开时在爱丽舍宫建了个自己的小宫廷。她与缪拉有着同样的野心，一度想着自己将作为波兰的王后在华沙受到欢迎。她极尽所能地给拿破仑的朋友和顾问施以影响。在爱丽舍宫，她非常好客，而且她是巴黎所有公众聚会的焦点，她精心制作的礼服和耀眼的首饰胜过在场所有人。

不过，当时传闻卡罗琳有着不止一个情人，其中就有巴黎总督朱诺。拿破仑似乎相信了传闻，在朱诺回到巴黎来时对其态度很差。缪拉可能没有听说这人尽皆知的小道消息，或者他没有过多在意；当卡罗琳迎接他回家时，这对夫妻很快便因王国的共同利益而紧密联合起来。

从 1807 年 8 月到 1808 年 1 月期间，拿破仑和他的外交部部长有过长谈。另一方面，他和缪拉也就公国领土和他在帝国朝廷地位的问题有过谈话。先说次要问题，缪拉坚称根据莱茵邦联的协定，贝格大公国属于王国等级，他和他的妻子在杜伊勒里宫的地位应该排在拿破仑有王冠的兄弟和他们的妻子之后；但拿破仑已经决定在巴黎时，帝国皇室的亲王和亲王夫人，应该按照家族本身的顺序排位。这就导致缪拉虽然有独立封地，但作为卡罗琳的丈夫要排在她姐姐波利娜的丈夫，即那位有名无实的博尔盖塞亲王后面。拿破仑拒绝了缪拉希望将自己往前排的恳求。在缪拉最后的恳求中他给缪拉去了一封信：

"你在王宫的地位取决于你在我家族

▼朱诺

的地位，而你在我家族的地位取决于我妹妹。我不允许有外国人在我的宫廷……外国亲王只是巴黎的临时造访者，不会常驻。我无法同意你的请求，我已经决定遵从长久设立的惯例，而且皇帝的兄弟姐妹应该先于大公和大公夫人。对此类安排所提出的任何异议都是在反抗法兰西的君权和我的荣誉。大公可以被选帝侯接替，而选帝侯的位置总是排在王室家族后面的……你和我的家族走得太近，无法明白法国人看到黑森－达姆施塔特大公、维尔茨堡大公和巴登侯爵在巴黎宫廷的排位在我的家人之前时的那种反对之感。你要明白，这是任何明智的人都不会考虑的荒诞想法。而那些由我赏赐'兄弟姊妹'之名的人排在我真正的兄弟姊妹之后，只不过是朝堂的谎话故事罢了。"

缪拉安静了，但他仍不满足。他和卡罗琳决定，如果他们不能在帝国朝堂享有王室荣耀，那他们还可以用除了王室虚饰的排位以外的方式来标榜自己的身份，即与皇帝和皇后竞争财富和地位，并要超过所有人。在爱丽舍，以及在枫丹白露避暑时，他们的宴请和招待都是巴黎谈论的话题：餐具都是金子做的；房间里满是奢侈的花卉装饰，一众身着红色和金色礼服的侍者等待着他们的客人。

缪拉侄女安图奈特的婚礼于秋天在巴黎举办，其场面甚至比卡罗琳为热罗姆与符腾堡的凯瑟琳举办的婚礼还要宏大奢华。安图奈特·缪拉，一个小农场主的女儿成为亲王的新娘，她要与霍亨索伦的天主教分支后裔，查理－霍亨索伦－西格玛林根结婚。①

拿破仑在就贝格大公国的未来进行讨论的期间，仍与他的妹夫保持良好关系。在安图奈特的婚礼上，他送给新娘的礼物就是公主的头衔。在婚约安排期间，他便将位于里沃利大街的布勒特伊（Breteuil）宫送给了她。12 月，他还让缪拉跟他一起造访了北部意大利。但在贝格大公国的相关事宜上，他对缪拉还是不太友好。

拿破仑对缪拉统辖的领土安排为：三个边远的旧普鲁士领土，虽然历史上是克雷夫大公国的一部分，但被路易的王国所环绕，作为荷兰领土内的飞地而存在着，而缪拉则要把它割让给荷兰；他还要将韦瑟尔要塞割让给法国，作为回报，他将在德国边境获得很大一块领土。缪拉坚决反对割出韦瑟尔要塞，对此他甚至还一度夸夸其谈地说，要率领贝格和克雷夫的军队进入要塞，反对拿破仑把要塞从他们手中

---

① 这是一桩幸福的婚姻。当安图奈特在 1847 年去世时，查理亲王写信给缪拉家族成员，称"她就是善良的天使，我忠诚的伴侣，她的离去让一切都成为空白"。二人的后代相继成为欧洲王室中的显要人物。

夺走。"我们会看到，"缪拉说道，"如果皇帝敢当着欧洲的面包围我，那么我就要守卫到最后。"

尽管他说了一些蠢话，但这件事最终还是定了下来。缪拉割出边远的散落领土——于森、塞森尔莫和马尔堡给路易，韦瑟尔要塞则交给皇帝，他因此获得了埃尔滕、埃森和温尔登教区领地。这给他的公国增加了146平方英尺，以及36.2万国民，将他的总人口数提高到了约125万。

条约于1808年1月20日签署。2月，缪拉正准备与卡罗琳一起离开巴黎，造访和确认他的新领地，并把首都从杜塞尔多夫移到明斯特，但此时他的全部计划和人生轨迹都被皇帝一个意想不到的命令改变了。

在提尔西特条约后，英国成了野心日益膨胀的拿破仑唯一的敌人。根据条约密文，丹麦加入法俄同盟，它的舰队夺取了松德海峡并宣布对英国关闭。英国在一位秘密间谍的警告下，提前进攻了哥本哈根并占领了达农－诺赫维吉安（Dano-Norwegian）。在北部战事失利后，拿破仑致力于保障帝国在西班牙半岛的地中海港口。

当时，伊奥尼亚岛由俄罗斯交给法国，伊利里亚港以皇帝的名义被法国占领。庇护七世拒绝对英国关闭港口，于是教皇的领地被法军入侵而成为帝国领土。葡萄牙此时仍是英国的盟友，英军舰队还在塔古斯。西班牙的"独裁者"戈多伊荒淫而又贪财，软弱的国王就好比拿破仑手上的玩物，他与戈多伊商定秘密瓜分葡萄牙；葡萄牙的部分领地将并入帝国，戈多伊则期待着剩下的部分能成为自己的封地。

之后，朱诺率领的法国军团穿过西班牙，入侵葡萄牙，占领里斯本。葡萄牙王室乘英国船只逃往巴西。

为支援朱诺的远征，大量法国部队驻扎在西班牙北部。此时，为了削弱西班牙未来可能的抵抗，西班牙最好的战舰"入侵者"号加入了土伦港的舰队，西班牙的军队被派到德国北部与法国盟友一起执行守卫要塞的任务。

西班牙人普遍期待着拿破仑的政策能给西班牙带来帝国制度，而非吞并，这将通过法国公主与他们老国王的继承人费迪南王子联姻而实现。他们认为，不久后就会由法国顾问掌控西班牙的国家政策，签订攻守同盟协定，以及签署用法国之手发展西班牙资源的经济条约。因此在西班牙北部的法国军队被西班牙人认为是伙伴，但同时也有广泛的质疑声，毕竟拿破仑还没有表露出他的真正意图，这些盟友很可能是侵略者所伪装的。

1808年初，驻扎在西班牙的法国军队已经成了一支庞大的武装力量。杜邦将军在莱昂，他的参谋部设在巴利亚多利德（Valladolid）；蒙塞元帅在老卡斯蒂利亚，他的参谋部则设在布尔戈斯；莫尔捷将军的一个师在纳瓦拉（Navarre）和比斯开（Biscay）；迪埃姆（Duhesme）将军的整个军在阿拉贡（Aragon）和加泰罗尼亚。这些指挥官相信，他们不久就会与西班牙盟友一起与直布罗陀的英军作战。在西班牙的每一个法国将军都独立行动，各自向战争部汇报情况和接收命令，已经到了派一位总司令给予在西班牙的法军主要指令的时候了，一位皇帝的代理人可以进一步积极执行拿破仑在西班牙的政策。拿破仑选择了缪拉执行此任。

这个秘密一直保密到最后一刻。此时缪拉正忙着准备他去往杜塞尔多夫和明斯特的行程，他曾在2月20日早上见过拿破仑，后者当时对西班牙之事还只字未提。晚上他收到了两封信，一封来自拿破仑，另一封来自战争部长。部长告知他要当晚动身前往巴约讷，以便接管在西班牙半岛的所有法军；拿破仑在信中任命他为西班牙的指挥官，并讲述了他所要采取的行动的初步细节。他小心谨慎地保守秘密，但他也没有被告知拿破仑最终的目的是什么；对他来说知道当下要做什么就足够了。

在他读着皇帝的命令时，缪拉惊愕于信上对西班牙的敌对态度：

"你要写信告知西班牙纳瓦拉的司令官，你必须占领潘普洛纳（Pampeluna）要塞。我与西班牙国王和平友好，但我与他共同的利益迫使我的军队进入西班牙，我必须要保证军队之间的通信。在占领潘普洛纳要塞之后，最重要的是圣塞巴斯蒂安。你要占领巴利亚多利德、潘普洛纳和法国之间的所有要塞；如果纳瓦拉司令官拒绝将要塞交给你，你可以用蒙塞元帅的军队逼他就范。至于其他事宜，没有我的直接命令，你不需要与西班牙王室有任何交流。这其中最先进行的，就是占领潘普洛纳要塞……在要塞被我的军队占领后，你要让蒙塞元帅的第三师从维多利亚进入布尔戈斯。如果夺取潘普洛纳要塞的行动有所拖沓，你便命蒙塞师前往此处，采取措施让要塞交到你手上。"

现在没有时间请求进一步的解释，缪拉匆忙别过卡罗琳。当整个巴黎还在熟睡时，他便骑马踏上了通往巴约讷和比利牛斯的道路，不知道在前方等待他的是战争还是和平。

第十二章

马德里暴乱

1808 年

直到 1808 年 3 月 7 日，缪拉还留在巴约讷。在他位于此处的参谋部里，缪拉直接听命于皇帝，并收集西班牙的军事报告，但他觉得他当时所处的位置完全不在皇帝的战略最终企图上。在巴约讷，他给皇帝写信道：

"我感到自己不受陛下信任，在我不知道自己在这场军事行动中所处的战略位置时，可能我觉得自己不该还继续待在这里。没人知道我们这是要准备长时间的远征，还是要准备为期几日的短暂行动。这样的话我是无法组织部队运送物资的。"

潘普洛纳已经接受了法军进驻城堡的要求。随着圣塞巴斯蒂安困境的升级，缪拉担心他会遭遇突发事件。为了避免突发事件的出现，他耍了一些手段：他写信给吉普斯夸的总督马洪（Mahon）公爵，表示为了圣塞巴斯蒂安的卫生安全，他打算兴建一些军事医院，并派一些连队到驻防区来执行命令。

公爵礼貌地反对了这一建议；缪拉又给他写了一封信，重申此事。他说，法国军队是以盟友身份进入西班牙的。病人在村子里不安全，会暴露于被恶魔蛊惑之人的攻击之下，他们必须送进医院，而且医院要修在要塞高墙内，如果拒绝就会引起民愤。同时，他和一些帝国近卫军的分遣队开始前进，已经跨过边境。当时公爵在他的要塞里只有四百守军，由于担心引起冲突，被迫屈服于这隐晦的威胁。缪拉保证，如果马德里的朝廷不同意他的行为，那么法军会撤出城堡。在缪拉写给拿破仑的报告上，他嘲笑西班牙贵族的愚蠢，法军一旦进入城堡，还会理会愚蠢的西班牙国王的命令吗？

戈多伊曾经长时间充当他的信差。在此之前，他曾送给过缪拉金毛羊勋章，并请求得到他与拿破仑的保护。在缪拉从巴约讷写给皇帝的信上，他承认自己迄今都误解了戈多伊的处境。他写道："根据马德里的最新消息，该地警报的危机已经达到最高级，且戈多伊已遭到了所有西班牙人的厌恶。这让我至今还不敢相信。"他还写道，西班牙王后被认为是戈多伊的情妇，也卷入了人们对总理大臣的厌恶中，至于国王，因为毫无利用价值而只招致了人们的轻视。政府内部的争吵实际上已经又深又广泛，"除非民众被国王将更换政府管理的做法说服，否则将会出现暴动"。吉普斯夸和纳瓦拉的民选代表在边境面见了拿破仑，并把城市的钥匙交给了他，"这些省认为自己是法国人，民众情绪得到了妥善安置"。

3 月 3 日，缪拉接到把参谋部从巴约讷移到维多利亚的命令。皇帝向缪拉表明，他希望看到他的军队物资充足、靴子优良，但他没有给缪拉任何详细信息。11 日，缪拉在维多利亚给皇帝写信："我抵达维多利亚后即刻向您汇报，而且民众的热情欢迎让我从边境到维多利亚畅通无阻。您的中尉以您的名义要求占领城市，得到了西班牙人的赞同。我在边境会见了吉普斯夸（Guipuzcoa）省的代表，并且在我进入每个市镇时，市政人员都告诉了我他们对陛下的钦佩和愿意为您效命的感情。一句话总结来说，我的旅途被人们夹道欢迎。他们近乎疯狂地欢呼致意，一个村子接着一个村子，遍布从伊伦到维多利亚的路上，他们都载歌载舞地高呼'拿破仑万岁'！"

缪拉在维多利亚待了不过两天，就收到了向布尔戈斯行进的消息。他在那儿也受到了同样的欢迎。拿破仑告诉缪拉，他不久就要亲临布尔戈斯，缪拉通知当局，他们可能会在月底迎接皇帝的到来。

▲西班牙王后

但缪拉之后的报告便开始变得不那么积极了，并有了令人担忧的消息。马德里朝廷开始担忧法军在比利牛斯的增兵，法军的突然行动，以及对北部城市和地图上位于巴塞罗那上方的莫于希利（Monjuich）要塞的占领，使西班牙指挥官们开始惧怕并抵抗法军的暴行。戈多伊命令之前跟着朱诺进军葡萄牙的索拉诺（Solano）师立即返回西班牙，并公开表示法军的行径和敌人如出一辙，是时候组织反击了。迪埃姆根据从巴塞罗那发来的汇报反映，法军和那不勒斯军队的士兵已经在街上流窜。拿破仑并没有把报告当回事，他写给缪拉："巴塞罗那没有不满情绪。迪埃姆将军就像一个老女人。那不勒斯人确实流窜进去了，但也是平民行为，余下的人们都得到了安置，何况占领城堡才意味着获得一切。"

但巴塞罗那的骚动还是很严重。在夜里，西班牙士兵组成了巡逻队巡视城市，对法国充满敌意的人们纷纷加入了队伍。别处有法国士兵被暗杀的报告，而且法军方面还传出公告，让军官们加强部队纪律，以避免任何会引起居民反感的事。拿破仑完全忽视了这些关于西班牙人"背叛"的汇报，仍旧认为一旦占领了首都，他就控制了这个国家。3 月 7 日，他给缪拉写信，要求其占领布尔戈斯和马德里之间的山路走廊，并把参谋部搬到马德里。

3 月 16 日，缪拉从阿兰达（Aranda）向拿破仑报告，为执行这一命令，蒙塞军已经占领了索莫谢拉（Somo Sierra），而且杜邦的两个师将会于 19 日占领瓜达拉马（Guadarama）。第二天，缪拉从弗雷斯尼约（Fresnillo）报告，从马德里传来了令人振奋的消息，西班牙王室家族打算效仿布拉干萨（Braganzas），离开国家，在加的斯登船。而国王试图用他不会离开马德里的保证，来团结国内的暴动力量，但缪拉认为这可能是戈多伊在把国王送到萨维利亚或加的斯之前的权宜之计，而且索拉诺军从葡萄牙的转移正与此目的关系密切。

当缪拉写这封信时，暴动因为民众对戈多伊的普遍不满而愈演愈烈。王室当时

▼西班牙前首相，戈多伊

在马德里附近的阿兰胡埃斯（Aranjuez）。17日，人们包围了宫殿和戈多伊的房子，士兵们也与暴民勾结，戈多伊的房子遭到洗劫，本人更是遭到了粗暴的对待，只是勉强保命。18日，国王发布公告宣布剥夺戈多伊的所有荣誉；之后，随着武装暴乱的升级，国王宣布退位，将王位传给费迪南亲王。

缪拉继续朝着马德里前进。3月19日，他在卡斯蒂耶霍（Castillejo）听到了阿兰胡埃斯暴乱的第一手消息。他收到的消息显示，法国驻马德里大使博阿尔内（Beauharnais）正在费迪南一方施加影响。缪拉的信里满是焦虑和窘困，他阐述了他对未来血腥屠戮的不安，以及他担心从此整个欧洲会认为法军的接近是暴动的信号，而法国大使正鼓励这么做。"陛下，我向您提出，"他写道，"我指挥着您的军队，但整个欧洲没人会相信我率领着您的军队，却不知道您的最终计划。"他恳请拿破仑谨记他的名声正牵涉其中，并请求对他现在的进军路线做出更详尽的解释。第二天，在另一封从布伊特拉戈（Buitrago）寄出的信上，缪拉在报告完马德里和阿兰胡埃斯的暴动后写道：

"最让我感到忧虑的是，所有的这些暴动都高呼着'皇帝万岁！法国大使万岁！'我相信陛下也会像我一样感到痛心。维护法国的名誉，结束谣言是我的责任，而且要排除所有认为是我们在鼓动骚乱的恶毒指控。"

他继续道，他希望费迪南仍能是法国的盟友，但如果他选择成为法国的盟友，可能会引起国内反抗他的动乱。他再次请求皇帝指明当他抵达马德里后，对西班牙朝廷所要采取的态度。"如果陛下对我寄予更多信任，对于您的计划，给我一句话就足够了。我会用我的人头来保证它们的完成。"

拿破仑很清楚自己想要什么，对于阿兰胡埃斯的暴乱也要比他的下属冷静得多。他告知缪拉，他不明白后者究竟对未来有什么担忧，他只能向后者重复必须将军队稳固驻扎在马德里；让军队休息，保持物资的充足与纪律的良好的嘱咐。"对国王，对阿斯图里亚斯王子和每个人友好。发生在阿兰胡埃斯的事对我们来说是好事，而且国王不会离开西班牙对我们而言就是一个大的收获。我等着你从马德里传来的消息。"拿破仑写道。在第二封信上他又写道："你总是抱怨你没有收到我的指示。当我告诉你让你的士兵休息，完成补给的补充，并且不要对其他问题擅作主张时，就是在给你下达指令。对我来说，你没有必要知道那么多。"

在给缪拉写信的当天，拿破仑把西班牙王冠许给了他的弟弟路易。他在给路易的信上写道："阿兰胡埃斯发生了暴乱，国王已经退位。贝格大公现在率4万人驻扎在马德里，他打算作为西班牙的国王。"路易将会接受王冠吗？那样的话荷兰就将会并入法国，整个事宜可能会需要一周或几个月的时间去完成。在这件事上，路易对谁也不太信任，"当一个人许给某人王位，以及出现类似的事情时，至少要考虑一下"。在一番犹豫之后，路易的回应是他更愿意当荷兰国王。

3月23日，缪拉率军进入马德里。早上，他在城市的制高点检阅了军队，他把他所有兵力按战斗队形列阵。对他来说，这不仅仅是一次检阅，如果马德里有反抗迹象，那和平的进城马上就会变成进攻。在他给皇帝的汇报中，他写道："军队受到了友好的欢迎，各阶层的军民都用红酒迎接我们。"事实上，马德里的人民知道博阿尔内是费迪南的朋友，他们认为法国军队的到来是为了确保他对王位的继承。

3月27日，在法军进入马德里的消息传到拿破仑耳朵之前，在正他朗读前期信件时，一切已经开始了，他写信给缪拉：

"我的兄弟，我已经收到了你3月20日的来信，根据信上的信息，我预计你将在23日进入马德里；我很快就能从这座城市收到你的消息了。我唯一能向你重复的就是我已经下达过的在马德里集合蒙塞和杜邦将军军队的命令。"

"……你可以在埃斯库里亚尔（Escurial）部署一些人；但你应该让你的主力部队都在马德里，尤其是你的胸甲骑兵精锐……你要维持公共秩序，避免人民武装起来。在你向马德里宣布我的到来前，利用博阿尔内阁下来达成目的。"

这封信的日期和内容都与目前所面临的问题关系密切。3月30日，皇帝考虑到阿兰胡埃斯发生的事件，在寄给缪拉的信中写道："我完全同意你在境况未知的情况下所采取的行动措施。"

4月3日，缪拉收到了皇帝3月27日寄出的感谢信。

5日，他回信给拿破仑："我收到了陛下30日的来信。我非常高兴在人生中第一次处于如此微妙的境况下而做出的措施能得到陛下的认可。"

而在拿破仑这封30日书写的信件之前，据说在3月27日和30日之间，拿破仑还给缪拉写了一封长信，严苛地责备他的行为，并与他讨论西班牙的局势和最终计划；他说缪拉向马德里行进地太快，而且激起的动乱会影响他最终目标的实现，他还责怪缪拉将杜邦军召集到首都。总之，拿破仑把目前和将要发生的坏事全部怪罪于缪拉。换句话说，这让缪拉对自己的未来有了奇怪的看法——他将是拿破仑整个西班牙计划失败的替罪羊？!

对于这封拿破仑言之凿凿，并记载日期为1808年3月29日的信件，它的第一次出版是在皇帝死后，拉斯卡斯 (Las Casas) 在《圣赫勒拿回忆录》中刊出的。这是一本以皇帝在岛上第一年的通信为基础撰写而成的回忆录。拉斯卡斯如下写道：

"这有一封与西班牙事件有关的信，比长篇大论的阐述更明了。这封信是值得赞扬的，但接下来的事情将这变成了灾难。它显示拿破仑对人和事件判断的敏锐和迅速，但很不幸它也同样显示了皇帝崇高的预期目标葬送于下属愚蠢的执行。在这方面，这封信是珍贵的历史文献，它的日期就说明了一切。"

这封信的复印版出现在蒙托隆的《流放岁月》和其他同时代的回忆录中，并且最后被收进梯也尔的《执政与帝国史》中。此书奉拿破仑三世之命收录了大量拿破仑一世的信件，但也给出注释"无已发现备忘记录，无出处，也没有权威的副本，摘录自拉斯卡斯和蒙托隆的回忆录"。

梯也尔对公然否认皇帝写给缪拉的这封确切无疑的书信的声音而感到不解，并试图给予解释，但就已知的事实来看，尚无法给出合理解释，而且信本身的真实性也被横加指责。因为信是从巴黎寄来的，但 3 月 27 日拿破仑并不在巴黎，他正在圣克劳德写另一封信，而且信件开头的词句看上去是伪造的，但伪造者是谁，以及什么时候伪造的这封信还是个谜。在这封信里，拿破仑给缪拉写信的开头是"贝格大公阁下"（Monsieur le gand duc de Berg）；他从未直呼其名，在 1806 年之前，他在写给缪拉的信里都是称其为"我的表兄弟"（mon cousin），在那之后变为"我的兄弟"（mon frère）。在那封被引用的信件上，他称呼他的外交部部长为"Mon ministre des affaires étrangères"，但这是拿破仑复辟后期的写法，帝国时期拿破仑在信件中对外交部部长的称呼经常为"Mon ministre des relations extérieures"。所以可以认定，拿破仑从未写过这封信，缪拉也从未收到过。拿破仑并没有与缪拉就西班牙事件进行长谈，而是继续将他蒙在鼓里；也并没有责备他向马德里的行进太过于突然，而是向缪拉下达了向马德里挺进的命令，并恭喜他占领首都。很久以后，这封伪造信终于被证实是出自那些急于证明他们的英雄不会犯错之人之手，他们试图用这封伪造的信件证明是缪拉的错误毁了拿破仑在西班牙的计划。

实际远非如此，缪拉虽然不知道皇帝的意图且突然面对着困难处境，但他还是做出了冷静的举措，并同时开始预测皇帝的政策倾向。显然，西班牙事件的灾难收尾不是缪拉的错。

当时，他被告知在马德里的朝堂要保持沉默，要避免在朝堂的派别冲突中出差错。在缪拉进入马德里的夜里，他接到了西班牙国王女儿，伊特鲁立亚前王后玛

▲西班牙国王查理四世

丽·路易莎的恳求；她恳请缪拉保护她的父母和已经被推翻的大臣戈多伊。她告诉他，查理四世的退位不是自愿的，而是迫于费迪南和他朋党的暴力压力，而且国王相信暴乱再发展下去自己会有性命危险。她恳求缪拉介入王室家族争端，并建议他前往阿兰胡埃斯，亲自听听国王和王后对事实的讲述。

缪拉派了他的副官蒙蒂永（Monthyon）将军到阿兰胡埃斯去做情况汇报；缪拉嘱咐其不要向对方做出任何保证，但可以确保老国王能在法军中受到保护，并劝他不要按公主提及的那样向巴达霍斯撤去。一些缪拉的传记作者说，这是缪拉向国王提议他的退位可能被撤回。但是这个主意其实是国王自己想出来的。在与法军接触后，国王从最初的惊恐中恢复了过来，之后就后悔并想撤回他的妥协行为。当蒙蒂永回到缪拉的参谋部后，他报告说，国王非常担心正被新政府囚禁的戈多伊的命运，并且对他那个意图谋反和谋害亲爹的儿子表现出了异常的愤怒。

现在缪拉想出了一个方法，既能给予拿破仑机会按他自己的愿望处理西班牙王冠，也能让王室家族更顺从拿破仑的野心。在被蒙蒂永打消疑虑后，查理国王放弃了他最初打算逃亡往巴达霍斯的计划，并说他完全信任法军的保护。缪拉同时还与费迪南党派保持联系，在进入马德里的夜里，帕尔克（Parque）公爵也拜访了缪拉在查马丁（Chamartin）城堡的司令部，给他带去了王子的致意，并宣布王子将以费迪南七世的名义继位。缪拉知道法国大使博阿尔内与费迪南关系不错，但他不知道拿破仑给大使的指令是什么，而且也不知道大使可以多大程度地自由行事，以及皇帝授予的权力范围是多少。这时他处境艰难，只能小心谨慎地与帕尔克公爵交谈，并不向他做出任何保证。

在给皇帝的信上缪拉写道："看到被剥夺王位的国王，会激起人们的同情心，何况他还要直接反抗他的儿子，无法让人否认他儿子是个不孝子。[①]如果真如王后信上所显示的那样，也是民间广为流传的王子逼迫他的父亲退位，那么查理国王到我的参谋部后，我会把他送到陛下那里，因为父亲被儿子胁迫退位，所以西班牙实际上就没有国王了，您可以拒绝承认篡位者的继位。"

总结了当前局势后，他又把蒙蒂永派回国王和王后处，还带上一封信件草稿，草稿内容表示，如果国王想反抗迫使他退位和把他儿子推上王位的革命，那么缪拉建议他去往拿破仑处。国王和王后急迫地接受了建议，并发给缪拉一份前往拿破仑处的正式保证。还有一份声明：为了臣民的幸福，查理国王现在把他的王冠交给皇帝陛下，让他全权安排一切有益于西班牙未来的事宜。

同时，缪拉试图通过法国大使劝说费迪南，延缓其以国王身份进入马德里的时间；但费迪南还是选择在 3 月 24 日，法军进城的第二天进入了马德里。他受到了人们的热情欢迎，他释放了一众政治犯，下令举办斗牛以庆祝他的继位，并宣布为了增加就业，将进行新水渠和公路的修建，而且要求国内上下友好对待法国军官和士兵。缪拉回应费迪南的信使，表示自己很遗憾在皇帝承认他的国王身份以前不能与他会面；但费迪南还是感谢了博阿尔内，并毫不怀疑地认为他会得到皇帝的认可，然后派了他的兄弟唐·卡洛斯到巴黎去获得它。

与此同时，马德里的人民认为法国将军和他的军队是支持新政权的。缪拉向拿破仑报告，每天都有热情的民众聚集在他司令部所在的宫殿外，每当他骑马出去都会听到连续不断的"万岁"呼声。贵族代表、僧侣和民众都在期盼他，向他表达他们对拿破仑作为西班牙保护者的钦佩之情，并期待皇帝履行诺言造访马德里。

3 月 30 日，拿破仑写道，他完全赞同缪拉的行动方针。缪拉意图让查理国王暂时前往位于马德里西北 27 英里处的埃斯库里亚尔，菲利普二世的大宫殿暂住；他仍被看作是西班牙国王，直到帝国决定由谁来接替他。缪拉建议费迪南应该被邀请北上，与正前往马德里途中的拿破仑会面，这样在他离开马德里时，查理国王将回到首都，并官方宣布在皇帝陛下来到马德里，最终确定继承人前，他仍是西班牙国王。至于公众对王后和戈多伊的敌意，她应该留在某个修道院里等事态完全平息，戈多伊则继续待在监狱。

---

① 这是西班牙王后写给伊特鲁立亚前王后，由后者讲述的，以"我亲爱的女儿，请向贝格大公解释我丈夫的处境"为开头。伊特鲁立亚前王后在将信件寄给缪拉时在这段话上面加了横线。

▲费迪南七世，绘于1815年

　　4月1日，皇帝写信给缪拉，向其告知他已经在波尔多；4日，他到达巴约讷，两天后，他下令将戈多伊遣送至法国。他没有采纳缪拉给他的建议，他有自己的计划，并且他不太愿意看到下属对当下事态的僭越。他告诉缪拉，不要谈论他前往马德里，虽然他已经派了萨瓦里将军假装去西班牙视察为迎接他到来做的准备是否都已就绪；拿破仑现在打算在法国领土巴约讷定夺西班牙的命运。

拿破仑曾有两次机会与下属发现在这庞大计划中的细节上出现的致命错误。在帕维亚投降的弗朗索瓦一世身边的佩剑，两个多世纪以来一直被当作战利品放在马德里；缪拉建议由拿破仑作为代表把它迎回国内，这将会很有意义。面对将佩剑交给他的代表团，缪拉做了一番慷慨激昂的演讲。他说，即便是最勇敢的人也可能遭受厄运，法国国王在帕维亚向勇敢的西班牙勇士屈服并非是耻辱；将他的佩剑呈送给皇帝，标志着法国与西班牙的崭新友谊，这也是将查理四世与拿破仑的荣誉相连在了一起。

在缪拉把佩剑和演说稿呈送给拿破仑时，皇帝回应道，他在浪费时间的事情上制造了很多麻烦。弗朗索瓦的佩剑对他来说算不了什么，弗朗索瓦一世只不过是个波旁人，而且击败他的是意大利人，西班牙人拿它来做什么？但实际上，帝国时期的历史研究并不可靠，弗朗索瓦不是波旁王朝而是瓦卢瓦王朝的国王；其次，西班牙步兵在帕维亚战役中起了决定性作用。在另一封信上，他告诉缪拉不要让西班牙的暴民影响军队的纪律。当时有一伙士兵与西班牙人发生了争吵，被法国巡逻队逮捕，但又被一伙人所营救，还带到了缪拉的参谋部，请求并获得了他的原谅。

萨瓦里到马德里的任务是邀请斐迪南前往巴约讷与皇帝会面并讨论西班牙事务。萨瓦里是这一计划的最好人选，因为他相较士兵而言，更是一位政客；而且在巴约讷，费迪南既是客人也是囚犯，虽然费迪南在出发时自信地认为他此时正穿过比利牛斯山以前往目的地得到对他想要的东西。同时，缪拉建议国王和王后也要前往巴约讷。这很容易安排，当听到自己儿子离开的消息时，查理四世就迫不及待地想要见皇帝，以避免费迪南会影响欧洲的决策者反感他。在他离开前，老国王正式安排了摄政委员会。指挥西班牙北部的法军指挥官收到命令，如果查理和费迪南对行程有任何犹豫，他们要用武力强迫他们穿过边境。法国荣誉卫队和护卫队将充当押送"国家囚犯"的角色，显然，就如后来发生的那样，铁腕并没有从丝绸手套里露出来的必要。

4月20日，费迪南抵达巴约讷。21日，戈多伊在缪拉副官马内斯的护送下也抵达那里。第二天，国王和王后在艾克塞尔曼斯将军的护送下开始了旅程。

缪拉现在控制着马德里。他宣布王室家族作为朋友，前往巴约讷与皇帝会面，而且西班牙的问题很快就会得到解决。为了转移各阶层对政治的注意力，他组织了一系列的宴会和斗牛，并向皇帝报告说一切都很太平，人们将会接受他的决定。

但是在4月的最后几天出现了麻烦的迹象，布尔戈斯和托莱多已经出现骚乱；

在马德里，也有不安的消息在传播。人们开始说费迪南已经遭到诱捕，而法国不是盟友反而将是统治者；缪拉的一个副官在斗牛赛后被刺伤，行凶者逃跑，而且追击者无法避开暴乱的人群。但即便这样，缪拉还未能预料到接下来会发生更严重的事情，以至于当5月2日——西班牙著名的"5月2日节"（Dos de Mayo），马德里突然发生暴动时，缪拉完全吃了一惊。

作为正规士兵的缪拉轻视所有无纪律的暴动行为，而且也没有特别关注每天都收到的首都情况汇报。他试图与费迪南留在马德里的执政团体和管理委员会保持友好，甚至把责任推给拿破仑对他们太过仁慈上。4月底，他收到皇帝的命令，将伊特鲁立亚前王后和所有王室的亲王公主送到巴约讷。执政团体强烈反对前王后和唐·弗朗西斯科（Don Francisco）王子的离开。他们已经给费迪南写了密信，表示是时候与法国决裂了，并召集所有没被法军占领的地区的议会，进行费迪南逃离巴约讷的密谋。5月1日，马德里执政团体向缪拉的坚持屈服，第二天，前王后和王子将前往法国。但毫无疑问，执政团体中有些人立即把两位王室显要成员要成为法国的囚徒的消息散播给了民众。

缪拉收到消息有大量农民涌入马德里，他们聚集在酒馆和咖啡馆，还拒不付钱。他的一个副官罗塞蒂（Rosetti）与所住之处的西班牙主人关系非常好，主人建议他，如果可能，找一个可以离开首都一阵子的任务。但在5月1日晚上，街道像往常一样有大量人群聚集着，并没有什么不寻常的迹象。

▼伊特鲁立亚前王后，玛丽·路易莎

第二天早上，情况就完全不同了，大量的市民和农民聚集在王宫前。当三辆马车出现在主门前时，人群表现得非常激动。当第一辆载有前王后的马车经过时，人群中仍没有任何反对的迹象；谣言说另外两辆马车里是唐·弗朗西斯科和他的叔叔唐·安东尼奥（Don Antonio），而且正是因为年轻的王子拒绝离开王宫，行程时间才被拖延。当拉格朗日（Lagrange）少校行至宫殿前的开阔地带时，有人大喊"他们要把他们带走"！接着，人们开始攻击军官，如果不是部署在宫殿前的法国卫兵冲出来，少校可能会被暴民杀死。人群开始向士兵开火，士兵们齐射予以回击，城市当即陷入暴乱中。武装的群众在各处聚集，攻击法军岗哨和法国人居住的房子，对外国人的大屠杀开始了。

实际上缪拉在马德里只有一小股兵力。在他的住所附近他只有两个近卫骑兵中队、一群马穆鲁克骑兵、几个连的法国陆战兵和一个巴斯克人连。而人数接近5万人的法国军团，则分为三个营地驻扎在城外两英里处。缪拉亲自跨上马带领他的小股兵力，并派他的副官飞驰而去请求增援；骑兵很快涌入城市，大炮轰鸣而至，步兵纵队也就在不远处。

▲5月2日的暴动

缪拉第一步就是清理马德里的长街，从西到东，分成两部分采取行动，并构成了从马约尔大街（Calle Mayor）到太阳门（Puerta del Sol）和阿尔卡拉（Calle de Alcala）一带的战斗阵线。这条道路将是之后镇压街上暴民的基础。这是一场双方都不曾宽恕对方的绝望战斗。在军事医院，法国入侵者被杀死在病床上；在阿托查（Atocha）修道院，加入暴乱的僧侣从窗子向外射击，马穆鲁克近卫军攻克了大门，杀死了建筑中的每一个人。双方都有着野蛮的行径。

在缪拉安排他的军队行动时，他就已经写信给执政团体，告诉他们应该协助他维持秩序。信件内容如下：

"上帝知晓，只是这次民情激愤的暴动才让我被迫决定使用暴力。因为我的手段非常强硬，所以我是不得已才求助于它，我已经容忍了多次这种应该马上被镇压的对秩序的挑衅；若它不是怀着崇高动机，那么我要责备我的耐心。但当我的一切忍耐都结束时，秩序必须要重塑，或者马德里的居民必须接受暴乱带来的后果；每一处聚集的人群必须被摧毁和分散。现在，我寄希望于你们的保证，通过圆满解决这时局所迫的危机来向我证明你们。"

幸运的是，西班牙守军大多数待在要塞里，没有参加行动。只有军工厂的炮兵向暴民敞开了大门，允许他们获得武装和弹药，而且给他们带上了一些能够与用葡萄弹扫射街道的法军炮兵对抗的大炮。苦战进行了四个小时，直到法军开始占上风。大多数叛乱者拒绝投降，一些人即便是被逼近角落，也会用刺刀战斗，或用手里握着的刀子劈砍、刺向法军，直到自己倒下，又或者向最近的法国军官射出最后一发子弹。之后，投降的人被押送到最近的广场处以枪决。

两位执政团体要员，旦赞扎（D'Azanzza）和奥法利（O'Farrill）冒着生命危险想从法国人手中拯救暴动的市民，他们劝说聚集的人群分散。大约在下午4点到5点之间，他们向缪拉保证，如果法军停止开火，他们能在天黑前让聚集的人群散去。缪拉答应了他们的请求，并且派了他的参谋长阿里斯普（Harispe）将军和其他一众军官去帮忙；阿里斯普下令终止了进一步"立即枪决"的命令。多亏了这次执政团体要员的介入，在几个小时的流血冲突后，战斗终于停止了。

缪拉给拿破仑去了一份长长的报告，日期是5月2日，下午6时。他估计暴民的数量大概有两万人。他特别赞扬了格鲁希将军在当天的表现，并向皇帝保证危机已经结束，这座城市将被解除武装。在信里，缪拉只是说伤亡惨重，但没有给出细节。随后的统计则无奈的相互矛盾，亲叛乱者的调查公告称西班牙人死伤200人，法军死伤1500人；公报上称法军的损失微不足道，只有25人死亡，45人至50人受伤，而叛乱者死伤上千；在后来的文件中，缪拉称大约200名暴徒被立即枪决，至少1200人在战斗中死亡。至于真相是什么，人们永远也不会知道。能够肯定的是，反抗的民众面对侵略者的进攻时，付出了惨重代价。

缪拉向拿破仑表达了自己的看法，虽然这是个不幸的事件，但这决定了首都的平静，而且他希望整个王国也能获得平静。他把这次暴动描述为"暴民"的行为，并阐述了西班牙上层对此行为的谴责。王室家族的亲王唐·安东尼奥说："我们对所发生的一切而感到庆幸，那些人现在无法告诉我们一伙拿着刀子和棍子的民众可以击溃军队了。"

拿破仑倒是没有表现出对这消息的不快，在他的理论中，没有什么比一场流产的动乱更能增加政府的凝聚力。但他没有预料到"5月2日节"的动乱将是从比利牛斯到塔里法，蔓延整个西班牙的暴乱之势的星星之火。

缪拉觉得，这一天的工作让他无可争辩地成为马德里的主人。他要求执政团体让他担任主席，并给予指挥首都的西班牙军队的权力，而且他已经把参谋部搬进了王宫。在给拿破仑的信上，他写道：

"5月2日的动乱确保了陛下的绝对胜利。这一天，阿斯图里亚斯王子失去了王冠。他的党派被完全击溃，现在也不得不在胜利者的羽翼下安身。陛下您可以任意安排西班牙的王位而不用担心对和平构成威胁。这里的所有人都很顺从，而且在等候陛下您给西班牙安排的新国王。"

缪拉为拿破仑赢得了西班牙。他是"5月2日节"的征服者，他正信心满满地期待着被选为引领马德里新朝代的人。他根本没有料想到，拿破仑已经决定让自己的兄长用那不勒斯的王位交换西班牙。但当缪拉的大炮在马德里街道轰鸣的那天，拿破仑在巴约讷给他写了封信：

"我打算让现在的那不勒斯国王治理马德里；我将把那不勒斯或葡萄牙许给你作为王国。立即写信告诉我你的想法，这些安排一定要在一天内完成，同时，你也

▼处决"5月2日节"暴乱者

是王国的中将。你可能会说你愿意留在我身边，但这是不可能的，我可以在战局需要你时随时召唤你。你有不少孩子，而且有像样的妻子，她非常能干，绝对可以摄政。此外，我要告诉你，那不勒斯比葡萄牙好一些，西西里也将会并入它，到时候你就有 600 万臣民了。"

一年前，即便没有成功驱赶在巴勒莫（Palermo）的英国人和波旁贵族、合并西西里的假设，缪拉也将会很乐意用贝格大公国交换那不勒斯。但现在，他正梦想着成为被颂扬的西班牙国王和独立的贵族，在那不勒斯和里斯本之间做出选择难免会让他失望。他于 5 月 5 日收到了皇帝的来信，在当天回了信，信上流露出他对皇帝陛下的奉献之情：

"陛下，我收到了您 5 月 2 日的来信，在给您回信时我泪如泉涌。当您想到我会请求留在您身边时，您是完全了解我的心意的。是的，我请求这样；是的，我恳求您给予我这极大的恩惠，习惯于您的馈赠，习惯于每天见到您、钦佩您、爱您，从您手里亲自接受每一项指令。我该如何独自完成这重要而又神圣的任务？我认为我无法完成它，我请求您让我留在您身边。权力并非总意味着幸福，幸福只能来自于喜爱。当我身处陛下身边时，我便能感受到它。陛下，在我向您表达了我的痛苦和渴望后，我必须顺从您、听命于您。但在您给我的葡萄牙和那不勒斯之间的选择中，我不能犹豫；我选择我曾经治理过的国家，在那里我可以更好地为陛下服务。我选那不勒斯，而且我必须告诉陛下您，无论如何我都不会接受葡萄牙。"

这是封典型的信件，缪拉将强烈的不满发泄在对拿破仑的强烈热爱上，但这并不影响他做出选择。他拒绝考虑葡萄牙，因为在里斯本，他的荣光会被在马德里的约瑟夫掩盖。拿破仑在 8 日或 9 日收到了缪拉的信，他当即召唤约瑟夫从那不勒斯赶到巴约讷，从聚集在此的西班牙贵族手里接过王冠。拿破仑用新国王会从本国选出的谎话把他们留在这里，并用武力施加影响。

缪拉还有一丝最后的希望，从而可能会得到他想要的西班牙王冠。他的一个朋友拉福雷（Laforet）已经接替了博阿尔内驻马德里大使的职位，他写信给外交部长德·尚帕尼（De Champagny），说"贝格大公"在西班牙很受欢迎，而且西班牙人民相比较那不勒斯国王，更愿意让他来出任国王。尚帕尼把信交给了拿破仑，皇帝给拉福雷去信说，他被阿谀奉承者欺骗了，接着说："应该不会有，也不可能会有倾向于大公的声音。西班牙国民仍沉浸在仇恨和耻辱的氛围中，这也会随即降低他们对缪拉的青睐，而且他们的自尊心也不会让他们支持大公；他于一天之中摧毁了他们的自信，打碎了他们的希望。"

　　拉福雷于 5 月 23 日收到这封信，并把他呈递给了缪拉；信中字里行间并未看到拿破仑对他 5 月 2 日所做之事的感激之情。可能是巧合，也可能是由于希望破灭带来的失望的影响，缪拉病了。几乎有两天时间，他没有见任何人，医生说缪拉的病是工作过量引起的。拉福雷写信给拿破仑，请求他给病中的缪拉写封鼓励的信，并期望不是拿破仑的信件导致了大公的疾病。

　　虽然缪拉仍被疾病折磨，但各省的动乱一天一天地传到他了那里。由于无法处理时局，缪拉在马德里附近的查马丁城堡写信给拿破仑，请求他派人来接替他，并让他返回法国，在比利牛斯附近的巴雷日温泉休息调养。萨瓦里接管了马德里，而缪拉则隐姓埋名，被小心保护着，从几个月前还向他欢呼致意的人群中，悄无声息地经过西班牙北部回国。

　　同时，约瑟夫在法国军队的护送下，从巴约讷前往马德里，军队不得不驱散他的臣民来为国王打开通往首都的大门。

◀约瑟夫·波拿巴

第十三章

若阿基姆 · 拿破仑，那不勒斯国王

1808 年—1812 年

在缪拉赶往巴雷日的路上，他在巴约讷遇见了约瑟夫国王执政时期的外务部大臣圣·加洛侯爵。他作为新君的第一个任务就是让圣·加洛继续留职，并给予他全权负责那不勒斯王冠交接事宜，细节之事无需向他汇报。之后，缪拉去了比利牛斯山脉的温泉。[①]在这里待了几周后，他就恢复了健康，"青春之泉可能就在这儿，"7月14日他这般写道，"这儿的泉水简直太神奇了！"

约瑟夫放弃那不勒斯国王后，缪拉便被授予了新的领地，政体效仿法国，有顾问团且沿用广受欢迎的制度。在缪拉于巴雷日享受温泉时，一切事宜都由圣·加洛、尚帕尼和拿破仑安排完毕。贝格大公国重新归于拿破仑，但税收赠予亲朋的部分仍被保留。除此之外，每年赠给他的侄女霍亨索伦－西格玛林根亲王夫人3000法郎，1.2万法郎给莫斯堡伯爵阿加尔，他正从杜塞尔多夫赶往那不勒斯。同时，他将住进地中海的宫

▲ 那不勒斯和两西西里王国的若阿基姆·拿破仑·缪拉国王

殿，他被要求放弃在法国的宫殿和城堡，以及卡罗琳拥有的爱丽舍宫。他有了个新名字，为那不勒斯臣民熟知的"若阿基姆·拿破仑"。

在他成为国王的官方文件和条约中，他的官方称呼是："若阿基姆·拿破仑，受封于上帝和国家宪法，两西西里国王，帝国海军上将。"但只有"两西西里"的陆上领土归由他管理，西西里本体还在波旁和英国人手里。实际上，他只是那不勒斯国王，由他亲自在名字上加的"拿破仑"意在表示他只是一个附庸国王，只比帝

---

① 译注：他在那里还遇到了奈伊和拉纳元帅。

国地方官强一点点。他把加上的新名字当作荣耀。"陛下您给予我的王冠，"在他写给拿破仑的信上说，"毫无疑问是一份大礼，但您允许我加上你的名让我的荣耀更升一级，我无比感激您的这份青睐。我知道自己要向这充满荣耀的名字保证什么，陛下您绝对不会后悔让我成为您家族的一员。"

新政权起始于1808年8月1日，那不勒斯的议会正式宣布若阿基姆·拿破仑为国王，赞美诗高唱，当晚灯火通明。虽然卡罗琳急于在臣民面前展现王后的风采，但缪拉并不急着结束假期；从巴雷日离开后，他在考特里特（Cauterets）待了几天，后来又去布雅斯（Bouillas）城堡和拉纳消磨了些日子。

8月4日，缪拉抵达巴黎。皇帝两天前写信告诉他不需要即刻前往那不勒斯，因为天气炎热，而且他会发现南部意大利并不宜人；他应该注意身体，这才是最重要的。但几天后，拿破仑亲抵巴黎，改变了主意，他催促缪拉尽快动身前往那不勒斯，可能的原因是约瑟夫发现自己接管的王国充斥着内战，并且他后悔做了这个交易，请求允许他返回那不勒斯。因此，拿破仑想让缪拉尽快就任，以结束约瑟夫的恳求。

8月18日，皇帝告诉缪拉他必须即刻动身。21日，卡罗琳和缪拉以两西西里国王和王后的身份参加了市政厅的舞会；第二天，缪拉动身，卡罗琳两周后也随丈夫的脚步出发了。

▼缪拉

在米兰，缪拉与副王欧仁，就意大利事务和他们未来的关系进行了谈话。在罗马，米奥利斯将军接待了他，当地守军全副武装以表敬意。被剥夺权利的庇护七世仍在梵蒂冈，但缪拉没有去拜访他，教皇似乎并不想认可他。夺取罗马，打破了教皇与帝国的所有友好关系。

9月6日，缪拉抵达那不勒斯。他穿着夺目的军装，只有一个副官陪同他进城，这位副官是年轻的骑兵少校拉沃吉永（La Vauguyon），与拿破仑达成谅解的"流亡"贵族后裔，他后来成了那不勒斯军队的将军。一队骑兵护卫与国王及他的同伴相伴而行。那不勒斯举国欢庆，他们竖起了凯旋门，并在它的正面挂了织锦。

在梅尔卡泰洛（del Mercatello）广场，人们竖起了两尊雕像，一尊是拿破仑，另一尊是女神朱诺形象的卡罗琳。在福里亚（Foria）广场，市政当局前来迎接缪拉的到来。在圣斯皮里图（Spirito Santo）教堂，缪拉下马参加了地区主教菲劳的赞美诗唱诵仪式。街道上的人群都在用南部特有的热情向新国王致意，夜晚被灯火照得犹如白昼，海边放着烟花，海里的船只和渔船挂起了灯笼。

第二天，缪拉见了他的部长们和各部门官员，并开始查阅王国事务。但不久后他就发现，在他的顾问从杜塞尔多夫处理完大公国事务赶来前，他干不了什么。约瑟夫国王并没有给缪拉留下轻松的差事，而缪拉和约瑟夫的王位交换，还包括前者交给了后者大量可以帮助皇帝的哥哥管理王国的法国士兵和民事官员，这意味着缪拉手头没什么可用的班底了。

缪拉第一件感兴趣的事自然是要看看他能指挥的都是什么军队，但结果让他失望：所有最出色的兵团都被派到西班牙，以支援占领加泰罗尼亚的帝国军队。约瑟夫带走了王家卫队——穿那不勒斯军装的法国人，现在他们正穿着西班牙制服。一时间，缪拉不得不调来一些驻意大利法军分队来维持他的治理。至于海军，飘着那不勒斯王国旗帜的船只有一艘巡航舰切雷雷（Cerere）号，一艘小型帆战舰或者说就是一艘武装帆船，还有几艘炮艇。

当然，最大的问题是国库空虚——约瑟夫国王挥霍无度，还欠了债。虽然缪拉有一番开拓公共事业的野心——修建道路、桥梁还有港口，但现在没钱干这些事情。财政部的官员滔滔不绝地试图解释一切财政运转都是根据法律法规办的，如果国家没有钱或负债，那就不应该归责于财政混乱；事实上，国家财政根本没有出现混乱，无非就是秩序井然的无钱的窘迫。缪拉困惑于收益微薄和资产负债，他告诉财政部门，他不打算理解账目，但钱必须搞到。至于公共事业，在资金没有到位前他将看不到任何进展。

当前，财政状况无法满足王室专款，缪拉不得不指望私人腰包。他和卡罗琳多年来过惯了大手大脚的日子，直到阿加尔抵达，让财政有序运行前，他们都靠个人信贷过日子。拿破仑则让事情变得更糟了，在接管了缪拉在法国的财产后，他甚至没支付给缪拉作为帝国元帅的薪资，而且；法国财政部要求那不勒斯支付驻扎于此的法国军队工资，还包括约瑟夫一年推一年的欠款。

缪拉有充分理由相信，他并没有被他的皇帝大舅子慷慨而公平地对待。拿破仑

▲缪拉在那不勒斯的卧室

▼宫殿的会客等候厅

开始找他公共行为的错漏，更增加了他对新位置的不满。拿破仑给缪拉写信，告知他只是法国在那不勒斯的总督，而不是"两西西里国王"，可缪拉早就认为他是个真正的国王，一个受欢迎的国王。在他初登王位的几个月中，缪拉颁布的一系列法令即刻受到大部分国民的热情拥戴。因为大陆封锁政策，为了防止走私，关闭了所有港口，这对这个国家重要的支柱产业——渔业限制诸多；缪拉废止了它，海岸的所有民众很是欢欣。另一条法令是废除军事法庭，并结束在卡拉布里亚的围城；特赦所有从军队中开小差的士兵；召回政治流亡者，在他们宣誓效忠后就可重返故土。

另外，在约瑟夫当权期间，与"流亡贵族"（那些投奔西西里波旁的贵族）有关联之人的财产均被政府没收，现在这些财产得到归还。数百名因叛乱而被判处死刑的犯人得到缓刑，因犯小错而被羁押的人重获自由。同时，那不勒斯士兵的配给得到改善，拖欠的军饷很快将会还清，士兵们会按时收到用更公正的方式分配的工资；那不勒斯王室卫队也组建了起来，很多新的兵团也成立了。这些法令受到民众的热情欢呼，预示着新政权的光明未来。

约瑟夫的总参谋长茹尔当元帅跟着他去了西班牙，缪拉指派佩里尼翁男爵为他的军队司令，法国一众将军：卡韦尼亚克（Cavaignac）、康普勒东（Campredon）、拉马克（lamarque）和马内斯（Manhes）任执行指挥官。拿破仑早年的科西嘉老乡兼朋友萨利切蒂（Salicetti）被任命为警察长。阿加尔接管了财政，再次展示了他在大公国脱颖而出的出色管理能力。剩下的大臣们则都是那不勒斯人。

缪拉在刚刚抵达那不勒斯时，就开始着手军事事宜。尽管财力有限，但他在1808年10月开始了他的第一场征战。纵观之前约瑟夫时期的王国，波旁的旗帜还在卡普里（Capri）岛上飘扬，这是进入那不勒斯湾的关键地带；哈德森·洛（拿破仑未来的看守）指挥2000名英国和西西里联军，守卫着岛上的防御工事。萨利切蒂的间谍带来消息称，卡普里岛没有做好守城准备，多年的相安无事让他们觉得自己不可能受到进攻。10月2日，缪拉检阅了那不勒斯的驻防军；士兵们刚回营，一个旅和几个炮兵连就接到登船命令，

▼缪拉下令军队夺取卡普里

还有对所有船只的封港令。在护卫舰切雷雷和帆战舰，以及二十六艘炮艇的护送下，远征军登上运输舰队的甲板。拉马克将军和那不勒斯将军皮尼亚泰利·斯特龙戈利（Pignatelli Strongoli）将军担任指挥，他们登陆岛屿，并在陆上包围了敌人，同时舰队封锁并炮轰海岸。16 日，守军因食物匮乏投降，当时西西里的救援远征队正要出发。缪拉通过他的外事部长圣·加洛，经法国外事部长尚帕尼向拿破仑宣布了他的胜利。

拿破仑非但没有恭喜缪拉，反而写了一系列信指责缪拉。他的这封充满愤怒的信件是写给尚帕尼的，就像外国政府礼貌地告知盟友一样。"这简直可笑，"他写道，"卡普里是由我的军队占领的，我应该通过战争部得知此事。你必须在这种事上当心，不要冒犯我和法国军队。"换句话说，拿破仑让缪拉必须意识到，他自己只是法国在南意大利的一个将军。

接下来的内容，是拿破仑对他治理国家的行为的尖刻批评。"我看过你的法令，"皇帝写道，"真是毫无意义，你正不自觉地陷入保守境地。为什么要召回流亡者，并且将财产还给那些曾武装反对我的人？你必须取消这些法令，我不能容忍那些密谋损害我军队的人，在你的国家被接纳并被保护。你对渔业的法令也不明智，它将成为英国抢占先机的手段，你将为那不勒斯人虚假的欢迎而付出代价。取消对支援西西里的贵族财产的隔离是多么荒谬啊！你就要丢脑袋了！"

拿破仑的另一场情绪爆发则是在得知一条新闻后。当时，在夺回卡普里后，相较于给他们的神献祭，毫无疑问缪拉更想取悦那不勒斯人。他乘着由八匹白马拉着的王室马车来到国家大教堂，向神殿奉献了丰厚的祭品，给大炮钉上了金牌，授予主教两西西里十字勋章，并宣布每年给牧师会 2600 杜卡特。得知此事的拿破仑告诉缪拉，很遗憾看到他在"模仿"那不勒斯人。之后，拿破仑又发现若阿基姆国王在法令形式上出现了错误。虽然缪拉不止一次地解释他正致力于改善前任的管理方式，但拿破仑却把这视为对其家族的苛责。"我必须向你指出，"他写道，"我对你法令中滔滔不绝地对前任国王的诋毁深表痛心，他披荆斩棘，而你收获果实，你应该长久地对他心存感激！看到你对我毫无感激之情，以及你的种种无理要求，我感到恼怒。"

结果就是虽然缪拉还在原位上，但拿破仑开始直接介入那不勒斯政府。他下令没收拒绝接受约瑟夫国王的西班牙人的财产，而且直接要求充公财产的行动要由法国特工来执行。他坚持《拿破仑法典》要引入那不勒斯，但那不勒斯人民反对法典

▲缪拉在那不勒斯发行的5利弗尔

中包含的离婚条文；缪拉和他的部长们将反对呼声反应给拿破仑，拿破仑没有理会他们。"这是法典的基础，"他说，"你不能动摇它！这是国家律法。如果《拿破仑法典》被篡改，我宁愿看到那不勒斯回到西西里国王治下。"

另外，拿破仑坚持认为从西西里移民贵族手中没收的财产不应该被归还，如果它们被归还，那么他就要亲自再没收回来。他敦促那不勒斯支付此地驻军拖欠的钱款，同时，没有他的批准，不许法国人在缪拉的军队服役。他还派了法国间谍警察监视国王和朝廷。因此，缪拉疏远他傲慢的大舅子并不奇怪，而且二人的关系不久就要破裂。

那么，是什么原因导致拿破仑对缪拉严苛而无理的态度呢？部分原因可能是由于拿破仑发现他不再一言九鼎而衍生出的恼怒情绪。西班牙是帝国的第一个伤口，而且很快就会耗尽它的力量。因此，坏消息助长了他的暴躁情绪。

当然，这里面可能还有其他一些因素存在，在"小黑屋"里私拆要人信件并向皇帝做汇报的迈松阁下向拿破仑透露，不止一位显要政客认为倘若拿破仑没有子嗣，缪拉要优先于皇帝的兄弟们成为继承人。虽然缪拉并不直接参与这些密谋，但他对这些流言还是有一定了解。阴谋的存在燃起了皇帝对王位觊觎者的愤怒。

还有另一件影响深远的事，即拿破仑不仅很喜欢他的妹妹卡罗琳，而且还对她的聪慧和主动大加赞赏。当他给予缪拉那不勒斯国王的王冠时，他告诉缪拉，当其离开时，卡罗琳完全可以摄政，结果缪拉并没有因皇帝赞赏妻子的行政能力而感到欣喜，反而避免妻子参与政府活动，或参与国家政策。缪拉本质上是个自负的人，他的骄傲很大部分是由纯粹的虚荣心构成的，他坚持认为皇帝的妹妹只能作为国王的配偶存在；他不能忍受卡罗琳用他的名字治理那不勒斯，以及别人认为他被升为

▲缪拉和家人

"国王"只是因为他幸运地与皇家联姻。因此，卡罗琳只以王宫女主人的身份出席国家仪式，但她对国家事务毫无影响。她不得不与宫廷命妇一起找些有趣的事做，如欣赏音乐、刺绣和阅读小说打发时间。有谣言说，她又找到了新的乐子，而流言把她的名字和她丈夫的多位军官联系了起来。缪拉对此充耳不闻，他很高兴能让她待在政治生活的幕后。在缪拉与拿破仑关系紧张时期，卡罗琳不知不觉地就成了法国人聚会的中心，身边围着帝国大使。而且大使的信件也向拿破仑透露出国王和王后之间的不和，而后者是站在拿破仑这边的。同时，在法国大使向皇帝的汇报中，也暗示卡罗琳被缪拉忽视，这也助长了拿破仑对他的这位附庸国王的不满。

1809 年春季，因与奥地利可能爆发战争，他们之间的紧张关系得到了缓解。拿破仑有了别的事去琢磨。对缪拉而言也是一样，战争的谣言足够让他把思维转向新的方向。驻那不勒斯法国大使向拿破仑报告，国王曾表示迫切地想要亲自澄清"陛下对他的怀疑"。缪拉表示他想要重返战场在皇帝身边作战，如果前面的请求不可能实现，他打算趁着战争期间占领西西里。缪拉谈到他对拿破仑的绝对忠诚、绝对臣服；如果合并那不勒斯对帝国事业有益，他时刻准备交出王冠。大使补充说，国王看上去情绪很受伤，但如果收到皇帝友善的来信，就能很快冷静并得到慰藉。

由于大量军队被困在半岛，奥地利又从华沙大公国、北意大利、上多瑙河地区三个不同地方威胁法国，拿破仑需要所有盟友的支持，绝不会给机会让他们疏远自己。他没有将缪拉召回军队担任大军团骑兵指挥，但让缪拉适当地负责守卫意大利。缪拉要到罗马去，让驻于此地的米奥利斯将军的军队北上与欧仁副王会合。这对缪拉来说是个小任务，但这也让他期待中部意大利能并入他的王国，而且英－西西里联军可能会在他的王国登陆，这也是拿破仑让缪拉留在那不勒斯的原因。

4 月，法军取得了第一场胜利；当月月底，在维尼夏（Venetia）的约翰大公和在多瑙河沿岸的卡尔大公均被击溃；5 月 10 日，拿破仑进入维也纳。在这里，他给缪拉写了一些表示友好的信件。他谈到大军团骑兵部队的出色表现，并表示他们对缪拉这个优秀指挥的缺席感到遗憾。但他此时不能召缪拉到多瑙河地区，后者在意大利更不可或缺。目前他认为英国不太可能突袭那不勒斯，缪拉把能派的军队都派到了罗马，而且其本人也要亲自前往完成吞并教皇领地的事宜。

5月的最后一周，缪拉已经派了一个师到罗马，并正准备亲自带着另一个师动身。但是拿破仑没有重视的英-西西里联军却开始出现在那不勒斯。一伙西西里军队进入卡拉布里亚组织叛乱，负责当地守备的将军帕图诺（Partounneaux）点燃了希拉（Scilla）要塞后向北撤退。英国的骑兵中队护送一辆物资马车从巴勒莫出发，出现在那不勒斯，西西里人占领了伊斯基亚（Ischia）和普罗奇达（Procida）岛。缪拉组织了民众自卫队增援留守在本国的军队，并在首都附近建造防御工事准备抵抗。缪拉的战争激情唤起了民众对他的热烈忠诚和对波旁国王的强烈敌意，那不勒斯的抵抗成了全国运动，各阶级都参与了进来；但最后城市没有受到任何攻击。

巴勒莫方面期待的仅仅是舰队出现在那不勒斯海湾，就能燃起国民反抗法国皇帝的暴动，但事实却刚好相反，当缪拉的"独苗"巡航舰切雷雷号和几艘炮艇出海向巡逻敌舰开火时，那不勒斯人的热情几乎升至顶点。断断续续的战斗一直在城市外进行，当海边仍响着炮火声时，卡罗琳乘坐敞篷马车出行，她受到了人们热烈的致意；民间也流传出了王后冒着敌人炮火一直乘车至海岸边上的传说。切雷雷号毫发无伤地返回，这被认为是一场海上胜仗。

虽然整个英-西西里远征军安排得当，但当他们发现在那不勒斯操控暴乱没有结果时，舰队就撤离了，已经登陆岛屿的西西里人也重新登船返回。帕图诺得到了增援，并将卡拉布里亚的骚乱逐回海峡，西西里人匆忙撤退并放弃了他们的大炮和物资。参与叛乱的一些人成了流寇，在卡拉布里亚、巴西利卡塔和周边地带从事抢劫破坏活动超过一年时间。法国将军马内斯最后接管了南部地区的指挥，并且被给予全权以军法处置暴乱者。他组织了机动队寻获这些人，用比他们更残忍的方式处置这些进行恐怖活动的劫掠者。几个月中，被吊死的劫掠者遍布于道路和十字路口边，尸体在风中摇曳、腐烂。这虽然是马内斯治乱的丰碑，但也是这场争斗无休无止的悲哀预兆。

7月，瓦格拉姆的胜利让拿破仑能够立即迫使奥地利接受他的和平要求。之前，在阿斯佩恩-埃斯灵失利后，拿破仑的武力在一时间内似乎让人有了怀疑。拿破仑曾想过把缪拉召唤到身边，但那不勒斯国王依旧无缘战争，他的军队正参与着对庇护七世的抢掠丑行。在缪拉给拿破仑的信上，他表示自己强烈支持皇帝的罗马政策。

在拿破仑取得胜利，返回巴黎后，他便忙着计划与约瑟芬离婚，以迎娶欧洲古老王室的公主。秋天，他邀请所有家族成员到巴黎商量目前形势，缪拉也在此列；他于 11 月 30 日到达首都，卡罗琳于 4 天后抵达。

1810 年 1 月 28 日，皇帝在杜伊勒里宫召集所有帝国显要召开家族会议，商讨二婚问题。有三位公主在讨论中被提及，分别是俄罗斯女大公、萨克森公主和奥皇的女儿玛丽·路易斯女大公；拿破仑对此并没有明确的决定，但他的脑子里倾向于与奥地利联盟。当缪拉反对这一想法并争辩说与俄国的联姻更有政治意义时，他发现自己的话对皇帝根本就没有分量。

这很危险，缪拉说，与奥地利的联姻会让人们想起另一个"奥地利女人"——路易十六的王后；这既会疏离新时代的人民，又无法安抚旧时代的忠实者。他的反对也有出于个人利益的原因，虽然他只是略为提及：在英国的保护下，统治巴勒莫的原两西西里费迪南国王就有一个奥地利王后——玛丽·卡罗丽娜，即玛丽·安图奈特的姊妹。缪拉视拿破仑将要与奥地利联姻为对他在那不勒斯处境的威胁，而且他可能无法再把西西里并入自己的领地。

▼拿破仑与约瑟芬离婚

但是他的反对毫无作用。俄国人不打算把他们的女大公送到杜伊勒里宫。萨克森公主对接受暴发户皇帝有点抵触情绪，所以最后的选择落在了玛丽·路易斯身上。尽管缪拉反对这一婚姻，但拿破仑还是让卡罗琳去安排所有与接待新王后有关的一切细节。那不勒斯的王后在玛丽·路易斯来的路上与她相遇，并欢迎她来到法国。

▲迎接玛丽·路易斯

婚姻带来了新的安排，它给拿破仑带来了继承人，而"意大利王国"，也就是北部省份将作为附庸而并入帝国，罗马诸国也是如此。罗马将成为帝国第二大城市，皇帝10年内将在此加冕，而帝国的继承人将成为"罗马王"。

倘若拿破仑没有拿出一些措施安抚缪拉，那么这番安排就会让缪拉担心起他王国的未来。在11月的家庭会议结束后，缪拉火速赶往那不勒斯。他得到了帝国财政部大幅度减少他国库上缴金额的声明，而且拿破仑允许他组建法－那不勒斯远征军占领西西里。缪拉于1810年1月31日离开巴黎，2月14日抵达那不勒斯。他待了一周后，在21日前往卡普阿（Capua）检阅当地部队；他给当地部队加入了一些用补贴和快速晋升招揽而来的法国逃兵。3月10日，他动身返回法国，以参加20日的皇帝大婚。

大婚后，在贡比涅帝国宫廷，拿破仑和缪拉险些爆发激烈的争吵。拿破仑反对他的士兵偷偷在缪拉的团中服役，他坚称所有的逃兵都应遣送回原有营地；如果缪拉拒绝，他会派他自己的将军指挥南部意大利的军队，钱全部由那不勒斯出；如果军队得不到支付，那么就意味着那不勒斯不需要他们，他们就会被召回。但是拿破仑又说，没有他们，他绝不允许缪拉有任何动作。只有那不勒斯的军队，缪拉该如何进行西西里远征？所以，他只能屈服。

4月10日，缪拉离开贡比涅返回那不勒斯，卡罗琳留在法国。她用她的影响讨着皇帝的欢心。通过妻子，缪拉向皇帝请求，转给他军队一个科西嘉营和一个瑞士团。"我愿意给国王他所需要的军官和士官，"拿破仑在给卡罗琳的信上写道，

▲卡罗琳

"但我不希望他在没有我的许可的情况下接管他们。我不能容忍任何有损我军队的事。"但同时他警告缪拉,法国军队一定不要由没有参加过战斗,并在那不勒斯军中享有高位的军官指挥,他们不应该比饱经战火的老兵军衔高。另一件让缪拉大感不快的事是拿破仑撤回了法国大使。拿破仑对此的解释是大使没有得到足够的尊敬,未来一个代办就能完成在这里的工作;而且,最重要的是,那不勒斯不是外国政权。

在缪拉穿过意大利的旅途中,他听闻巴勒莫的玛丽·卡罗丽娜王后正通过新王后玛丽·路易斯与拿破仑联络,并急迫地与他商讨解除与英国盟约的安排。4月22日,亚历山大港的来信很清楚地写明了皇帝对此事的观点。缪拉说:"巴勒莫传来的消息显示了朝廷和英国之间的诸多误解,自从皇帝婚后以及准备入侵西西里期间,朝廷相信玛丽·卡罗丽娜明白陛下想要把英国赶出西西里,把岛留给她自己的意思。这是好事。"

皇帝并没有重视这封信。27日,对皇帝真实态度深感忧虑的缪拉抵达那不勒斯,着手进行入侵西西里的准备。第一步就是渡过墨西拿海峡,但在首都的第一周,他就收到了不好的暗示——英国仍是海上的霸主。

5月4日,飘着英国旗帜的战舰出现在那不勒斯海域,它是装备有50门大炮的斯帕帝亚(Spartiate)号。缪拉上一次看到她还是12年前,当时她还是护送"东方军团"的舰队中的一员;它在尼罗河畔被纳尔逊缴获,参加了特拉法加海战。看到它在海湾大炮射程外下锚,缪拉派出了他的切雷雷号、一艘双桅船和七艘炮艇去进攻,他则在海岸上观战;战斗持续的时间并不长,双桅帆船被击沉,切雷雷号和七艘炮艇船体受创,在大炮的掩护下歪歪斜斜地回了港。他们埋葬了50名死难人员,110名军官和海员进了医院。斯帕帝亚号悠闲地侦察了一遍海岸防御工事后,扬帆向西南方航行而去。

虽然这一事故的出现意味着海上仍困难重重，但缪拉还是在 16 日离开那不勒斯，把他的司令部设在卡拉布里亚的雷焦（Reggio）附近的皮亚雷（Piale）。他悠闲地南行，他经过的每个城市都热烈欢迎他。远征后备师的四个营的近卫队护送着他，另外三个师已经集结在海峡附近。他们是：

第一师，帕图诺将军，8500 人，法军；

第二师，拉马克将军，10000 人，法军；

第三师，卡维尼亚克将军，3500 人，那不勒斯和科西嘉军；

总数 22000 人。

算上预备部队，人数共有 27000 人，其中有超过三分之二的士兵是法国人。

6 月 6 日，缪拉抵达皮亚雷。他接过指挥权，写信告诉拿破仑："要么占领西西里，击溃英国人，要么您将失去您最好的朋友。"

同时，英军已完全警戒。他们的两艘轻型战列舰、四艘三桅帆船和大量小型战斗船只沿着意大利海岸和海峡巡逻，每天他们都进攻、摧毁或驱赶打算加入雷焦运兵队、在海岸游弋的渔船。而当缪拉满怀信心时，拿破仑却充分意识到当敌人控制大海时强渡海峡是多么的危险；即使远征军抵达西西里，掌控海峡的英军也会切断他们的补给线。而到了那一刻，率领 2.5 万人的法国元帅，他自己的妹夫可能会向英国人投降，所带来的灾难要远胜杜邦在拜伦的投降，这将意味着失去那不勒斯和意大利。本来拿破仑只是打算威胁一下西西里，把英国意在支援伊比利亚半岛的威灵顿军的增援吸引过来；缪拉在雷焦的准备正合拿破仑的胃口，但他对于是否任由缪拉冒险尚有顾虑。

5 月底，拿破仑派了战争部的勒克莱尔上校前往卡拉布里亚汇报局势，并警告缪拉，除非他可以在第一次进攻时就运送 1.5 万名士兵过海，不然不要有所行动。

勒克莱尔作为巡检将军的到来让缪拉非常恼火，这是对他仍处于下属地位的不快暗示。他写信给皇帝，表示如果没有冒险，那远征也就没有必要了；然后他抱怨自己的目标遭到了在巴黎的敌人的反对和诋毁。但第二天他又改了口，充满希望地写信表示，远征一定会成功，因为巴勒莫已经出现了混乱；他不需要任何护卫舰队，便能在晚上通过海峡，而西西里的命运能轻易地在 48 小时之内决定。

在军队的法国高层军官中，传播着这次远征军力的羸弱，而且就是佯攻的流言。之后，缪拉和拉马克将军度过了极其不快的十五分钟，他责备后者对占领西西里的准备工作松松散散，拉马克将军则回道："殿下，我不相信你夸下的海口。"萨利切蒂的继任者，警察长马盖拉（Maghella）给缪拉去了一封信说，他的一个科西嘉特工在巴勒莫得到了玛丽·卡罗丽娜的接待，情报显示了波旁王后已经与新皇后有过通信，她曾诱使马盖拉的间谍做她的向导。缪拉将此事看作危机的信号，并用他妻子对皇帝的影响力试图获得进攻许可。8 月 3 日，他下令横渡海峡。

但是计划又被推迟，因为英国舰队高度戒备。8 月 15 日，帝国国庆日，缪拉打算选择在这天行动，但英国船只整天都盯着皮亚雷的王家营地，而且当夜晚举行夜会和焰火表演时，敌人的巡航舰还向营地开了几次火。就这样，一次又一次，计划都被搁置。

到了 9 月中旬，当地所有食物都吃完了，恶劣的气候成了威胁。缪拉担心再耽搁下去他将解散营地并遣散舰队。9 月 17 日早上，他下令进攻将在夜里进行。

但这次进攻最终以失败结束。本来的计划是，卡维尼亚克将军的那不勒斯师先在朋蒂勒默（Pentimele）的小港口出发，向墨西拿前进，以分散敌人对在雷焦登船的由缪拉本人率领的远征军主力——帕图诺和拉马克将军的法国师的注意力。午夜，军队集合登舰，但英国海军出现了，在雷焦和墨西拿之间隐约可见，缪拉等着卡维尼亚克把他们赶走，但却等了一个又一个小时。同时，那不勒斯师约 3000 人成功横渡海峡登陆，科西嘉团则插入了墨西拿一侧的山里。卡维尼亚克将军和余下的人停在海滨沿岸，等待缪拉赶来支援他们的信号。黎明，卡维尼亚克得知主力部队仍未离开卡拉布里亚海岸，而且发现英 - 西西里联军大军正向他而来。出现的英国骑兵中队将切断他的撤退路线，他急忙重新登船并返回朋蒂勒默。结果他撤得太快，以至于无法召集科西嘉人。被留在山里的科西嘉军队遭到围攻，并于当天投降；800 名士兵和军官作为战俘进入墨西拿，缪拉亲自赠予的团旗被当作战利品挂进了大教堂。

18 日，缪拉写信告诉皇帝，虽然他损失了一些人，但如果皇帝能重新开始远征，他就能保证渡过海峡。他许诺会有详尽报告。当天，他为了掩饰自己的失败，在军中大肆宣扬远征会被推迟到明年，在此期间军队和舰队将会解散。他说，皇帝目前的计划已经实现，尽管有敌人的舰队阻拦，但已经证实由渔船组成的临时船队能够将军队送进西西里。

拿破仑对失败十分愤怒，而且更恼怒于这个妹夫蹩脚的解释。"那不勒斯国王，"他写道，"你无权在没有我的许可下讨论我的计划。西西里没有被占领，我的目标没有实现。我认为用这种错误的方式谈论我尤为不当。"拿破仑命令军队留在雷焦附近直到年底，对西西里保持威胁，以诱导英国将增援转移到这边。但缪拉还是让他们离开了，而且他告诉拿破仑，首先，如果他们继续集结，他无法保证部队的补给；其次，拿破仑的目的已经达到，英国仍在往西西里派遣增援。拿破仑回击道，在得知9月18日的公告后，英国本打算派往西西里的增援已经停止而在葡萄牙登陆。拿破仑写道："如果你想回那不勒斯，在那里宣布远征结束，那么你所做的一切都毫不审慎！"

这次失败扩大了拿破仑和缪拉之间的裂痕。10月3日，缪拉回到那不勒斯后，发现卡罗琳已经在那里等他了。她在8月初就离开了巴黎。如果她留在法国，她可能会对拿破仑施以影响，毕竟她是他最喜欢的妹妹。她本可以为丈夫的解释辩护，并进一步避免他们关系的恶化。

之后几个月的时间里，事态进一步恶化。路易·波拿巴从荷兰出逃，法国军队开进荷兰，王国被并入帝国，这让缪拉觉得自己将是下一个待宰羔羊。皇帝似乎对缪拉充满敌意，他的信对缪拉在那不勒斯所做的一切都满是批评；而缪拉，虽然在当时还急需重得皇帝欢心，但他更多的则是想着保障他的独立。皇帝抱怨在西班牙的那不勒斯军队品行不端，缪拉请求皇帝把他们送回来，让他们替换那不勒斯难以支付薪水的法国驻军。皇帝告诉他，他不能撤走驻扎在此地的法军，如果他们走了，那不勒斯只能任由1.2万名驻扎在西西里的英军处置，即使4万那不勒斯人也无法阻止他们。之后，拿破仑愤怒地抱怨英国货物正秘密流入那不勒斯，虽然缪拉否认，但这却是事实。美国的船只定期载着货物来到他的港口，而且他也是用美国商船安排吕西安·波拿巴离开奇维塔韦基亚（Civitavecchia）的。

1811年3月20日，万众期待的继承人"罗马王"诞生，缪拉立即请求离开那不勒斯前往巴黎庆祝这一大事件。缪拉于3月26日离开那不勒斯，4月3日抵达巴黎。他的前来并没有得到皇帝的准许，他发现皇帝对此很不高兴。初

▼罗马王在杜伊勒里花园

见对他俩来说都很不快，但当谈起可能对俄国的征战时，缪拉对老上司的忠诚及渴望再度为其效力的真诚挽救了他，二人的关系得到缓和。一旦战争爆发，缪拉将提供 3 万那不勒斯人加入大军团，而他本人则会负责指挥大军团的骑兵。5 月 26 日，他离开巴黎，于 30 日返回那不勒斯。

但是他与皇帝的关系再度陷入危机。有谣言称，缪拉将要像荷兰国王路易一样被罢免，而且还有关于他与显要人物密谋另起炉灶的事。

皇帝拒绝了缪拉在维也纳和圣彼得堡派遣大使的请求，并表示法国外交部和大使们能够处理臣属国的对外关系。为巩固他的政权，缪拉不得不私下里与沙皇和奥皇进行非公开的秘密会谈。他颁布了一项欠考虑的命令：在他军中服役的法国人可以领取那不勒斯的入籍申请；皇帝则通过发布那不勒斯作为帝国的一部分，所有法国人在若阿基姆·拿破仑的王国享有公民权的公告来予以回应。之后，在南部意大利的法军从缪拉的麾下撤出，并组成了一只观察军团，由格勒尼耶（Grenier）将军指挥，他将直接向巴黎战争部汇报这里的情况。

这让争吵公开化，而且大量法国军官担心继续待在那不勒斯军队会被拿破仑迁怒，请求并获准离开缪拉的军队。从那时起，缪拉的政策就越来越意大利化，这并不是那不勒斯国王同情意大利独立的微妙原因，他渴望一个团结而独立的意大利。和大多数人一样，他相信更艰难的日子在等着帝国，如果他支持拿破仑的新的意大利公告，那么等待他的将是危机。倘若他能用强大的那不勒斯军队推行这公告，剩下的意大利将会团结在他的旗帜下。他的目标是脱离臣属国地位而成为盟友——皇帝的盟友，他仍强烈尊敬这位他早年极度效忠的人，但目前这个人还没想着给他的"盟友"捞取最大的利益。

从这时开始，缪拉就稳固地扩充着自己的军队，他想象着自己的军队能成为未来意大利军队的核心；同时他还寻求着与各种秘密组织保持联络，并试图用独立和团结的新思维影响人民。在瓦格拉姆战斗的同年，缪拉被选为那不勒斯王国共济会首领（Grand Master），但指令是法语的，法军驻军军官组织的集会小屋遍布各要塞中心。通过他的警察部长马盖拉，缪拉雄心勃勃地认为自己可能会在未来意大利有所作为，还可以与更有价值的烧炭党（Carbonari）[1]联络。他开始广受那不勒斯

---

①译注：19 世纪活跃在意大利各地的一个民族主义秘密团体，宗旨在于追求成立一个统一、独立的意大利。

人民的欢迎，阿加尔的治理也给人民带来了繁荣景象。他可能盼着某一天，在意大利陷入危机时，以一个爱国主义国王的身份出现。

9 月份，卡罗琳返回巴黎，用她对皇帝的影响以缓和自己丈夫与皇帝的关系，她在巴黎一待就是几乎一整个冬天。缪拉写信给拿破仑，向后者保证前者还是那个在韦尔廷根和埃劳的士兵，仍忠诚于陛下，但他请求让自己在那不勒斯宽松一些。与俄国战争的迫近，一定程度上缓解了他们的关系。

1812 年年初，拿破仑要求缪拉把第一批 1 万人的分遣队派去德意志。缪拉表示对此有困难：他需要士兵保卫王国，而且他难以支付不受他指挥的法国军队的薪水，皇帝最好是把他们调走；接下来便是二人尖锐的争论。缪拉再次病倒了，并且拒绝见任何人和处理公务。有人说他这是老练的装病，但另一些人认为这可能是由于紧张和失望导致的精神崩溃，他在马德里就犯过一次。4 月，卡罗琳给缪拉写信，告诉他事态很严重，他最好赶到巴黎亲自向皇帝解释。

他准备动身，向国内宣布将要离开，但之后他又以西西里的英国人正威胁卡拉布里亚，他必须赶往此处为借口返回。返回后缪拉便一直待在那不勒斯，实际上是他的一个朋友提醒他，法国可能趁着他的离开策划政变以推翻其政权。但后来巴黎的来信警告缪拉，他擅自改变计划造成了极坏的影响。4 月 26 日，缪拉见到了法国公使德鲁奥男爵，后者告诉他，皇帝圈子里有人诋毁他说，缪拉之所以没有去巴黎是因为忙着在意大利建党；缪拉则表示自己已经准备立即动身，并坦诚地向拿破仑解释缘由。德鲁奥给拿破仑的信上说他相信缪拉是真诚的，因为他说话的态度很坦诚。"缪拉称，作为法国人和一名士兵，他理所应当地认为自己是皇帝的下属，但作为那不勒斯的国王，他需要独立。"德鲁奥写道。

可能这番话提示了拿破仑解决危机的最简单办法。与俄罗斯的战争实际上已经近在眼前了，皇帝下达了将大军团集结于波兰和东德意志的最后命令。他打算立即任用身为"士兵和法国人"的缪拉，那不勒斯国王将再次成为骑兵部队勇敢的领袖。5 月，他写信让缪拉赶往巴黎，但当缪拉赶到时，拿破仑已经动身去了东德意志；在那里，缪拉将与皇帝会合，并接管指挥自骑士时代以来最大规模的骑兵部队。远征莫斯科即将开始。

第十四章

俄罗斯战役

1812 年

1812 年夏，拿破仑集结在俄罗斯边境的多国军团兵力接近 50 万，在欧洲历史上可谓前无古人。缪拉指挥的骑兵由众多曾跟随拿破仑打过 1796 年战役，并参加过马伦戈决胜之日战斗的士兵构成。

　　他们构成四个军，分别由南苏蒂将军、蒙布伦将军、格鲁希将军和拉图尔－莫堡将军指挥，一共有 3.6 万名骑兵，装备 132 门骑乘大炮。胸甲骑兵团在三个军中占大部分，第一、第二和第四军每个军都由一个轻骑兵师和两个胸甲骑兵师构成。第三骑兵军（格鲁希军）由一个师的轻骑兵、一个师的龙骑兵和一个师的波兰枪骑兵构成。

▼身着耀眼制服的缪拉

贝利亚尔再次出任缪拉的参谋长。但缪拉现在是作为一个国王指挥大军团的骑兵，而且他也是以国王的仪仗参战；除了军事上的下属，他还带了王室随从，有掌马官、内臣、秘书、内侍，以及马夫和一对仆人，还有一帮从巴黎特聘的名厨师长。每天都有三张桌子跟着他，第一张是国王的桌子，第二张是给军官和高级将领的，第三张是给参谋部和王室次要人物的。运载王室物资的车队浩浩荡荡，但最后都逃不过成为哥萨克战利品的命运。它们在渡过边境时满载着帐篷、家具、盘子、瓷器，以及精挑细选的餐具和大量精品的红酒；贴身男仆长负责看管装有制服和朝服的车厢，还有大量清洁马桶的香膏和给国王用的香料。缪拉本就是一个"衣着华丽"之人，现在，他又发明了一套比他在埃劳带领冲锋时的制服还要制作精良的服饰：亮黄色皮革长靴、深红色镶金边马裤、天蓝色镶金边束身上衣，外面是宽松的鲜红天鹅绒束腰外衣，镶着金边，还有毛皮衬里；他很少佩带的钻石柄马刀，即使是在带领冲锋时也是放在刺绣皮带里；他的长卷发披在肩上，头戴一顶编满金线并有羽毛装饰的三角帽，帽子的羽饰由一块钻石带扣固定。他的坐骑也被装饰了一番——虎皮鞍褥、金马嚼和马镫，一对手枪的镶边皮套上也装饰了黄金和宝石。

贝利亚尔为他挑选的 60 匹战马分散于各个军团和师中，由马夫长亲自照料，这样一来，无论缪拉在哪里都能有足够的精力充沛的坐骑。长途跋涉中，当他不打算骑马时，有好几辆车供他选择。

所有这些精心准备，为舒适行军做的长远安排，将会引起其他人的嫉妒，而且能够让人们想到"无功受禄者"和处境安逸的士兵。但每个人都知道，这位穿着"戏服"的骑兵统帅同样可以毫不迟疑地冲向战斗最密集处。他不仅有作战时的无畏勇气，更有在猛烈交火下泰然自若、无视危险以等待时机的冷静。不止一次有人说起，当他的副官给他传信，并等在他身边时，缪拉会回过头对副官说："阁下，您最好离我远一点，我可能会害死你。"他可以离开舒适的帐篷和服务周到的餐桌，在篝火边的干草上啃硬饼干入睡，毕竟，现在的那不勒斯国王曾是香槟猎骑兵团的骑兵小子。

在签署将王国交给卡罗琳摄政的法令后，缪拉在 5 月 12 日离开巴黎，途径卡塞尔、柏林和波森，在但斯克与拿破仑会合。拿破仑对他曾长期坚持的两个要求做出了让步：在西班牙的那不勒斯军队可以返回，以及撤回了在那不勒斯的由格勒尼耶指挥的法国"观察军团"。看上去缪拉和拿破仑又恢复了良好友谊，有力反驳了关于他俩在但斯克不和的谣言。

6 月中旬，大军团的左翼集结于涅曼河。23 日至 24 日夜里，大军在科夫诺附近开始渡河。缪拉指挥南苏蒂和蒙布伦的骑兵军，清扫了他面前掩护俄军撤退的哥萨克骑兵屏障。

拿破仑希望能够在维尔纳迫使俄军作战，但俄军放弃了城市。该地有给俄方巴克莱军队准备大量物资的仓库，由于担心仓库被俄军转移或毁掉，拿破仑亲自下令蒙布伦的第二骑兵军强行军，驱逐在维尔纳的后卫部队并占领仓库。正常情况下，他应该把命令下达给缪拉，但皇帝太过于着急而忽视了常规途径。

蒙布伦在检阅了他的军队并准备出发时，缪拉骑马赶来询问他在做什么；蒙布伦解释说，他接到皇帝的命令，要前往夺取维尔纳。缪拉生气地回答道，不管怎样，命令应该下达给他，他要求蒙布伦解散军队。蒙布伦辩称自己收到了皇帝严格而详尽的命令，而且害怕倘若对命令置之不理，皇帝便会发怒。"即便如此，那又怎样？"缪拉解释道，并且重复了让蒙布伦军留在营地的命令。他检阅了布吕耶尔的轻骑兵师，并亲自带领他们向维尔纳挺进。虽然刚开始耽搁的时间并不长，但这也给了俄军后卫足够的时间撤离并烧毁仓库，在缪拉开进维尔纳时，浓烟和火光告诉他来得太迟了。

皇帝对蒙布伦没有突袭成功感到十分恼怒，他赶到蒙布伦处，责备后者没有服从命令，并警告要把他作为战场无用之人送至通讯沿线。蒙布伦试图解释。"安静，阁下！"皇帝愤怒地说。"但是，陛下……"将军似乎还要说些什么。"安静！"拿破仑重复道。这对一个从大革命时代步步走来的莱茵军团老兵，参加过德意志、意大利和西班牙战役的将领来说未免太苛刻。缪拉此时就在拿破仑旁边，蒙布伦沉默地看着他，请求他开口讲话，但那不勒斯国王太过自私，又怕遭到责备而没有介入对话。拿破仑继续进行着长篇大论的责骂，但蒙布伦完全没了耐心；他突然拔出了长佩剑，把它翻转过来，手握刃部高高地抛到了天上，然后用马刺猛刺马腹，转身回了帐篷，离开时他还喊了一嗓子"你们都见鬼去吧"！

拿破仑呆若木鸡，脸气得煞白，他默不作声地调转马头回去了，随从也跟着离去。每个人都等着蒙布伦被解职并送上军事法庭，但当天蒙布伦就重新指挥了他的军团，而且再也没有听到当天事件的后文。很有可能是缪拉在事态严重后向拿破仑做了解释，但这也太迟了，他应该当时就选择承担起责任的。

6 月 29 日，拿破仑把参谋部设在维尔纳。之后发生的灾难在当时就有了预兆，虽然还是夏天，但天气骤然转冷，接连三天狂风大作、暴雨不断；上千马匹因恶劣

▲巴格拉季翁

的天气和食物不足而倒下；道路变得泥泞，所有运输工具都动弹不得，唯一的饲料只有生而又潮湿的黑麦。骑兵损失的马匹要少于炮兵和运输部队，但即便是在天气转变前，骑兵的有些马匹已经露出了崩溃迹象。

从维尔纳前行的日子，马匹每天的损失都很大。研究俄罗斯战役的历史学家将这些损失归责于缪拉。人们通常都说作为战场上的领袖没人比得上缪拉，但他根本不知道如何在行进时或营地照顾马匹，或对其他重要事情毫不关心。他的批评者说，他要在每天耗费上百匹马的条件下进行作战。他有大量的马匹，而且每几个小时就换一匹新的；他完全意识不到有的胸甲骑兵和龙骑兵只有一匹马，而且这些马不可能夜以继日、毫无停歇地工作。但是让马匹过度劳作的责任不能完全怪缪拉。6 月 28 日，拿破仑下令：即使是 50 人的巡逻小队，也不要与敌人交火，因为这样的小分队很容易被敌人切断，而且容易被时刻警惕的哥萨克骑兵反攻。因此骑兵需要千人一同作业、巡逻或作为掩护屏障。即使是如缪拉所指挥的大规模骑兵部队，也无法提供如此大规模的分队，以每天进行如此长的作业而不蒙受损失。[1]

在维尔纳的被迫停留因天气恢复到夏季气候而结束；之后便是干热的天气，行军继续。缪拉指挥着前卫部队——南苏蒂和蒙布伦骑兵军，还有弗里昂、居丹和莫朗的步兵师；格鲁希的骑兵军和达武在一起，而拉图尔 – 莫堡在右翼跟着热罗姆国王。巴克莱和俄军主力部队固守于德里萨（Drissa）附近的德维纳（Dwina）渡口，而且此处可能会爆发决定性的战斗；但随着缪拉的接近，敌人开始沿逆流向维捷布

---

[1] 不可否认缪拉在某些方面确实是个糟糕的"马主"。在作战期间，他会让几千名骑兵待在马上数小时以待战斗时机，很少有人听到骑兵在停顿时会下马休整，但这一错误是当时的骑兵将领都会犯的。

斯克撤去。法军骑兵和俄军后卫有过零星的战斗，还与哥萨克频繁交火。当巴克莱抵达维捷布斯克时，看上去又有爆发大规模战斗的可能，因为俄军在此停下以等候巴格拉季翁将军带着南部军团赶来增援。

俄军的这一停留导致了双方在奥斯特罗夫诺（Ostrowno）附近展开了为期两天的战斗（始于 7 月 25 日）。缪拉的骑兵率先投入战斗，他本人亲自带领骑兵发起了多次冲锋。曾经，为了解救重压之下的兵团，他带领他的副官和个人卫队，也就六十来人冲向俄罗斯骑兵。这是少有的几次他抽出钻石马刀带领冲锋的行动之一。缪拉的掌马官杀死了一名要砍倒他长官的俄罗斯骑兵，救了缪拉一命。27 日，他在维捷布斯克前与俄军交火；敌人严阵以待，大军团纵队迅速与前卫靠拢。缪拉想即刻进攻，但拿破仑决定将行动推迟到第二天。晚上敌人就消失了，他们在收到巴格拉季翁被击败并被达武追着向东撤退的消息后，放弃了维捷布斯克。

第二天，法军占领维捷布斯克，骑兵继续追赶俄军，但哥萨克的骑兵屏障掩护俄军后撤是做得如此之好，以至于追击者错过了俄军主力部队，而且他们在骄阳、干热的天气下和沙地上疲惫不堪，完全看不到俄军纵队的影子。缪拉现在意识到他的骑兵和马匹都需要休息，因为马匹已经有三分之一完全累倒或至少临时动弹不了。轻骑兵还在试图追赶逃离的哥萨克，但因为战马的疲惫而失去了一半的有生力量。贝利亚尔被派到皇帝处向其请求必要的休息，皇帝最终决定在维捷布斯克停留几天。

巴克莱正沿第聂伯河向斯摩棱斯克撤退，巴格拉季翁将在这儿与他会合。拿破仑已经下令达武和在右翼的所有军队向前锋方向收拢，这样一来，当双方在斯摩棱斯克交火时，

▼巴克莱

▲斯摩棱斯克战役

缪拉可以指挥他的四个骑兵军。

　　8月的第一天，行进继续。8日，在因科沃，缪拉率领南苏蒂、蒙布伦和格鲁希的骑兵军与俄军后卫交火，它起因于俄军突袭了塞巴斯蒂安的轻骑兵师；缪拉没有等他的大炮和步兵赶到，便立即带领他为数不多的骑兵反击，骑兵率先冲入战斗最密集的地方，而且损失惨重。他在14日于克拉斯内附近还再会有一场苦战；俄军最终撤退，留下8门大炮和1000名士兵。

　　8月16日，缪拉的骑兵在奈伊步兵军的支援下，已经可以从远处看到斯摩棱斯克。格鲁希率领他的龙骑兵和骑炮将敌人驱至城郊，但渡过第聂伯河和占领城市，就是步兵的主要工作，这些时间足够俄军清空他们的仓库并焚毁剩余物资。当拿破

▲第一次克拉斯内战役中的缪拉

仑于 19 日进城时，浓烟笼罩着城市，巴克莱和巴格拉季翁已由哥萨克轻骑兵掩护着，向通往莫斯科的道路上撤去。

缪拉派了蒙布伦和南苏蒂的骑兵，由达武的五个步兵师支援，去追赶巴克莱一行人。达武和缪拉一向不和，曾经的争吵更加强了二人对处境分析的分歧。缪拉向拿破仑报告敌人士气完全低落，稍微追赶便会使他们溃逃。达武递交了更精确的分析，他分析道，俄军丝毫没有士气低落或组织混乱的迹象，而且他们的撤退秩序好得惊人，很可能会随时停下来继续作战。

在多罗戈布（Dorogbuz），距斯摩棱斯克东 55 英里处，俄军排列出了稳固的战线，看上去有可能要在东边做一番抵抗；拿破仑急忙带着近卫军赶路，但当他抵达前线时，俄军又开始撤退了。皇帝刚开始想着要在斯摩棱斯克过冬，但现在却坚定地追击着哥萨克。大军团分成三路纵队向东移动，缪拉和达武紧追着俄军后卫，他们的关系毫无改善，每天的纷争都在证实他俩的关系愈发紧张。缪拉迫切渴望战斗，达武却并不认为胜利会这么轻易到来，他认为擅自贸然行动可能会被敌人击溃并造成反扑。二人有过一次公开争吵，当时缪拉曾只带着一个波兰枪骑兵团投入战斗，而且很快被敌人重创和逐回；他命令达武的炮兵连立即投入战斗，以支援新展开的攻势，但炮兵连指挥官回应说，他只听从他所隶属的元帅的命令。在缪拉向拿破仑发

牢骚时，达武支持他的下属，他说这位
那不勒斯国王太急于进行兵力不等的冒
险；缪拉则反驳说达武打算迅速丢下被
击败的他，皇帝只得请求他们俩要在战
场上更友好地合作。

连续两周，俄军都在稳步撤退，
而法军紧跟着他们穿过荒凉的乡村；俄
军尽可能地挥霍和毁掉了他们能搞到的
物资，入侵者唯一能找到的只有灌木丛
提供的用于营地篝火的大量木材。"每
天早上"莫朗写道，"我们都能看到哥
萨克在我们前线拉出的长长的阵线，他
们敏捷的骑兵部队几乎要冲进我们的队
列。我们整队并向他们的战线挺进，但
当我们接近他们时，他们又消失了，地
平线附近只有杉树和桦树的影子。一个
小时后，当我们打算停下来喂马时，他
们又出现了，长长的战线离我们更近了。

▲斯摩棱斯克战役后的拿破仑，身后红
衣者为缪拉

哥萨克每天都是使出这样的花样，把我们勇敢而出色的骑兵弄得劳累不堪。"

拿破仑在 8 月 31 日这天抵达戈赞茨（Gzazt），前锋部队已经因为气温骤变而
停留了 3 天。连日的大雨让道路泥泞不堪，骑兵、炮兵和辎重部队的马匹开始陷入
泥地。贝尔蒂埃、奈伊，甚至就连鲁莽的缪拉都建议拿破仑放弃在这个时节挺进莫
斯科的打算。9 月 4 日天气转晴后，拿破仑下令缪拉和达武继续推进并与敌人接触。
当天下午在戈里诺瓦（Gridnewa），第二天在科莱特科伊（Koletkoi），缪拉均突
破了哥萨克骑兵的屏障，每次他们都表现出了缓慢的战斗部署和发现俄军改变计划
的迹象。5 日下午，缪拉给拿破仑报告说，俄军停在博罗季诺的防御工事前，它的
右翼沿莫斯科瓦河部署。期待已久的战斗终于要打响了。随着俄军的持续撤退，入
侵者已经精疲力竭，俄国领导人被迫屈服于不可以不做任何抵抗就放弃莫斯科的恼
怒呼声。虽然继续撤退是最好的策略，但库图佐夫还是接替了巴克莱，虽然他曾在
奥斯特里茨被打败，而失去了最高指挥的地位。

▲库图佐夫

6日，缪拉在消灭了阵地前的敌人骑兵后，拿破仑得以彻底地巡查前线，将大军团集合在一起并严阵以待。9月7日，爆发了法军称为莫斯科瓦，俄军称为博罗季诺的大会战。

胜者和败者都会铭记这场惨烈的会战，从未有过如此不计后果的英勇和顽强进攻，也从未有过如此坚毅而不屈的防守；这是拿破仑牢不可破的征服事业的最后一场胜利，一场皮洛士式的胜利，预示着即将到来的灾难。库图佐夫在阵地有12.1万人，其中1.5万人缺乏军事经验。俄军阵地有640余门大炮，大多数部署在多面堡和地面工事炮兵连中；拿破仑手下一共有13万人，投入了587门大炮。他的军队里法国人不到一半，剩下的是德国人、意大利人、瑞士人、波兰人、荷兰人——西欧人民武装起来对抗莫斯科人。但拿破仑迫切想要在激烈的战斗中保住一支完整的力量，因此至少有2万名近卫军没有放一枪，这在他早年的征战中是绝无仅有的。战斗进行了15个小时左右，从早上开始，一直打到夜幕掩护着俄军缓慢撤退而结束。俄国付出了3.75万人伤亡的代价，5000名战俘落入法军手里，几乎是他们战斗力量的三分之一；但俄国人撤离战场时也带走了7000名法国战俘，而得胜的拿破仑则有2.4万人的伤亡。这是一场惨痛的胜利，而俄军虽然被击溃，但并未丧失信心，仍有军队脚步沉重地撤向莫斯科，摩拳擦掌渴望再次战斗。

在当天危险而又充满荣耀的战斗中，没有人能比那不勒斯国王表现得更加英勇无畏而不知疲倦。在密集交火中，或在猛烈的骑兵近战中，他那闪耀的制服非常显眼，但他却毫发无伤，避开了炮弹、子弹、刺刀和马刀的攻击，堪称奇迹。在战斗的第一阶段，当炮兵为骑兵打开通往多面堡的进攻道路时，骑兵还在第二战线。拿破仑收到了达武重伤的报告，于是命令缪拉指挥他的步兵。当时达武的战马被炮弹打死，他本人受到重击而陷入休克，一时间成了战场的旁观者。缪拉飞驰到达武的阵地，正赶上拉祖（Razout）的步兵师从敌人左侧的地面工事前混乱地后撤。仅仅是缪拉的出现和冷静沉着就奇迹般地重整了他们，接着他下了马，手里握着剑，冲在他们最前面，再次组织起进攻，带领着他们冲入地面工事，在一步接一步地战斗后。他冲入了地面工事并扫荡了敌人，在这里，那不勒斯国王就像一个普通士兵那样亡命战斗，随后他又跨上战马，召集另一个师，调动了南苏蒂的胸甲骑兵和骑乘炮兵，发起了由骑兵、步兵和炮兵组成的向俄军战线暴露缺口的猛攻。在他站稳阵地后，缪拉让拉图尔－莫堡的骑兵部队朝着敌人的侧翼和后方移动。出现在缪拉眼前，正向东撤去的长长的俄军辎重部队让他认为敌人正从各处撤退。正在支援缪拉的奈伊也加入了请求皇帝让近卫军投入战斗的行列。贝利亚尔将请求呈递给皇帝，但拿破仑对是否使出他最后的力量而犹豫不决。

同时，缪拉已经在右翼集结了大部分剩余的骑兵。蒙布伦带领他的胸甲骑兵向俄军进攻，但自己却被一发炮弹击中，受了致命伤，小科兰古接替了他；波尼亚托夫斯基也带着枪骑兵出现。连续不断的骑兵战斗让俄军投入了全部骑兵以继续与法军对抗。俄军的骑兵进攻弗里昂步兵失败，蒙受惨重损失而被迫退却。"弗里昂的士兵们，你们是英雄！"在骑兵浪潮退去后，缪拉赶到一个步兵方阵前喊道。

战斗在俄军阵地中央的大多面堡前白热化。缪拉派了小科兰古和格鲁希的骑兵进攻其后方，缪拉的这一调动在整场战斗中起了决定作用：格鲁希受了重伤，但他的一些骑兵中队渗透到了多面堡后方的开阔地带；在右侧，当夜幕降临时，俄军还用 300 门炮坚持抵抗，之后他们便在夜色的掩护下开始朝着莫斯科方向撤退。

▼蒙布伦将军

8 日黎明，缪拉再度跨上马鞍，带着他垂头丧气而羸弱的中队继续追赶撤退的敌人。他本来能紧追敌人，因为他相信俄军遭到重击而士气低落，但他却受制于皇帝的命令。拿破仑对局势的判断更准确，他知道俄军还有大量能战斗的部队，因此，他下令缪拉缓慢移动，这样如果俄军再打算交战，步兵能即刻支援缪拉。8 日，在莫日艾斯克，有一场与敌人后卫部队的激烈战斗，敌人大部分是米罗拉多维奇的骑兵。之后的一周，两支军队都缓慢地向西移动。直到 14 日下

▲拿破仑在博罗季诺战场

▼博罗季诺战役中的法军

午，缪拉走上隆起的陡坡顶时，他看到了莫斯科教堂闪烁的穹顶和画作，以及克里姆林宫的角楼；俄军骑兵——哥萨克人和正规军——在莫斯科和缪拉的骑兵队伍之间构成了一道强力的屏障。

米罗拉多维奇在这里派人将停战旗送至拿破仑处，并建议后者命令缪拉接受它。俄国人称，他们都迫切想避免在莫斯科的街道战斗，愿意不做抵抗让法军占领城市；倘若拿破仑答应，那么他们希望皇帝的骑兵在接下来的两天就不要紧追俄罗斯的后卫部队或与之交火。拿破仑接受了这个停战协议，这显示出了大军团已彻底疲惫不堪，而且他急迫地想进入莫斯科，不想再经历一次博罗季诺战役。

俄罗斯人绝不是想交出城市，他们已经做好了摧毁它的准备。他们给入侵者准备好了陷阱，并急需时间完成撤离、转移随军的难民，安排好大火的最后一步。15日，俄军骑兵向城市东面撤退，而缪拉对将要发生什么毫无察觉，洋洋得意地进入了莫斯科。他在一个波兰骑兵团前带队进城，后面跟着的是一个炮兵连，科兰古的胸甲骑兵、轻骑兵和迪富尔（Dufour）的步兵师。

这场凯旋入城仪式少有围观者，街道空无一人，大多房子已经人去楼空。缪拉和一伙法国巡逻队到了城市东边，遭遇了哥萨克骑兵警戒队。得益于处在休战期间，缪拉骑马奔向他们。法国人和俄罗斯军官一起交谈，他们钦佩缪拉敢于骑向敌阵，他们把缪拉围住，挥舞着手向他致意。哥萨克们告诉缪拉，他们希望他能当他们的首领。对于哥萨克的称赞，缪拉表现出了小孩子般的自信满满，他把他的表送给了赞美声最高的人，甚至还把副官们的表也送了出去。

没有必要再讲述莫斯科大火的故事。骑兵驻扎在城外，故他们并未因灾难而引

▲莫斯科大火

起混乱，他们派了部队帮助救火，但其他没有收到命令也进城的人则是为了洗劫城中财物，劫掠品堆满部队辎重车辆，不过这些东西在日后都成了哥萨克们的战利品。当大火迫使拿破仑离开克里姆林宫时，缪拉就在皇帝身旁。连续几天，拿破仑都期盼着他对莫斯科的占领可以让他把个人意志加于俄罗斯之上，但半心半意的和谈"阴谋"让他走到了这步田地。一时间，所有与俄罗斯部队的接触都消失了，而且侦察的骑兵也并没有走得足够远，没能给出敌人正向东南撤去的消息，甚至是南边和西南边出现的哥萨克袭击也没有给缪拉或拿破仑带来任何警觉。它被认为只是劫掠性骚扰，背后不会有什么威胁。显然法军有些缺乏主动性和麻痹大意，不然早就开始采取措施探明处境了。

局势已经十分危险。库图佐夫在 9 月 15 日撤离莫斯科后，已经沿莫斯科瓦河向东行进了两天；发现毫无追兵后，他调转了头，在哥萨克骑兵的掩护下继续观察敌人，同时隐藏自己的行动，他已经把莫斯科以南包围住。10 月的第一天，他把军队集结在莫斯科西南 45 英里处的塔卢季诺（Tarutino），这样他就可以威胁法军的撤退路线。在这个方向上出现的俄军主力部队丝毫没有被法军察觉，即便是当他们发现南部郊区有大量哥萨克骑兵骚扰时。

10 月的第二周，种种迹象表明俄罗斯人没有任何和谈的打算，而且第一场雪就告诉拿破仑必须撤退，不能再继续耽搁；在敌人的心脏地带莫斯科过冬，意味着饥饿。大撤退始于 15 日。

缪拉和贝西埃已经被派至莫斯科以南，肃清郊区和驱逐骚扰的哥萨克。缪拉指挥着南苏蒂、塞巴斯蒂安、拉图尔－莫堡和波尼亚托夫斯基的骑兵军。他们所遭遇的依旧是日常的普通交火，俄国人也依旧从各方退去；但这次，缪拉发现他们后面有强大的俄军部队，可能是库图佐夫的军队。缪拉的参谋长因病留在莫斯科，而且

▲10月25日拿破仑在戈罗德尼亚商议撤军路线

▼法军烧毁军旗

从他给贝利亚尔的信上可以看出，作战部队缺乏补给，严重缺衣少食。在一封信上，缪拉说，他疲于一个谷仓接一个谷仓地寻找吃的，他自己饿了个半死；在另一封信上，缪拉请求他尽快送面粉来，他的部队已经一点不剩。10月18日黎明，他和手下在温科沃（Winkowo）被突袭，缪拉死里逃生。当普拉托夫的哥萨克骑兵冲进他的前哨时，缪拉还在睡觉。当时，他衣衫不整地跨上战马，带领士兵多次进攻，但他能做的也只是将敌人从法军撤退的线路上驱逐，然后再退回来，还留下了36门大炮和大约七百余人在俄军手中。

从莫斯科的撤退已经开始了。大军团在穿过曾经荒芜，如今被风暴破坏，又被雪覆盖的城郊时，每天都有上百匹马死去。10月23日，在小雅罗斯拉维茨战役中，骑兵军和近卫骑兵仍剩有近万匹马匹。当11月9日再到斯摩棱斯克时，只剩下4400匹，而且其中1200骑在拉图尔－莫堡麾下，这几乎是仅剩的全部骑兵。11月26日，渡过别列津纳河后，法军只剩下1.8万人，而拉图尔－莫堡的骑兵已经减少到100人，其中八成是萨克森胸甲骑兵。

▼撤退中的法军渡过别列津纳河

在撤退期间，缪拉在拿破仑身边，与他一起乘坐雪橇或马车。传闻说，一支由格鲁希指挥的骑兵军官构成的卫队保卫着皇帝的安全，但其实他的护卫是近卫骑兵中最后的乘骑分队。在后面的撤退中，厨子不得不开始用马肉做饭；健康的马匹只能用来载人，远远无法作战。缪

▲拿破仑乘雪橇返回法国

拉作为骑兵军官的角色在一时间内也丧失了意义。

12 月 3 日，在莫洛代奇诺（Molodetchno），他写信给女儿："你可以看到在我给你写信这天，我离你不过 200 里格，但我感觉自己现在离你是那么遥远！距离我上次写信已经过去很久了，我们还在行军。我虚弱而疲惫，但至少我还很健康，距离我亲爱的家庭这么遥远让我很难过。我亲爱的孩子，我们什么时候才能再见呢？"

也是在莫洛代奇诺，在他羸弱的部队中间，拿破仑收到了巴黎马莱政变的消息。他意识到在他经历毁灭性的失败后，他的王座将摇摇欲坠。他很快便下决心立刻返回法国，在德意志边境重组大军团，把应对下一年俄国的入侵的重任交给其中一个元帅。

第二天，皇帝的马车在雪地上，在衣衫褴褛、饥饿的队伍中缓慢行进，不远处时不时传来的交火声告诉他哥萨克紧跟着他们的步伐。皇帝告诉缪拉将由他来接替指挥，并与他谈论了当前的危机和可能的处境。12 月 5 日，拿破仑与元帅们在斯莫尔贡召开了会议，缪拉、贝尔蒂埃、奈伊、达武、勒菲弗、莫尔捷和贝西埃到场。拿破仑告诉他们，他要返回巴黎，那不勒斯国王将正式接管剩余军队的指挥；之后他与元帅们道别，乘着雪橇离开，跟随他一起离开的有科兰古、迪罗克、洛鲍和勒菲弗－德努埃特。

第十五章

裂痕

1812 年—1813 年

拿破仑在离开斯莫尔贡前，给缪拉下的命令大概如下：

"在维尔纳重整军队；守住该城市并建立冬营，与奥地利军队在涅曼河一线守卫布雷茨克（Breszc）、格罗德诺（Grodno）和华沙（Warsaw），大军团驻扎在维尔纳和科夫诺。如果敌人的军队继续前进，就不要想着控制涅曼河以东了，右侧掩护华沙，如果可能，考虑占领格罗德诺，用涅曼河一线剩余的军队守住科夫诺，作为桥头堡[①]。"

拿破仑的命令读起来很简单，但他留给缪拉的任务堪比压在巨人身上的重担。让大军团守住维尔纳或涅曼河一线的某处过冬，这写起来似乎毫不费力，但大军团早已今非昔比。七周不幸的行军让他们变成了羸弱、意志消沉、毫无组织的乌合之众，被饥饿和疾病折磨着；光是每日在猛烈风雪中的艰难跋涉就会损失百余人，而且每晚还有数百人死在寒冷、没有篝火的营地。左翼的普鲁士人和右翼的奥地利人没有涉足太深，遭受的苦难并没有那么多，尚能维持军队构成；但在灾难面前，他们的同盟情谊就存在疑问了，他们随时都有可能投奔到俄国阵营。

缪拉并非巨人，在他的巅峰时期都无法克服在战役中出现的一些问题，更何况现在他已经精神崩溃，又被疲惫和寒冷折磨得精疲力竭。最糟的是，他已经不太信任拿破仑的天赋以及最终的胜利会到来。当拿破仑离开缪拉时完全不知道他的心理状态。最后能证明拿破仑与缪拉之间友谊的行动就是授予年轻的阿希尔·缪拉蓬泰科尔沃（Ponte Corvo）公国——之前由贝纳多特管理，后因其背叛而被皇帝没收的领地。他认为旧时的伙伴、他最亲爱的妹妹的丈夫是可以倚靠的，但是缪拉现在已经开始考虑，在将要到来的帝国落幕中该如何保卫他的王国；他迫切渴望重返那不勒斯，亲自战斗，大军团已经不在他的考虑之中。

缪拉于12月8日抵达维尔纳。皇帝最信赖的伙伴——巴萨诺公爵在当地见了他，并交给了缪拉该地贮备物资的单据，与他谈起在此地过冬的安排。"不行，"缪拉回应说，"我才不打算陷在这泥潭里！"贝尔蒂埃向缪拉请求给军队下令，也被缪拉粗鲁地轰走了，"你比我清楚现在该干什么，自己下命令去！"缪拉说。毫无疑问，作为总参谋长的贝尔蒂埃应该立即肩负起分配仓库里的衣物、草料和弹药的责任，但他并没做好分内之事，而且当俄军接近时法军匆忙撤出，大部分物资都落入

[①] 译注：在维尔纳和科夫诺有贮备军火和物资的仓库。

▲后方保卫的奈伊

了俄军之手。后者在 12 月 10 日占领了维尔纳。

在从维尔纳向科夫诺撤退的路途中，辎重部队的大量物资，包括军队财产都被丢弃了，因为队伍已经疲惫到再也无法在冻土上拖拽他们的货车了。

奈伊与他减员到 1500 人的部队掩护此次行动，但即便是科夫诺也无法守住。13 日，缪拉重渡涅曼河，并下令军队在贡比嫩附近集合。15 日晚上，他把参谋部设在了维尔巴伦（Wirballen），在第二天写信给皇帝说，一切都已糟得不能再糟，他做了他能做的，而且他打算把指挥权交给"更有管理经验"的欧仁；他觉得自己在巴黎或那不勒斯更有用处；如果两周都没有收到皇帝的反对消息，他就会离开军队。当天，贝尔蒂埃给拿破仑去了一封密码信，他说：

"在战场上，那不勒斯国王是第一个执行总司令命令的人，但国王完全没有自己担任总司令的能力，他应该被即刻更换。副王（欧仁）精神和身体都很好，而且埃尔欣根公爵和古维翁·圣西尔元帅都信任他。"

贝尔蒂埃已经看到缪拉对全军目前绝望的处境毫无贡献；缪拉自己也同意总参谋长在第二天写给拿破仑的信上的说法：不能让缪拉留在军队。他做得够多了，缪拉自己说,他为帝国做出了足够的奉献,而且当再有战斗机会时他便会返回,但这事关军团管理和重组,何况王国的利益和那不勒斯人民的呼唤让他必须返回,因此他不能再留在军中。

18日,在贡比嫩,缪拉召集各军司令开了战争会议,他的紧张焦虑和激动情绪让会议陷入不快。他坚持涅曼河一线不可能守住的观点,而且他打算把参谋部撤到柯尼希斯贝格。对于那些劝他必须想办法执行皇帝命令守住河岸的人,他回以绝望的愤怒。"我们还能做什么去拯救这个疯子?"他问道,"他的事业无望;现在欧洲没有一个亲王相信他的话和他签订的条约。他自己都后悔拒绝英国的示好,因为只有那样他的王位才能和奥皇、普王一样稳固。"达武义愤地打断了他,"他们是王子,受到上帝的恩赐,有着世袭的财富和忠诚的人民",他说,"而你,是拿破仑唯一恩赏的国王,身上流淌着法国人的血,你只有站在陛下和祖国这边,才能维持你的王国。利益蒙蔽了你的双眼!"缪拉回应道:"我的王位和弗兰茨的奥地利皇位是一样的,而且我可以做我想做的事。"但元帅们的表情告诉他,他偏题了,于是讨论又回到了军事细节上。贝尔蒂埃出于谨慎,没有在给拿破仑的信上写出缪拉的不敬言论,但他写道:"那不勒斯国王对战略计划完全拿不准主意,我更加坚持自己在密信里的说法。"

▼ *副王,欧仁*

缪拉确实动摇不定。在21日,他批准了施瓦岑贝格和米罗拉多维奇的秘密停战,根据协定,奥地利军队只是向俄军左翼移动,不会交火,使施瓦岑贝格能逐步撤离华沙大公国。当天,缪拉派了两名在维也纳都有姻亲的那不勒斯参谋军官卡里亚蒂亲王和卡拉法·德·诺哈(Caraffa de Noja)公爵,前往维也纳执行机密任务。他们意在得到一个一旦拿破仑帝国倒台,奥地利可能会保住缪拉在那不勒斯王位的安排。

结果,涅曼河一线被抛弃给俄军,他们可以随意进出东普鲁士。12月19日,缪拉把参谋部设在柯尼希斯贝格。

▲守卫科夫诺的奈伊

▼撤退中的法军

有些时候他好像恢复了原来的样子，他写了封信给贝利亚尔，与他给皇帝的信完全矛盾。"每个人，"他说，"都请求离开军队。我对士气的低落感到很气愤。如果事态这么发展下去，任何人都不知道苦难何时才能结束。就骑兵将领而言，与他们谈论荣誉；回忆在韦尔廷根、普伦斯劳、吕贝克、埃劳以及莫斯科的日子，这样一来，骑兵还想要在他们之前还敲响战鼓进行追赶的哥萨克面前退却吗？"但在他写给贝利亚尔的信的墨迹还未干时，缪拉就又写信给拿破仑，请求能趁着部队在东普鲁士过冬时离开，以便不给军队造成损害。

之后，从法国赶来的增援到达了，都是半操练过的新兵，他们中的很多人还是孩子。麦克唐纳带领着波兰、威斯特伐利亚和巴伐利亚组成的混合军队撤出了库尔兰德（Courland），占领了提尔西特，已经与大军团中路获得联络。缪拉下令向俄军反攻，打算重新占领涅曼河一线，但 12 月 26 日他收到消息，约克带着普鲁士军队投降了敌人。缪拉写信给麦克唐纳说，"约克的背叛"改变了一切，现在法军必须要向埃尔宾（Elbing）、但斯克和奥德河一线撤退。

缪拉在 1 月 2 日到达埃尔宾。在但斯克，他留下大量守军由拉普指挥，自己则带着其中只有 2 万人能算作作战力量的大军团主力部队向波森而去。库图佐夫带着 4 万人渡过了涅曼河。从莫斯科出来后，他的军队也饱受摧残，两个月中他留下了 7 万人，并且在路上放弃了四百余门大炮。

在波森，1 月 15 日，缪拉已经对皇帝的事业完全失去信心，他对贝尔蒂埃说他必须离开军队，理由是生病了。但毫无疑问，他的身体状况很好，但缪拉坚称自己病了；他告诉众人，他将作为热罗姆国王的客人在卡森尔休养。贝尔蒂埃试图劝阻他，但缪拉表示他最多留两天，等到欧仁到达波森后，向其移交指挥权。当天，缪拉写信给拿破仑：

"陛下，虽然我已经写信向您告知我无法再指挥大军团，但不管怎样，我还没有做到离开它的那一步，只是最近五六天我的身体每况愈下，让我无法继续工作。这种情况下，我不得不写两封信并将复件发给您。我相信您会公正地对待我对您的感情，并相信我无法再为您效命时的难过之情。我希望能在拥有宜人气候的那不勒斯家中休息几个月，春天我就能回到军队重新指挥大军。"

他还补充道：

"我发烧了，而且开始出现黄疸迹象。"

信件封好并呈送给了总参谋长贝尔蒂埃和将要接替缪拉指挥军队的欧仁。在与后者进行了简单会面后，缪拉在 1 月 17 日和他的副官罗塞蒂（Rosetti）一起离开了波森。他没有去卡森尔而是直接回了那不勒斯。"这对一个病人来说还算不太糟！"欧仁这般写道。

拿破仑对缪拉背弃军队而十分生气。他写信给欧仁："对我来说，那不勒斯国王的行为完全违背法律，我应该逮捕他以儆效尤。他在战场上无疑是个勇敢的人，但缺乏言行一致性和荣誉感。"拿破仑在公报上暗讽缪拉，进一步表达了他的不满："那不勒斯国王极不正当地放弃了军队的指挥权，并交由副王指挥。后者更习惯于管理大规模行动，而且军队更加信任他（缪拉）。"

缪拉在 1 月底回到了卡塞塔（Caserta）附近的圣勒乔（San Leucio）城堡，王后和他的孩子都在等着迎接他。卡罗琳认为他离开军队是个错误，而且在 15 日她曾写信劝他留在军队，但在信件抵达前缪拉就已经上了路。在卡罗琳摄政的日子里，她展现出了与波拿巴姐妹相匹配的老练和旺盛的精力。她的处境因摄政法令条文的规定而变得困难，它要求所有事宜都需要呈送缪拉本人；而她的丈夫则要她刊登新的增税法令，这多少是种卑鄙的做法：通过摄政王后发布法令，使他免于分担可能会引发的民众不满。但卡罗琳谨慎地把所有新税收涉及的有关问题都推迟到了国王回来，而且另一方面，她当时也在努力与远在俄罗斯的参谋部联络。缪拉对卡罗琳这种独立自主的表现并不满意，而且他还被在自己离开期间的卡罗琳私生活的谣言所困扰。这些因素，加上卡罗琳对他突然回来的不满，一时间导致了国王和王后间的冷淡。

在他抵达卡塞塔的当天，他写信给拿破仑，告知他的抵达并说自己的身体状况仍然非常不好，而且对因健康状况无法再为陛下效命而感到抱歉。他没再提黄疸和发烧，而是把自己生病归咎给行军疲劳和遭受的苦难，以及在俄罗斯所受的两处小伤：一处被枪骑兵刺伤了大腿，另一处是一发流弹给他的身体侧面造成了淤青。看到他回来的人都纷纷报告说，他看上去十分疲惫和憔悴；焦虑和精神上的困扰，远比灾难行军中的劳累和苦难更让他疲惫。

拿破仑没有回复他的信，但缪拉的信刚刚发走，皇帝日期为 1813 年 1 月 26 日的信就到了缪拉处。拿破仑气愤地写道：

"我不想再提起我对你在我走后的所作所为有多么愤怒，这就是你那天生的性格缺陷所造成的。但我认为我应该向你的妻子，那不勒斯王后坦诚地说出我的观点。你在战场上是名出色的士兵，但除此之外，你既无充沛的精力也无良好的品质。我假设相信你不是认为狮子（拿破仑）已经死了的人之一；如果你这么认为，那你就错了。自从我离开维尔纳，你几乎做了所有能伤害我的事。你头上戴有王冠，如果你想继续保有，就要做出与现在不同的行为。希望你能尽快让我对你有所改观。"

拿破仑写给卡罗琳，用来冷嘲热讽缪拉的信两天前就到了，但她犹豫着要不要给缪拉看。信件大概如下：

"你的丈夫，那不勒斯国王在 16 日离开了军队。在战场上他是一个勇敢的人，但如果看不到敌人时，他还不如一个女人或一只猴子可靠。我现在把向他表达我对他行为不满的决定权交给你。"

拿破仑信件和公报上含沙射影的责备让缪拉出离愤怒。他认为贝尔蒂埃可能给过拿破仑暗示，因为当他们分开时，前者曾说自己知道缪拉不是个好法国人，如果可能，后者不会为了拿破仑的利益牺牲自己的王冠。缪拉还怀疑，那不勒斯波旁国王费迪南和他的奥地利王后可能会成为谈判的筹码，而他则无人问津。当他于 2 月 4 日抵达首都时，人群的欢呼和簇拥让他以为自己是个被拥戴的国王，即使没有拿破仑的庇佑也能治国。他现在真的生病了，他有好几天谁都没见；9 日，他才第一次见了他的内阁成员；11 日，他康复后第一次骑马外出。

直到月底，他都在焦急地等待拿破仑对卡罗琳写去的信件的回复，但仍没有收到任何答复。通过他的妻子，他派了一小股骑兵增援帝国军团，但还是没有任何消息。2 月 26 日，有迹象显示，他需要王国所有的军队。两艘英国巡航舰突然出现在蓬扎（Ponza）岛，而且从西西里登陆了一个营，蓬扎的守军只做了短暂的抵抗就交出了要塞。

3 月 10 日，法国驻那不勒斯大使德鲁奥向巴黎报告说，他并不喜欢那不勒斯国王的态度，缪拉十分冷淡而且可疑。他甚至说，他认为奥地利会明智地保持中立，并从联军和拿破仑中间斡旋，大使认为缪拉也倾向于同一政策。

德鲁奥的判断是正确的，缪拉确实已经秘密通过卡里亚蒂亲王与梅特涅在维也纳进行了非官方交流。不过梅特涅拒绝做任何保证，甚至拒绝就目前局势进行任何深入交谈，除非缪拉派出的公使能够证明自己被授予全权。因此，在 4 月 20 日，卡里亚蒂被任命为那不勒斯驻维也纳大使，这是缪拉打算背叛拿破仑的确切第一步。

卡罗琳告诉德鲁奥，皇帝沉默的愤怒使缪拉担心，大使也劝缪拉给他的大舅子写一些安抚信，德鲁奥同时也建议缪拉要在其他方面采取一些办法。缪拉打算增加他的军队，他已经开始巡游南部各省，以唤起民众对他的忠诚。

4月12日，在他开始那不勒斯巡游前，缪拉写信告诉拿破仑，表示他最终还是派了两支骑兵中队加入帝国军团。他提到了公报上的指责，并认为那不是他应得的。在俄罗斯战役期间，他像普通士兵一样冒着险。当他在斯莫尔贡与皇帝分别时，他曾表示只要他仍有用处，就会尽可能长时间地留在军中，而且他一直信守诺言，只是在波森时，身体状况让他无法再指挥军队。他请求拿破仑坦诚地告诉他，前者希望他如何行事，他保证会为前者献身。缪拉还表示，他希望自己待在前者身边，但他也认为如果自己待在意大利组织亚平宁半岛地区的抵抗会更有用。

当时，他游览了普利亚（Apulia）、巴西利卡塔（Basilicata）和卡拉布里亚（Calabria）大区，一直到这个月月底。在每一处，他都受到了忠诚国民的接待。在他行程中所发生的一个小插曲很值得注意：他曾在卡拉布里亚西部海岸的小城皮佐停留了几小时，他与一位叫卡农·马斯代亚（Canon Masdea）的年迈的教区神父有过交谈，并给他的教堂和当地穷人捐了款。两年后，神父和这位士兵出身的国王的重逢则是在与现在完全不同的情况下。

缪拉于4月29日返回。他听说拿破仑已经离开巴黎并加入了驻扎在德意志的军团，但丝毫没有提及他的信件。这结束了缪拉之前全部的犹豫，他决定转投可能会用王位收买他的联军。

卡里亚蒂在维也纳的任务就是打开一条与奥地利的和谈道路，而且当缪拉在南方时，他的警察部长坎波基亚罗公爵就已经准备与英国达成公开和解。以与封锁政策有关的贸易问题为由，坎波基亚罗派了他的一个代理人塞尔屈利（Cerculi）到蓬扎岛与司令科芬上校洽谈。代理人在谈完常规问题后，告诉上校，拿破仑和缪拉之间有了争吵，后者会很乐意见到对他自身利益有利的安排，比如英国会保住他的王冠。没有任何证据表明缪拉授权了这次交流，这可能是坎波基亚罗的个人行为，出于他对当前局势的敏感判断。科芬告诉他，自己什么都不能做，但保证向他的上级，驻西西里英军代表威廉·本廷克提交这一建议。

5月7日，本廷克授予科芬与坎波基亚罗进行非官方和谈的权力。他命令科芬找到缪拉的确切意图，并且建议为了保证其作为那不勒斯国王的诚意，缪拉需要尽快将加埃塔要塞交给英国。5月16日，本廷克进一步建议，双方达成共识的基础可能要建立在缪拉向拿破仑宣战，并把军队向北挺进的基础上；但是战后，他只能暂时保留那不勒斯王国，直到给他找到替代的王国。本廷克的意思是无论发生什么，两西西里王国都将归还给波旁。

5月29日，塞尔屈利再次来到蓬扎与科芬讨价还价。即使到了这时，缪拉也没有出现在和谈上，他又离开了那不勒斯，与卡罗琳在波蒂奇（Portici）度过了5月。他焦急地观望着德意志所发生的一切，看上去拿破仑一时间完全能扛得住联军的攻势。他赢得了吕岑的战斗，占领了德累斯顿，而且在包岑击败了联军。5月的最后一周，双方还签了停战协议。俄罗斯和普鲁士都与帝国达成了和解。奥地利现在仍处于中立，虽然其军队也在备战，但是渴望和平。倘若停战无果，那么它就会倒向联军一方。

毫无疑问，缪拉在犹豫。德鲁奥写信告诉皇帝，那不勒斯国王正处在"悬崖边缘"，他劝谏拿破仑重申他们的友谊，以便在最后一刻确保他的忠诚。

塞尔屈利回到了那不勒斯，带着本廷克亲自来到蓬扎想要与缪拉的全权代表会面的消息。进展到这一步，国王肯定已意识到所发之事，那不勒斯外事办公室文献主管费利切·尼古拉在6月1日被派往蓬扎，全权商议条约和阐释缪拉所需之事。6月2日，尼古拉与本廷克见面。英国人建议缪拉的军队要撤出巴勒莫。尼古拉回应说，他的陛下不会交出加埃塔，并且不会放弃他在那不勒斯的权力，即使是在别处能得到补偿；但是如果英国能够确保他的那不勒斯王冠，他会率领4万人北进。本廷克指出，在战争后面的阶段，英国可能不会迫切接受缪拉的帮助，虽然它现在尚有价值，但可能不久后会分文不值；如果他的提议能够被接受，他可以立即签署协定，并保证会得到政府的认可。尼古拉说自己得到的指令并未允许到这一步。会谈就这样结束了，但在离开蓬扎前，本廷克给科芬留下了最低限度的协议草稿，并授权科芬，如果缪拉接受，与之签约。

当尼古拉在蓬扎期间，王后请求德鲁奥以她的名义，要求陛下给他妹夫写一封友好的信件。但是在德鲁奥的信件抵达德累斯顿前，一封拿破仑写给那不勒斯外事部长圣·加洛，措辞激烈、要求从维也纳召回卡里亚蒂的信就到了那不勒斯。圣·加洛犹豫了三天，纠结于是否要把信给国王看。最终，当缪拉看到信时，他暴跳如雷。虽然他已到了即将反叛的顶点，但理智还是更胜一筹。6月11日，圣·加洛写信给皇帝，表示虽然卡里亚蒂会留在维也纳，但他的行为会与法国大使一致。

事态发展愈发迅速。虽然缪拉还没意识到发生了什么，但英国政府与奥地利外交大臣梅特涅进行了密切交谈。根据后者的建议，以及奥地利的影响，协议的处理方式远胜过本廷克所提供的条件。战局很可能重开，随着奥地利将加入联军，那不勒斯军队的加入将充分限制欧仁和法军在意大利北部的行动。梅特涅认为缪拉值得收买。伦敦内阁接受了由他治理那不勒斯，并给波旁在别处谋得领地的观点；但当重要事宜都安排完以后，而且卡里亚蒂得知奥地利和英国联合的消息时，缪拉又改变了主意。总之，变化来得太快了。

6 月中旬，拿破仑命令他的战争部长克拉克写信告知缪拉奥地利加入联军一事，并且命令他必须派遣一个师在 7 月 15 日到博洛尼亚去。6 月 18 日，德鲁奥告诉圣·加洛公爵，如果 7 月 10 日这个师还没离开那不勒斯，他将离开并与国王的政府断交。缪拉当天答复道，如果奥地利加入联军，他就亲率 2.5 万到 3 万兵力北进，但他不会把他们交给欧仁，或者把他们分散到法军驻防部队或各军当中，他将亲自指挥。当然，这是他最后的自由行动的保障。

▲ 梅特涅

在这危急时刻，公报刊登了一则谴责蓬扎投靠英国的声明。对此，缪拉严正否认，他说，守军虽然被突袭，但仍做了英勇抵抗而且只是败在了兵力数量上。之后，公报又刊登了伦敦报纸上的选段，称又有一个元帅要背弃拿破仑；西西里和那不勒斯之间的贸易已经重开，而且若阿基姆国王与奥地利和英国达成了友好的谅解。刊登的报道毫无疑问是拿破仑对缪拉的警告，结果，它的作用是前所未有地激起了缪拉的敌意，而且卡罗琳似乎第一次站在了丈夫那边。至于奥地利驻那不勒斯大使米耶尔伯爵，在他写给维也纳的报告中，只提及了国王和他渴望与奥地利达成共识的心愿，他写道："国王陛下正急切等候对卡里亚蒂所提建议的回应，以便了解他们在法奥之间的战争中的行动方向。国王总是会维护我们的利益的。"

缪拉对米耶尔说过他厌倦了被公报指责，而且他半倾向于发还德鲁奥的护照。他迟迟不对德鲁奥提出和谈，而且圣·加洛的解释是蓬扎之事只涉及商业问题。7 月的第一天，缪拉仍急不可耐地等候卡里亚蒂的消息，离他做决定的日子不远了，10 号就是如果缪拉不服从命令派一个师北进，德鲁奥就离开那不勒斯的日子。3 日，卡罗琳写信给拿破仑，恳求他对她丈夫友好一点。第二天，缪拉坚持给拿破仑去信以解释他的主张。他说，他不再有义务给大军团提供部队，那不勒斯人的鲜血已经在欧洲大陆流得够多了。他需要留着他的军队为意大利而战，而且拿破仑在公报上将他与欧仁对比的中伤行为，让他不可能再派军队效命于副王；但他已经准备率2.5万人北进，由他亲自指挥，而且他要留下大部分的炮在南部，并请求征兵。他要求法国的军火库提供给他的军队大炮和步枪；他还要求将在西班牙的那不勒斯军队派回；这样，他会担起保卫意大利之责。他在信中写道：

"我相信陛下您对我的抱怨是有据可依的，而且我有时可能太过于强烈地表达我所遭之苦了。但您为我所做的一切，我向您宣过的誓，我必须为法国而战的信念都填充着我的大脑，而且我热切地期望能以您部下的身份出现在您身旁，像一名士兵一样；但作为一个国家的国王，我要像您给法国士兵那样，给我的士兵军事上的鼓励。您的老部下、您的妹妹、您的子侄，以您最切身的利益之名请求您的善意。让整个欧洲相信您弃我这么个老友于不顾是不妙的，现在我们共同的敌人正在刻意煽动这种分裂。请记住，陛下，我将与为您而战的那不勒斯军队共荣辱；在您的统治下，我可以不要我的王国，失去王冠乃至性命，但唯独不能牺牲我的荣誉。写信给我吧，陛下，只要您接受我，那么在战场上，我们的敌人就会看到我配得上您，也配得上我自己的名声。"

在等待拿破仑回应期间，他又写信让克拉克和贝尔蒂埃去劝劝拿破仑，并请求增派给那不勒斯武器，以及请求将在卡塔洛尼亚（Catalonia）和意大利北部要塞的那不勒斯军队派回。他以正在等待德累斯顿方面的回应为说辞，劝说德鲁奥推迟离开那不勒斯的日子。7月26日，有一封拿破仑写的信抵达，但不是给缪拉的，而是给卡罗琳的。

皇帝告诉他的妹妹，她的丈夫拒绝提供增援是因为他背地里与法国的敌人——普鲁士、奥地利、英国通信；如果这不是真的，那就请他到德累斯顿亲自辩护。对缪拉的恳求而言，这封信的内容真不是一个让人满意的答复。一整天，缪拉和卡罗琳都在商议目前的艰难处境，他们一个人也没见。第二天，国王见了他的内阁大臣们。

他没有告诉他们到底发生了什么，只是说他被传唤去德累斯顿。大臣们都反对他的离开，他们中的大多数多多少都决定走反派路线了。他对大臣们的回应很震惊，但他必须去见拿破仑。顺便一提，如果他看到卡里亚蒂和梅特涅已经从维也纳发出的信，他的决定可能将会不同。

▲卡罗琳和孩子们

　　7月30日，卡罗琳写信给拿破仑，为她丈夫的德累斯顿之行铺路。她说，缪拉对皇帝不给他写信，而是给他的妻子去了一封满是指责的信感到十分悲痛。很难相信卡罗琳对缪拉与联军和谈之事毫不知情，但她在给兄长的信里对此只字未提。她说，缪拉对陛下相信他能干出背信弃义之事时感到异常恼怒。他的敌人正试图在他和他信任的伙伴之间制造裂痕，她的丈夫不会笨到落入联军收买他的圈套中；他在德累斯顿的出现将证明传闻是多么虚假，如果没有皇帝的爱和为皇帝效命的忠诚之心，他是活不下去的。

缪拉的信更简洁。他用忠诚起誓；如果战争重开，皇帝的敌人将看到他不在他们的阵营。"陛下，"他说，"不要质疑我的真心，它比我的人头值钱。"他还在信中自称为"拿破仑最青睐的兄弟"。

卡罗琳再次摄政后，缪拉于8月2日离开了那不勒斯。他知道拿破仑喜欢小孩，所以他还带上了他儿女们祝贺舅舅生日的信。3日，他穿过坎帕尼亚（Campagna）时，遇到了带着卡里亚蒂期待许久的信件，正火速赶往那不勒斯的信差；他要过信件并打开了它，但什么也没看懂。信是用密码写的，而且钥匙在圣·加洛手上，他又把它们装回去并交给了送信人。如果他读懂了信的内容，他可能就会回去，信件里有着奥地利已经加入联军的消息；更重要的是，还有着如果缪拉加入联军，梅特涅将会保证缪拉能保有那不勒斯王位的承诺。

第十六章

阵营与抉择

1813 年—1814 年

8月3日，稍晚些时候，缪拉到达罗马，与法国当地军事长官米奥利斯会面。后者告诉缪拉，如果没有战事，他两周后就能回那不勒斯；如果战事告急，他必须和皇帝一起作战。那不勒斯的情况也不是很乐观，英－西西里联军很有可能会入侵缪拉的王国，而他自己留下来的抵抗力量只有3万人。最后缪拉还是经由罗韦雷多（Roveredo）、因斯布鲁克（Innsbruck）、蒂罗尔（Tyrol）、波尔查诺（Botzen）一路赶到德累斯顿。在奥地利宣战前，缪拉从维也纳穿过了奥地利领土。

　　幸运的是，拿破仑的全部注意力都放在集结军队对付联军上，这给了缪拉一些时间。拿破仑集结了超过50万人马，以对抗正扑向他中路的德意志、奥地利和俄罗斯军队。他的军队规模宏大，但却是临时拼凑的，步兵几乎全是乳臭未干的孩子——他们是匆忙从国内招来的1814年服役者；骑兵规模也十分庞大，4万人组成了5个军，但他们早就不是昔日战场上熠熠生辉的英雄了，那些光辉年代的英勇骑兵早就长眠在了俄罗斯的冰天雪地中。步兵可以临时拼凑，但是骑兵不能，数千匹受过训练的战马不会因为皇帝的一纸文件而凭空出现。诸如此类原因，导致1813年秋季战局中的骑兵成了拿破仑大军中最薄弱的一环。在此紧要关头，拿破仑十分需要一位能鼓舞人心，在危急关头能奋不顾身、勇往直前的骑兵统帅。

　　所以，在缪拉见到拿破仑时，他发现自己受到了皇帝的亲切接见，而不是他所预料的那样言辞激烈。拿破仑现在已没时间去指责他过去的行为了，新的战斗使缪拉有机会抹去二人之前的种种不快。在他到达德累斯顿后，缪拉与拿破仑一起检阅了仪仗队，随后那

◀卡罗琳

不勒斯国王被任命为骑兵统帅。

很多历史学家认为，缪拉在战场上的行为是基于他的政治立场，他们不仅看到了他的过错、疏失甚至还看到了他的背叛。但是这种说法无法解释缪拉不止一次的辉煌战果和他即便在黑暗日子里仍为皇帝全心全意效忠的动机。在缪拉冲在最前面的时候，无需用背叛来诋毁他，或者把他描述成一个临阵退缩、躲在后面攫取胜利果实的人。

不过缪拉的言行确有不一之处，他作为国王和政客的行为和他作为士兵、将军的准则是背道而驰的。在他指挥骑兵的时候，他的代理人——卡里亚蒂仍旧留在维也纳和联军的参谋不清不楚地联络，而且在行军期间，他是缪拉获得英国、奥地利情报的主要来源；奥地利大使冯·米耶尔也同样留在那不勒斯，摄政的卡罗琳王后也在用一个又一个的借口来推迟向意大利增兵——尽管法国大使迪朗（Durant）和欧仁十分需要增援。说回缪拉，即便是缪拉面对着日后可能成为盟友的奥地利，即便是在决定意大利命运的最后时期，他天性中的热忱仍无法让他在战场上三心二意。只要身后带着骑兵，他便能感到战斗的激情在燃烧着他的血液，在那一刻，缪拉仅仅是一个战斗着的将领，时刻准备着像在阿布基尔、韦尔廷根、埃劳和博罗季诺时那样向敌人发起冲锋。

让一个拥有热血大兵性格的人靠冷静的分析和道德意识来作为行动依据，而非凭直觉来行动是何其困难。此刻的缪拉就像一个老佣兵队长——在享受着战斗的冒险的同时也没有忘记它可能带来的硕果。同样的，他也做好了待前景明朗之时转投另一阵营的准备。当然，他最后的事业并没有成功，而且他的马术要远胜于他的骑兵指挥能力。

8月26至27日，在1813年秋季战局伊始的德累斯顿战役，缪拉大放异彩。夜幕的降临结束了第一天的战斗，但双方并未分出胜负。夜里，拿破仑拟定了反击计划。日出前，缪拉带领拉图尔－莫堡的骑兵，由帕若尔（Pajol）师（68个中队，30门大炮）、维克多步兵军、泰斯特（Teste）师（44个营，76门炮）支援——共4.5万人顶着暴雨前进，步兵率先进攻奥地利左翼，同时骑兵迂回到他们的侧翼和后方。敌军列出方阵以抵御骑兵的进攻，但是似乎他们的纸制弹盒没有得到妥善保存，大多数弹药都被雨水浸透而无法使用，以致当遭受攻击时，能发射有效火力的枪并不多。

奥地利前来增援的骑兵也被法国的胸甲骑兵击溃。战斗从早上10点开始，下午2点时奥军左翼彻底崩溃；缪拉缴获30门大炮，抓获1.2万名战俘，至少给敌军造成了 4000 人死伤，他用这次彻底、杰出的胜利打开了 1813 年战局。

缪拉的骑兵和维克多的步兵继续追赶敌人，第二天他们至少捉获了 6000 名战俘，缴获了不少物资军火。但是拿破仑于德累斯顿的胜利，被派去切断敌军撤退路线的旺达姆军的全军覆没和布吕歇尔在卡兹巴赫（Katzbach）击溃麦克唐纳的消息所搅乱。

9 月份，缪拉大部分时间都待在拿破仑的司令部，他把他的骑兵交给副手打理。奈伊在邓讷维茨失利的消息，随着旺达姆的被俘和麦克唐纳的惨败而到来，这些消息让他面露焦虑。9 月 19 日，他在给坎波基亚罗的信上说："事情越来越糟，军队渴望和平，皇帝一意孤行，全然不顾整体感受。"在整个气馁的环境下，缪拉在与拿破仑争吵过后更显消沉。迪朗从那不勒斯带来消息——缪拉政府应为意大利增兵，维也纳的卡里亚蒂也有不安分迹象。拿破仑对此十分生气，告诉缪拉必须遣走奥地利大使，然后召回卡里亚蒂，但结果却是把后者推进了奥军的怀抱；就在莱比锡当夜，卡里亚蒂还派了一名那不勒斯军官到缪拉处，表示缪拉只要反对拿破仑，弗兰茨皇帝就能为他保全王位。

10 月初，在联军的重压之下，拿破仑被迫放弃德累斯顿和易北河一线，退守莱比锡。当拿破仑在与布吕歇尔、贝纳多特作战时，缪拉正在努力拖住俄国人的脚步，他被派去指挥维克多、波尼亚托夫斯基和洛里斯东军，以及帕若尔、克勒曼的骑兵。10 月 10 日，缪拉击溃了俄军，并猛攻了博尔纳（Borna）村，给敌人造成了 4000 人的伤亡。14 日，利伯特沃尔克维茨（Liebertwolkwitz）会战爆发——整个战局中最艰苦的骑兵战斗，缪拉指挥三个法军师、两个波兰师，共计 18 个团，敌方是分别由奥地利、普鲁士、哥萨克组成的 22 个团。缪拉坚守阵地，冒着敌人的炮火、顶着敌人骑兵的攻击，发起了一波又一波的冲锋。他曾被包围，险些被俘，普鲁士军人高喊着："投降吧，国王！"举剑向他发

▼战场上的缪拉

起进攻。最后法军增援骑兵赶来，巩固了缪拉的这次胜利。

两天后，大军在莱比锡集结，19世纪最大的战役即将展开。16日，4个骑兵军已经就位。缪拉负责指挥预备骑兵——拉图尔-莫堡骑兵军和帕若尔的一个胸甲骑兵师。直到当天晚些时候，拿破仑下令骑兵中队冲锋后，他们才投入战斗。

勒托尔（Letort）将军带领第四军和第五军的部分人马在右翼发起攻击，贝西埃率近卫龙骑兵于左翼展开攻势，由缪拉支援。缪拉驱散了帕伦（Pahlen）的俄军，击溃了一个步兵方阵，有效压制了两个炮兵营的火力，而且他还试图向着守卫沙皇观战高地的轻骑兵发起攻击，但是法方骑兵一冲向泥沼，俄军便用炮火展开近距离还击，疲惫的战马再也无力向前。卡里亚蒂亲王一直在沙皇左右，如是写道："亚历山大看到法军突然出现在侧翼，由一位光彩夺目的将军率领，他认出了这是缪拉，对我说道：'我们的朋友有些过分地掩饰他在这场战斗中本应该扮演的角色。'"

17日，战斗暂停。法军邻近莱比锡，占据未来两日将要战斗的阵地。整整一天的时间，缪拉都与拿破仑、贝尔蒂埃一起骑马穿过阵地，准备着新的攻击。晚上他通过间接的途径，收到了卡里亚蒂的安抚信。在莱比锡会战中，缪拉负责指挥中部防线，他率领拉图尔-莫堡胸甲骑兵向俄国骑兵发起了攻击。就在战斗的这个阶

▼莱比锡会战

段，拉图尔－莫堡的萨克森胸甲骑兵转投了敌人，拒绝拔剑与法国人并肩战斗。

19日，缪拉与拿破仑一起从莱比锡匆忙撤退，他一直跟随其到埃尔福特。此刻缪拉脑子里满是拿破仑的事业失败的念头，他决定接受梅特涅通过卡里亚蒂带来的最后11小时的通牒。如果他再迟一些做决定，他的"背叛"也许就不那么值钱了。

▲缪拉离开埃尔福特，即将面对悲剧的结局

▼拿破仑

在埃尔福特，缪拉写信给拿破仑，表示他必须回那不勒斯。他声称认为与其跟随军队撤退倒不如返回意大利，这样他能发挥更大的作用。他会派那不勒斯军队帮助北边正处在困境中的欧仁副王。拿破仑刚开始对此十分不满。在与冯·米耶尔会晤时，缪拉说："是我坚决的态度才促成了他的同意，我没有时间了。我已立刻动身，生怕他反悔。我们的告别毫无诚意，他严苛地指责我总是在最困难的时候背弃他。"也就是埃尔福特一别，拿破仑和缪拉从此再也没有相见。

匆忙离开埃尔福特，缪拉经巴塞尔、辛普朗到达米兰。在路上，他给卡里亚蒂发了密码信，说自己在到达那不勒斯后，将集结8万大军转投联军，但现在他还是要为"潜逃"再要些价码。在缪拉看来，西西里是他王国的一部分，如果波旁执意留在岛上，那么他应该在其他地方获得安抚，缪拉建议从那不勒斯的教皇领地得到补偿。

在巴塞尔，缪拉碰见了路易·波拿巴——荷兰前国王。路易正写信给拿破仑，敦促后者尽快帮他夺回王位。缪拉坦率地告诉路易"如果你也支持联军——就像我现在做的一样，你便有机会重回王位"。

缪拉的马车在辛普朗山口陷入雪地，他只得骑马赶路。10月31日，他到达米兰。米兰人民并没有忘记西沙平共和国时期他在此驻扎过。缪拉骑兵领袖的光辉形象，让人们从那不勒斯国王身上看到了意大利统一的希望，他在伦巴第古老的首都受到了热烈的欢迎。

这给了他即便不与拿破仑决裂也能主宰意大利的错觉。在米兰，他给拿破仑写了一封类似通牒的信件，他请求获得整个意大利的指挥权：

"我将要率领3万人进军，但是我想我必须知道您的意图，我请求您让我知晓。不要再给我含糊不清和应付式的回答了，我非常想为您效命，但我必须知道我应该怎么做。如果我前进，我必须指挥罗马王国的军队。如果与副王的权力有冲突，我们各自应该听命于谁？我请求陛下立刻回答。同时，我会尽我所能调动我的军队。陛下，终我一生我都是您最好、最忠诚的朋友。"

缪拉此刻正扮演着一个彻头彻尾的两面派的角色。奇怪的是，拿破仑并未完全放弃对缪拉的信任。但是，自埃尔福特一别，他也收到了关于这个妹夫投靠联军的消息，开始犹豫是否要放弃对意大利的支援。

在米兰，缪拉遇到了他的意大利军官和前副官德拉·沃吉永，他们谈及了建立从阿尔卑斯到卡拉布里亚的意大利王国的计划。沃吉永正打算从博洛尼亚赶往罗马，打算拜访同样怀着爱国热情的志士，这其中就有皮诺（Pino）将军——意大利军团的一个师长。

缪拉从米兰赶到佛罗伦萨，在那里他见到了埃丽莎·波拿巴，随后在罗马会见了米奥利斯。11月4日，缪拉抵达那不勒斯。

皇帝并没有回复缪拉在米兰的去信，但是此刻的缪拉并不急于寻找一个满意的解释，因为卡罗琳也认为拿破仑的事业已经失败了，她正操办着与奥地利结盟的一切事宜。在圣·加洛给了冯·米耶尔护照后，她仍把后者扣在那不勒斯。她还告诉米耶尔，她对弗兰茨皇帝的"慷慨提议"表示开心。在10月28日，缪拉仍在去米兰的路上时，她就告诉奥地利大使，她已经在考虑接受提议，而且她还授权米耶尔，趁着为时未晚，经的里亚斯特前往德意志。

缪拉回到那不勒斯时，他们仍在准备。卡罗琳后来写信给大使，希望他能给奥

▲富歇

地利皇帝带去一份文件，并请求其让这文件看上去是由缪拉原创的；另一方面，她保证会说服缪拉接受奥皇的一切条件。冯·米耶尔得以继续留在那不勒斯，与国王就局势进行深入探讨。

11月6日，缪拉下令军队向北开进，但是他附加了一个条件，即军队绝不会在意大利以外的任何地方作战。这让他的立场仍然成谜。当天，缪拉的官方喉舌——两西西里公报（Moniteur des Deux Siciles）提交了一份备忘——缪拉回到那不勒斯是皇帝允许的，他只是为了和家人团聚；如果需要他，他会随时准备返回战场。这份公告让米耶尔

有些着急，但是在8日的会晤上，缪拉向他保证，会授权他去德意志向梅特涅摊牌，表示他乐意与奥皇合作。米耶尔觉得缪拉提出的对西西里的补偿要求有些胃口过大，但他没有反对。在他写给梅特涅的信上，他提道，为防缪拉反悔，最好应该什么都不提——这些细节稍后再描述。当米耶尔在去维也纳的路上，缪拉派外交官巴勒莫试图去和英国商讨停战及恢复对那不勒斯、西西里的贸易事宜。

这之后不久，富歇也到了那不勒斯。在被奥地利从伊利里亚省驱逐后，他在博洛尼亚见到了当地意大利独立运动的领袖；双方谈到了如果缪拉充当意大利独立运动的领袖所带来的影响和帮助。富歇已经预见到了拿破仑的陨落，他正急着在新政权中寻找一席之地。富歇打算趁着拿破仑还未有所察觉，返回法国。

富歇继续玩着他两面三刀的把戏，他一面写信给缪拉告知他的到来，一面催促缪拉让军队向博洛尼亚行进。"我们的命运都与拿破仑息息相关，"他写道，"所有的一切都倚靠着他的荣耀和地位。"当富歇到达那不勒斯后，他发现缪拉已经收到拿破仑的回信——他的条件得到了应允，那不勒斯军队全权交由缪拉指挥，不再受欧仁的调遣。拿破仑信心满满地认为，凭借仆从国的忠心，他便能挽回败局；但

是迪朗要清醒得多，他写信告知拿破仑："坎波基亚罗和圣·加洛都与英、奥签订了停火协议，缪拉此刻正做着统一意大利的美梦。"也许是念在缪拉昔日效命的情分上，拿破仑给那不勒斯国王去信——只要缪拉带兵向北部进发，那么一切都好商量，意大利也可以独立于帝国之外。

之后，那不勒斯军队开始调动。11月21日，卡拉斯戈萨将军率领第一师离开那不勒斯。12月2日，到达罗马的米奥利斯将军火库交给他管理，皇家卫队尾随第一师开进罗马。在12月的第一周，德·安布罗夏尼（d'Ambrosio）第二师经亚德里亚沿岸行至安科纳。但是奥地利大使仍留在那不勒斯，他被告知需要通知奥地利的希勒（Hiller）将军，那不勒斯军队的调动并非是对奥地利的宣战。

这次行军被意大利北部的人民当作全国解放运动来赞颂。在博洛尼亚，5个营的志愿兵加入了那不勒斯军队。卡拉斯戈萨在费拉拉（Ferrara）遇到皮诺将军，后者让他相信只要缪拉宣布意大利统一，服役于欧仁麾下的意大利兵团就会转投到他的麾下。

但是缪拉仍拿不定主意，富歇从12月1日到19日留在那不勒斯，两人开诚布公地讨论了或效忠拿破仑，或效命于联军的可能性。他们都在等待最后的结果，缪拉也许会把手里的军队留到赌局见分晓的一刻，这样无论哪方获胜他都能要个好价钱。

因此，缪拉正在为这个结果所准备着，他并不急着反对自己的老上司——他计划将博洛尼亚的军队活动限制在演习的范围之内；他想通过与奥皇签订合约，而非流血冲突来获得尽可能多的领土。他盼着在战局结束前，能拥有从卡拉布里亚到波河南岸的意大利，那样一来，当欧洲版图重新排列时，他不仅拥有那不勒斯，还会拥有整个中部意大利。

在和富歇商讨后，他写信告知巴黎，应该把意大利分成两个部分——北部和南部，他自己占有后者。富歇在罗马给拿破仑提了相同的意见。

奥地利也看到了缪拉的犹豫，他们对缪拉的军队只行进到中部意大利保持中立而表示不满，何况他们此刻还在对欧仁采取着军事行动。11月初，希勒将军将欧仁逐出了布伦塔河沿线，欧仁被迫将司令部撤至维罗纳。此刻，另一支奥地利军队由纽金特（Nugent）将军率领，沿波河经的里亚斯特，占领了费拉拉和博洛尼亚；如果缪拉有心帮助联军，就应该尽早与纽金特汇合。

梅特涅派冯·奈普佩格——奥地利外交武官，也就是玛丽·路易斯王后的第二任丈夫前往那不勒斯，让他告诉缪拉，如果后者再这么中立下去，那么和奥地利的和约也就到此为止了；相反，如果和联军并肩作战，梅特涅已经为他准备好了王国和意大利中部的领土。梅特涅也对英国作了保证，但是这关键的一步却被推迟。卡斯尔雷（Castlereagh）和大部分内阁成员已打算接受任何梅特涅认为有必要的要求，但是本廷克——那不勒斯波旁的挚友正竭尽所能地阻止这一决议，他认为那不勒斯应回归旧主。至于缪拉，只需给他诸如伊奥尼亚岛这类的补偿即可。

12月底，奈普佩格到达那不勒斯。他告诉缪拉，再拖延下去就意味着拒绝梅特涅的提议——奥地利会将他视为敌人，而他的王位也就不保了。1814年1月1日，米耶尔从维也纳返回那不勒斯，他建议卡罗琳和缪拉签署弗兰茨皇帝起草的协议；联军已经开进法国，拿破仑已是垂死挣扎，再拖下去，那不勒斯就没有什么利用价值了。

11日，圣·加洛代表缪拉，冯·米耶尔代表弗兰茨皇帝，双方签订了和约。根据和约，缪拉派3万人支援联军，在奥地利未占领法国之前，禁止与法国当局签订任何条约；奥皇保证缪拉保有那不勒斯的王国，还附言如果缪拉愿意上战场，他可以指挥奥地利军队。有密文表示，缪拉放弃了西西里的主权，奥皇也会适当让西西里国王放弃那不勒斯的主权，以此来达到缪拉和英国之间的和谐共存，并通过和平协定得到意大利中部领土。

本廷克很快得知了签订合约的事宜，"受缪拉领导的意大利将是欧洲和平的又一个威胁，"他写道，"他和我们这些厌恶拿破仑及其部下的不列颠爱国志士迟早会爆发争吵。"他还附言道："给一个忘恩负义者如此丰厚的条件是多么可耻的事情啊！"但是几天后，他又收到来自卡斯尔雷的备忘，要求他立即中止西西里和那不勒斯的敌对，

▼卡斯尔雷

▲奥皇弗兰茨

为波旁保留权益做日后讨论。

意大利北部的将军皮诺、佩佩和其他一些寄希望于缪拉能高举意大利独立运动大旗的将领，对解放运动的进展缓慢感到失望，他们感到祖国的独立事业完全变成了奥地利的附庸。缪拉转换立场带来的影响是欧仁放弃了阿迪杰一线而撤退到明乔河。最后一刻，欧仁还希望那不勒斯人能转回他的阵营，但是现在他知道了缪拉和他的将军们已经到博洛尼亚和组金特将军会师。米奥利斯和一小部分罗马守军封锁了圣安吉洛（Sant' Angelo）城堡。巴尔邦（Barbou）死守安科纳到2月15日，直至兵力不足才向那不勒斯人妥协。缪拉此刻成了意大利中部的仲裁者。

缪拉在战场上并未给奥地利人任何帮助。他对与米耶尔签订的和约是否受到联军全部成员的认可表示怀疑，但是卡罗琳的催促战胜了他的疑虑。在缪拉离开那不勒斯去博洛尼亚的日子里，她不遗余力地贯彻着协约的内容——占领贝内文托和蓬泰科尔沃公国，对法国实施禁运，驱逐王国境内的法国官员。冯·米耶尔恭维道："她的行为是令人钦佩的。"

她的丈夫缪拉此时身在博洛尼亚司令部，面对着严苛的警告。而且更糟的是，由于英国人的反对，王国的命运一定要在战后交由议会决定。还有更令人不安的消息：意大利北部的奥地利军官放出消息，法国侵略者已经被驱逐出伊比利亚半岛，西班牙前王朝已经复辟。缪拉写信给奥皇，他同样也给拿破仑和欧仁去了信——可能是1814年战局的顺利，让他感觉自己当初可能估计错了形势，缪拉又做好了转换阵营的准备。

2月份，缪拉和欧仁开始了频繁的信件往来。当月月底，缪拉便写信给奥地利请求奥皇批准之前签署的协议；但他同时也给欧仁去信，建议法国和那不勒斯合作——如果奥地利人被驱逐，意大利半岛将会分两部分而治之。欧仁把信转寄给了拿破仑，并附言"这一定是疯了"；但是他也告诉拿破仑，在缪拉等待回应期间是不会对法国做出任何敌对举动的。当天，缪拉给拿破仑也去了信：

陛下，您正处于危难之中，法国乃至巴黎都岌岌可危，而我又无法为国家捐躯，您最有影响力的朋友成了您的敌人。陛下，简而言之，我愿意为您牺牲我的家庭，我的臣民。我将牺牲自我，只求再为您效犬马之劳，向您证明只有我才是您的挚友。此刻我并无所图，只求副王能告诉您我所有的行为。我已泣不成声，但我必须将我的眼泪隐藏，因为我周遭全是陌生人。陛下，这封信让您主宰我的命运，我的身家性命全在您手中，这犹如我以死效忠您。如果您知道我这两个月的经历，您一定会同情我。请您永远爱我，只有我才是最值得垂青的。您致死不渝的朋友。

若阿基姆·拿破仑

这种紧张焦虑的情绪给人一种写信人脑子坏掉了的感觉。3月2日，格勒尼耶将军打算攻击那不勒斯、奥地利在帕尔马一线的军队，结果缪拉发现他正面对一队法军。在这战斗一触即发的当口，缪拉下令撤退，于是奥地利人也跟着那不勒斯人撤退。格勒尼耶将军在追击中活捉了大约60名缪拉的手下，但第二天欧仁又把他们送了回去。欧仁通过战俘带信给缪拉，敦促他尽快投入法国的阵营。毫无疑问，欧仁也迫切希望把缪拉"挖"过来。

拿破仑已经令兄长约瑟夫竭尽所能，在缪拉打算对抗老上司前把他争取过来。费普尔（Faipoult）——约瑟夫管理那不勒斯时的财政大臣，正在前往意大利的路上，他是作为特使去拜访缪拉的。3月12日，拿破仑收到缪拉3月1日写的信，以及给欧仁有关分治意大利的建议，他写信给副王：

我发给你一份我从那不勒斯国王那里收到的信件副本。此时他们正打算谋害我和法兰西，这令人难以置信。我也收到了你发给我的缪拉送至你处的相关协议，你已经认识到了这想法是多么愚蠢。话虽如此，你还是得派特使到这叛徒所在处，并以你个人名义与他签署协议。不要触及皮埃蒙特和那不勒斯，而是将意大利余下部分分为两个部分。保密协议要等到奥地利被驱逐后再公开，但要让国王在签署协议后的24小时之内宣战并进攻奥地利。就现在形势而言，我们应不遗余力地将那不勒斯人团结过来，之后我们就可以随意处置这些忘恩负义之人了，眼下没有什么准则是必须遵守的。

换句话说，欧仁将顺着缪拉的意思诱使他再次转换阵营，但在"阴谋"展开之前——费普尔到达缪拉司令部前，缪拉收到从法国特鲁瓦奥军司令部送来的弗兰茨皇帝的来信，信上表示与那不勒斯签订的协议得到了认可，除了些许改动之外，奥皇保证缪拉那不勒斯的王位，俄皇、普王也都已经同意。缪拉即刻放弃了与欧仁的谈判，他写信给梅特涅，奥地利应该依靠他的合作来实现欧洲和平，因为奥地利是"拿破仑统治下无法调和的敌人，因为它让法国流血无数，给欧洲带来了深重可怕的灾难"。

缪拉是否提前通知了欧仁他立场的改变，我们不得而知。如果他做了，那么他的警告就有些晚。3月6日，缪拉打破非正式休战，率领为数1万人的奥地利、那不勒斯军队进攻了卢比埃拉（Rubiera），俘虏了塞韦罗利（Severoli）将军麾下3000人。塞韦罗利将军身受重伤，他将指挥权交给了朗堡（Rambourg）将军，后者带兵撤至雷焦、艾米利亚（Emilia）。他们顽强抵抗，最终缪拉还是让他们撤走，与大部队（格勒尼耶将军的主力）会合。欧仁当时并未收到相关消息，7日他还给缪拉去信建议应划定停火线，在等待回应期间双方均不能过线。第二天，他便听闻了战事，欧仁当即告知缪拉，即日起与那不勒斯中断一切联系。

▼教皇庇护七世

现在缪拉看上去终于选定了立场，但是他又有了新的烦心事。9日，本廷克在里窝那登陆，带来了英国和西西里的抗议——公告称要复辟托斯卡纳（Tuscany）大公，而那不勒斯人应该离开旧公国。只有奥地利将军贝勒加德（Bellegarde）从中调停，转移缪拉和他们奥地利新盟友之间的实际冲突。本廷克在报告里言之凿凿地说，那不勒斯没有什么是完全不变的，政府应该尽可能保证波旁的权益——这又让缪拉看不到任何希望，他重开了与欧仁的通信联系，重新起草协定。

在找了诸多借口后，信件又开始在那不勒斯和法军司令部之间频繁往来。欧仁把费普尔的任务告诉了缪拉，也表示他已经打算分割意大利。祖基（Zucchi）将军代表欧仁，卡拉斯戈萨（Carascosa）代表缪拉就协议问题进行进一步谈判，但是缪拉通过代表延迟了谈判。费普尔化名后拜访了缪拉的司令部，他汇报说，国王已经打算放弃奥地利。缪拉给他这次"背叛"找了一个合适的借口——他发现联军的公告只是提到了恢复旧王朝。缪拉的不作为让"雇主"非常不满，梅特涅写信给米耶尔，后者也试图通过劝说缪拉指挥奥地利军队来结束目前的困境，贝勒加德也赶往那不勒斯。

4月1日，教皇庇护七世抵达博洛尼亚，奥地利早前提过让教皇重回罗马和重建教皇国的事宜——这妨碍了缪拉占领意大利中部领土的愿望。此时传来了联军占领巴黎的消息，缪拉当即答应米耶尔和贝勒加德与奥地利合作对抗欧仁的建议。3月31日，联军开进了巴黎，这意味着法国的抵抗彻底落幕。最后，欧仁和奥地利签订的协定结束了整个意大利北部的战斗。

缪拉的表现让所有人都失望了——对于意大利人民，他们并未看到他对意大利民族运动所做的贡献，看到的全部都是他追求自身利益的行为；对于奥地利，奥方说缪拉对联军只起到了妨碍的作用，他的保证一个都没有兑现。5月2日，缪拉回到那不勒斯，他期待着得到人民的欢呼，但是他失望了；他开始对自己在战局中所处的尴尬角色而感到羞愧，对未来也充满疑虑。

第十七章

与奥地利作战

1815 年

维也纳会议讨论出官方结果前，大革命之前的旧意大利已经多多少少地复辟：热那亚和威尼斯共和国消失了，撒丁国王回到了都灵，佛罗伦萨大公和一位奥地利司令坐守米兰；教皇凯旋回到罗马。但是那不勒斯方面，波旁仍在西西里岛，缪拉与他的师驻守在安科纳。

缪拉依赖着弗兰茨皇帝关于保住他王位的保证，尽管他对和约中自己的份额并不满意。缪拉知道英国对他存在敌意，他焦急地寻找可能获得的一切支持；他接近庇护七世，表示愿意归还安科纳和马尔凯，甚至可以承认波旁在那不勒斯的权威，以换取无论是为他加冕还是同意他的要求，但是教皇拒绝干涉此事。

弗兰茨皇帝信守诺言，为他保住了在那不勒斯的权力，但是缪拉不但没有能扩张版图反而被要求撤出安科纳。不过缪拉对能重新拥有王国表示满足，虽然他对自己在王国的任期仍有诸多疑虑。在西西里的波旁贵族仍想将他赶出那不勒斯，他们通过墨西拿海峡偷偷将武装好的士兵派送过去，打算在卡拉布里亚搞些政治手段，同时，那不勒斯和西西里的贸易摩擦正在升温。奥地利政治家认为缪拉是整个意大利战局的危险因素，他们一次又一次地在维也纳会议上主张恢复大革命前的旧意大利对整个欧洲的和平至关重要，而这位法国的冒险家需被劝往别处行使主权。

缪拉觉得他迟早要为自己的王座而战。1814 年剩下的月份，他一直忙于增加他的军队，而且重开了与意大利半岛的领导交流。后者都幻想着拿破仑的厄尔巴王国可能是整个意大利统一、独立运动的起点；在他们看来，整个科西嘉都是意大利的。缪拉注意到他们在这方面的希望，如果他可以举起整个意大利独立、统一运动的大旗，那么意大利就会跟随他；纵使他通敌，他的老上级在这危急关头仍会用威名和天生的智慧来帮助他。他无法想象拿破仑可以在厄尔巴平静地看着三色旗从阿尔卑斯飘到南部海岸。

1815 年初，缪拉幻想他能再次赢得意大利中、北部爱国者的信任。他清点了意大利半岛在拿破仑麾下或由他自己带领的各军团将军，他期待他们在危急关头可以加入他。但在他的计划还没有完成，也没有发生能够威胁他王位的事情时，三月的第三个星期，一个惊人的消息传来：拿破仑逃出了厄尔巴并在法国登陆，目前正在向巴黎开进。

缪拉对这大胆的行为仍知之甚少，他在这方面仍保持谨慎。他告知在那不勒斯的英国领事，他已写信给英国政府让他们放心，他和平的立场是不会变的。他还将同样的消息发到巴勒莫，但他已经试图在西西里组建秘密的关系网，缪拉还奇怪地

▲拿破仑逃离厄尔巴岛在法国登陆

建议领取波旁俸禄的那不勒斯团在内陆服役，西西里或英国当局可能会劝说他们加入缪拉——这在当时是多么荒谬而不切实际的想法。

当拿破仑成功行军的消息传到那不勒斯时，缪拉派他的副官到拿破仑那表示效忠。可是还未等到拿破仑回应，也不知道他的计划和打算，缪拉便燃起了征服意大利的野心。

缪拉可能想，如果拿破仑凭借几百号人可以从地中海高歌猛进到巴黎，那他为什么不能带4万人从那不勒斯进军米兰，在前进的同时集结力量，直到最后带领意大利军队将奥地利赶回阿尔卑斯呢？届时，他的王国将不再是作为附庸的那不勒斯王国，而是整个意大利王国，从此就能和拿破仑平起平坐。凭借胜利，他可得到无数意大利人的支持，这将抹去1814年的不快过往。

凭着一场美梦，缪拉在1815年3月15日向奥地利宣战，并宣称他是意大利的解放者，号召所有的人们团结在独立、统一的大旗下。

缪拉认为自己是帮了拿破仑，但实际上是适得其反。在他开始进军前，皇帝仍对他怀有希望，有可能说服当权者将驱逐波旁看作是法国的内部问题。如果失败，也至少能够避免整个欧洲联合起来反对他。拿破仑知道维也纳会议上的诸多不和，比如联军之间的争吵和最后的公开分歧，尤其是他确信有他妻子和岳父的影响，奥地利可能不会出头。拿破仑宣布自己重建帝国只是为了和平而不再考虑征服，他也会遵守巴黎和约。3 月 10 日，他在里昂写信给当时在瑞士的约瑟夫，让后者确保被派往瑞士的俄、奥大使相信他不打算夺回 1814 年条约中从帝国版图中划走的地区，而是致力于自己国家的和平、独立。他写了同样的信给玛丽·路易斯，以获得她父亲对他行动的支持。他同样也给在罗马的吕西安写信，让他通过外交确保教皇相信他对动荡不安的意大利毫无办法。

随后缪拉突如其来地向奥地利宣战，号召人民反抗外敌，这让拿破仑重回法国看上去只是重燃欧陆战火的信号。这消息击碎了拿破仑与联军和谈的希望。事实上，他们（联军）已经打算联合起来对抗拿破仑，而缪拉的宣战恰恰给了他们正当的理由。在所有的盘算都破灭后，缪拉装作是受了拿破仑的怂恿才号召意大利反抗奥地利。他唯一可能用的托词就是他从约瑟夫那里收到的信，看上去是受到了鼓动。事实上，这不能对他的行为造成影响，他收到信的时候，其军队已经开始向北开进了。

缪拉留下了 1 万人守卫国土，并再次让卡罗琳摄政。他总共可以调动的力量约为 4 万人，56 门炮，但是量的增长并没有质的改变，所有的人几乎都是只接受过半军事训练的新丁，军官们也没有长时间训练，没有丝毫有用的作战经验。3 月 17 日，他离开那不勒斯，兵分两路开始"高歌猛进"。像 1814 年一样，第一路经罗马开向托斯卡纳，第二路经安科纳开向博洛尼亚。

庇护七世拒绝了缪拉的示好，从罗马逃到了热那亚。起初缪拉没有遇到任何抵抗，虽然他在人民的欢呼声中前进，但加入他的人却寥寥无几，而且民众也丝毫没有他预想的那样发起民族运动的迹象。人民对战局重开的警惕要远远超过了对意大利理想的热情。

直到 4 月初，缪拉遇到的都还是一些无关紧要的战斗。奥地利一直后撤，缪拉在博洛尼亚让两路军会师。正从的里雅斯特赶去法国的热罗姆·波拿巴在他身边，二人伴着军乐和人民的欢呼声入城。

在该城，缪拉收到了卡罗琳令人不安的消息，本廷克正准备一支英–西西里远征军远征那不勒斯，而且英国的巡洋舰已经停在了王国的海岸线附近。那不勒斯政府表示想与英方和平共处，而英国代表直接回应说，他们将与奥地利联手废黜缪拉，而且他们有足够的兵力在博洛尼亚缠住缪拉。奥地利将军尼旁尔格（Neipperg）和比安基（Bianchi）正在接近，前者的 1.6 万人从北面穿过罗马涅（Romagna），比安基则拥兵 3 万从西北部行进。

缪拉除了在战场上之外，没有任何战术想象力。用他自己的话说，他看到敌人后才制定计划。如果他稍微有一些拿破仑的天才特质或者稍有运用基本战争艺术理论的习惯，他就可以轻易地插入两股奥军之间，分别击溃他们。可能是由于他不大相信半受训的军队能够完成这种尝试，也可能他在等待一直没有出现的民族起义，缪拉迟迟没有行动。最后交战始于摩德纳境内的卡尔皮（Carpi），比安基将那不勒斯人驱逐了出去，但是他们又在帕纳罗（Panaro）站稳了脚跟。缪拉起初认为他是胜利者，但他在奥科贝洛（Occhobiello）桥一线的防线崩溃了，接着全军只有向博洛尼亚撤退，两支奥地利军队也成功汇合。

缪拉开始还有死守博洛尼亚的打算，但是敌人的增援尚不明确，而且北部没有起义的迹象，缪拉才不情愿地向自己的王国撤去。龙科（Ronco）河岸成功的后方保卫战让他一时间又看到了希望；之后，在切塞纳蒂科（Casenatico）突然出现的纳波利塔尼（Napolitani）旅是后方保卫最后的曙光。缪拉向着通往安科纳的海岸路线撤去，接下来的一系列防御战以 5 月 3 日缪拉在托伦蒂纳（Tolentino）的灾难性失败结束。

那不勒斯军队现在的处境毫无希望，缪拉只得慌忙向自己的王国边境撤退，几乎整日的战斗，让他眼睁睁地看着士兵逃亡，军队人数日渐减少。在卡普阿，缪拉只剩下 1.2 万名衣衫破烂、意志消沉、毫无斗志的士兵。他又收到消息，英-西西里军正准备穿过海峡从南部向那不勒斯开进，继续抵抗已经不可能。

缪拉将指挥权交给卡拉斯科萨将军，告诉他的外事部长圣·加洛着手准备和谈，而他自己带着一小队人飞奔回那不勒斯。他最后一次进入他的首都是 5 月 18 日的下午 5 点，由 4 名波兰枪骑兵护送。

在街道上，人们为他欢呼，就好像他是一个胜利者。但在王宫，卡罗琳态度冷淡地与他相见，卡罗琳之前已经劝说丈夫放弃这毫无希望的冒险。"夫人，"他带着失望的口气说，"见到我还活着不要吃惊，我做了我该做的一切，现在我可以面对死亡了。"一些贵族朝见了他，他们都惊讶于国王在这灾难时刻的冷静。

第二天早上，圣·加洛传来令人失望的消息。奥地利指挥官比安基拒绝接受任何和谈和停火条件；他宣称现在自己是那不勒斯的主人，而且他不承认这个所谓的

▲缪拉乔装离开王宫前往法国寻求支援

"若阿基姆国王"，他只能接受与卡拉斯科萨将军的军事协定。

英国海军也出现在了那不勒斯的视野之内。为了避免首都遭到炮火袭击，卡罗琳只得让飘着那不勒斯国旗的军舰投降。加埃塔仍不屈服，缪拉表示要前往此处与他的守军共命运，但是加埃塔会一直对抗奥地利吗？即便如此，投降也是早晚的事。他的朋友建议，最好的办法就是与法国取得联系。

5月19日，缪拉度过了他在王宫的最后一天，准备着他一个人的战斗；局势已经不能再拖，善变的民众有了革命的迹象，而且也传来了英军登陆的谣言。缪拉决定动身，为了不让他的离开立刻被发现，卡罗琳仍留在那不勒斯，随后在法国与他汇合。在他看来，即便在联军中，她的安全仍是有保障的。

午夜后，缪拉带着宝石、30万纸币，而且还在衣服里缝了一些金币，一身平民装扮趁着夜色离开了那不勒斯。他的两个侄子跟随他；他的副官博纳富斯（Bonnafous）、德·博弗勒蒙（de Beauffremont）上校、波兰上校马尔舍夫斯基（Malchewsky）、罗卡罗曼（Roccaromana）公爵、朱利亚诺（Giuliano）侯爵；秘书德·库西（De Coussy）和他的男仆勒布朗（Leblanc）随行。这一伙人在小斯科拉（Miniscola）靠近海岸的村庄中租了两艘渔船，趁着夜色出了海。

其中一艘船被英国的巡洋舰扣押，缪拉乘坐另一艘船逃到了伊斯基亚（Ischia）。在日出前，他登陆了小岛，并在当地的法国商人的房子里得到了庇护。

第二天一早，他幸运地听到圣·卡塔琳娜（Santa Caterina）号停泊在海岸边的消息，马内斯（Manhes）将军和他的妻子及一些朋友正躲在甲板上。缪拉和他的人加入了他们，在经历不止一次死里逃生后，5月25日，圣·卡塔琳娜号到达戛纳。

在戛纳，他隐姓埋名。缪拉写信给富歇，询问皇帝是否愿意接纳他，并表达了他想为祖国而战的迫切心情。拿破仑对他在1814年的背叛仍耿耿于怀，还有对他最近几乎灾难性的所作所为而十分生气；他让富歇转告缪拉，自己不想再见到他，而且也不打算让他加入大军团。富歇将拿破仑的回应回执给了缪拉，但是嘱咐后者再耐心等等，往好的方面想：在陛下取得胜利，并觉得他的皇位稳固时，情况可能会有所好转。

戛纳在当时还不是一个国际都市，仅仅是一个古老的城镇罢了，海岸上挤满了桅杆和三角帆桁，要塞有卫队把守。一些人也许注意到了这个情绪不安、脸上有皱纹、灰发的人，夜里或走在堤道上，或在二流的咖啡馆读报抽烟。6月份的前三个礼拜，缪拉都是在焦虑中度过的，孤单一人，完全没有妻儿的消息。在被迫无所事事时，看到报上皇帝已经穿过北部边境的消息，他该多么气恼，早年跟随皇帝征战的人已经成了法国元帅，带着胜利之师再次走向胜利。6月18日，一个礼拜日的夜晚，戛纳在狂欢，传来了皇帝再次上演在马伦戈和奥斯特里茨的胜利，击溃英、奥联军的喜讯——利尼之战。拿破仑现在可能正在布鲁塞尔，但是当天夜里，溃败的法军正向边界撤去，皇帝本人也成了流亡者，这便是滑铁卢的夜晚。

如果缪拉在场带领骑兵冲锋，结果会不会不一样？也许会有些许的改变，但是贝尔蒂埃的离开对拿破仑的损失要远大于一个骑兵指挥官。

缪拉现在的处境十分危险，"白色恐怖"在全国爆发，忠于拿破仑的人都被捕了，也有一些像布吕内一样被杀害。他担心在戛纳认识他的人太多，于是只好前往土伦附近的普莱桑斯（Plaisance）。在普莱桑斯，他与德·博弗勒蒙等三人汇合，通过一个曾在那不勒斯政府供职的老"公务员"——马恰罗内（Macirone）带信到巴黎，向新政权请求庇护，直到联军宣布他们的命运。同时，马恰罗内也试着与他们的代表沟通。

在等待马恰罗内的回复期间，缪拉对个人安全深表担忧，他通过博纳富斯和罗卡罗曼公爵的安排，打算乘瑞典的船只从土伦逃走。他所有的财产，剩下的20万法郎都在

▲滑铁卢的夜晚

▼饥寒交迫的缪拉不得已敲开一所农舍的门，以请求一口吃的

甲板上送了出去。但是最后一刻，他在约定的地点与朋友失散了，船在没有他的情况下出航了。缪拉身上仍有一些宝石和几百个法郎，他时刻都担心自己被捕，他想卖出宝石，却又担心泄露自己的身份。他离开了土伦，在乡下迷茫、漫无目的地待了两天两夜，最后缪拉决定沿着海岸向东走去。他既紧张又恐慌，他避开村子步行，靠沿途收集的果子充饥，夜晚露宿在田野的角落。最后，他鼓起勇气向一座单独的农舍里的人家乞求一顿吃的，发现农舍的主人是帝国时期的老兵后，缪拉向他表明了身份，后者不但答应为他提供庇护，而且也愿意为他找一些朋友。他们中的三人是海军，分别是奥莱塔（Oletta）上尉、多纳迪厄（Donnadieu）中尉、兰加德（Langlade）中尉，第四人是退伍军官布朗卡尔（Blancard），曾参加过西班牙战争。这些新朋友愿意为他献身并打算前去科西嘉避难，也许在那里，法国元帅可能会受到皇帝同乡的欢迎。在卖掉了一些钻石，雇了一艘小船后，一行人于 8 月 22 日至 23 日夜向科西嘉驶去。

他们意外地遇到了风暴，在就要翻船时遇到了一艘由土伦向巴斯蒂亚（Bastia）航行的小邮轮，他们靠它才到了巴斯蒂亚的港口。缪拉和他的朋友担心上船后被盘问，但船长决定接受他们而不怀疑他们的身份。在船上，他遇到了一位叫加尔瓦尼（Galvani）的曾在那不勒斯服役的人。25 日，船到达巴斯蒂亚，缪拉仍使用化名住在小旅店。

几个外来人很快受到了怀疑，3 名海军军官被捕，缪拉冒着生命危险从城里逃了出去。在韦斯科瓦托（Vescovato）村，他找到了新的藏匿地点。一个科西嘉退役军官——弗兰切斯凯蒂（Franceschetti）收留了他，这位退役军官的岳父切卡尔迪（Ceccaldi）虽然是一个保王党人，但他保证不会检举和骚扰缪拉。可是缪拉的行踪还是很快传到了巴斯蒂亚，当局派了 10 个宪兵前去捉拿他。当他们一到，警报就响了，全村的人都站了出来，村民有的拿枪，有的拿着长刀，宪兵只得慌乱撤退。自那之后，将军的住宅被村民夜以继日地守卫着。缪拉意识到他可以在科西嘉获得支持，并开始幻想在他们的支持下开创新的事业。

缪拉听说拿破仑登陆法国时在厄尔巴仍留有卫队，帝国的旗帜仍然在那里飘扬着。他打算征召一批科西嘉人去厄尔巴岛，并以此作为基石夺回他的王国，他幻想着人民会夹道欢迎他，但派去厄尔巴的特使回来说岛上的守军已经投降。另一个科西嘉人去了那不勒斯，见了菲兰杰里（Filangeri）将军，后者坚定地告诉来人，任何反对新政府的活动都注定失败，他还请求来访者回去说服缪拉放弃这无畏的冒险。

10月12日，特使回到科西嘉，但是缪拉已经不在岛上。上次暴动之后，他度过了平静的几周，岛上的一些军官不愿意去骚扰他，另一些则担心逮捕他会招致暴乱。缪拉现在满脑子都是在卡拉布里亚登陆的想法，只要他登陆，哪怕只有几个人，都可能会激起反抗波旁的浪潮，重新夺回王国甚至掀起整个意大利的变革。弗兰切斯凯蒂和其他朋友纷纷劝他放弃这想法，但同时他们还表示如果缪拉执意如此，他们愿意跟随。毫无疑问，这要归功于他的个人魅力，能够轻易让旁人追随他，甚至是在这危难之际。

9月的第3周，他在韦斯科瓦托集结了一些游击队并带着他们向阿雅克肖前进。在缪拉前进的途中，他受到了民众热烈的欢迎，停留之处都有人加入他，当他到达阿雅克肖时，队伍已经发展到400人。

在阿雅克肖，缪拉发布了一封给那不勒斯人的公告，并颁布了一部自由的宪法。他缴获了一艘船，着手准备在卡拉布里亚登陆的事宜，他许给了追随他的科西嘉将领地位和财富。当他准备得差不多时，马恰罗内从巴黎回来了，他曾在韦斯科瓦托寻找过缪拉。他为缪拉带来了联军的通行证和一封梅特涅的书信，奥皇愿意在他的领土范围内给缪拉提供一个安身之所，前提是答应以下条件：

1. 国王需要接受新的头衔。王后已经接受了里波纳（Lipona）①伯爵夫人的称号，这也是为国王所准备的。

2. 国王可以自由地选择庇护所，但是需要在波西米亚、摩拉维亚或上奥地利之间选择。

3. 国王需保证未经奥皇许可不得离境，国王将以个人的身份住在奥地利，接受并服从奥地利法律。

马恰罗内还带回了缪拉第一次打算从土伦出逃时送出的20万法郎。他告诉缪拉，在他离开那不勒斯后，卡罗琳和他的孩子登上了英国的战舰，现在以里波纳伯爵夫人的名号居于的里亚斯特。缪拉没有收到一封她的信，他并不知道那不勒斯已经在暴乱边缘，而卡罗琳则是为了避难才登上了英国舰船，前往的里亚斯特并不是她的意愿，她对此表示抗议，并想去找她的丈夫。缪拉觉得卡罗琳抛弃了他，去了敌人的阵营寻求保护。他对马内斯说："我忍受了一切，失去了王国和财富，现在

---

① 纳波里（Napoli）的变体。

连我孩子的母亲也遗弃了我，她宁愿投奔敌人也不愿来找我！是的，在这种打击下，我完全崩溃了！我是多么的不幸啊！我再也见不到我的妻儿了。"

缪拉拒绝了梅特涅的建议，在他看来，他宁愿与他的科西嘉游击队面对一切危险，也不愿老死在一个不知名的内陆小城，而且还要在奥地利的监管之下。

关于缪拉最后一次悲剧性的"行军"，有些人是这么描述的："那不勒斯的新国王派了一个叛徒到阿雅克肖，误导缪拉走向灾难。他劝缪拉在卡拉布里亚登陆，并做出了虚假的保证。"但事实不是这样的，国王派到科西嘉的是位可靠的代表，他叫卡拉贝利（Carabelli）。他的任务不仅仅是留意和报告缪拉的行动，还有尽可能地劝说缪拉放弃登陆意大利，而到的里亚斯特与妻儿汇合。

但是缪拉现在听不进去任何与他目的相左的观点。9月28至29日夜，在阿雅克肖湾，缪拉的远征队开始登船，船队有5艘小船和1艘三桅帆船，他所有的力量加起来不过250人。第二天，这个小舰队经过了博尼法乔（Bonifacio）海峡，在荒凉的塔沃拉腊（Tavolara）岛的避风湾停泊。缪拉登陆并检阅了他的"军队"，在再次登船时他给了他们中的40人制服，那是他在阿雅克肖特意做的。舰队接着向那不勒斯驶去。10月5日，维苏威火山出现在了缪拉的视野范围内，在地平线的云雾中若隐若现。

6日，船停在了卡拉布里亚的保拉，缪拉打算在此地登陆，但是一阵狂风将船吹出了海，第二天，三桅帆船就不见了。7日，卢奇多（Lucido）出现在了视野内，奥塔维亚尼（Ottaviani）少校上岸侦察，但再也没有回来，他已被当地海关逮捕；同日，两艘舰船离开了舰队，缪拉几乎丧失了一半的力量。当他再次提出在阿曼泰亚（Amantea）登陆时，他注意到所有的军官都丧失了信心。"没用了，"他们说，"这点儿人什么也做不了！"之后，缪拉自己也选择了放弃，表示他愿意去的里亚斯特与妻儿汇合。

随后，他分散了两艘剩下的船，单独沿着海岸航行。船上的马耳他船长巴巴拉告知缪拉天气越变越糟，最好能在皮佐找一艘大船以便完成向的里亚斯特的航行。但是在下锚前他又改变了主意，缪拉幻想重演拿破仑从厄尔巴登陆的"丰功伟绩"，与那些愿意为他做任何事的部下共同号召卡拉布里亚武装起来。

缪拉身着上校的制服，戴上了镶有钻石那不勒斯帽章的三角帽。船一靠岸，他就带着那26个科西嘉部下登陆，并告诉巴巴拉船长准备一艘小船，一旦情况不受控制，可以载他离开。

▲缪拉一行人在皮佐遭到当地守军和
民众的袭击

▲关押缪拉的古旧城堡入口

▲缪拉在牢房里将身上剩下的钱财施
舍给同舍的穷人

皮佐没有守军，只有一些海关和警察，还有一座老旧的城堡，是一个叫阿尔卡拉（Alcala）的西班牙人的居所，他是因凡塔多（Infantado）公爵的当地代理人。公爵在卡拉布里亚有大量产业，但它们在缪拉的统治期间奉拿破仑命令而被没收，理由是它们的所有者拒绝服从约瑟夫国王，后被波旁恢复。当天是皮佐"赶集"的日子，城内到处都是从周边涌来的农民。

缪拉走进集市，环绕他的追随者高呼"我们的若阿基姆国王万岁"！但是无人响应。惊讶和疑惑之后，人群带着敌意聚集了过来，开始用树枝、石头，甚至刀子攻击这一小撮人；一个科西嘉人被打死，每个人都多多少少受了伤。一个女人打伤了缪拉的脸，大叫着"你口口声声说着自由，却害死了我四个孩子"！

被从集市驱逐后，这一伙人向海边跑去，却发现船长趁他们不注意已经驶向大海，随后他们企图往乡村跑，但是被群众冲散，先后被俘。衣衫不整、额头还流着血的缪拉和一位被抓的科西嘉人一起被带了回来，他们被扔进了一个低矮的小房间里。

那个叫阿尔卡拉的西班牙人给
了他们援助。他说服看守为他们换
一间舒适的屋子，并带了医生为他
们处理伤口，还为他们提供了完好
的衣服和食物。缪拉感谢了来人的
馈赠。阿尔卡拉的帮助一直伴随着
他们被囚禁的日子。

▲宣读对缪拉的审判

卡拉布里亚的指挥官农齐安特
（Nunziante）将军立刻与一个分遣
队赶到了。缪拉被带到他跟前问话，他否认来皮佐蓄意煽动暴动，他声称自己接受了
奥皇的条件，在前往的里亚斯特的路上遇到坏天气才驶进了皮佐，仅是为了给接下来
的旅程寻找补给。他进一步声称，随从高喊的"若阿基姆万岁"并非出自他的本意。

10 月 13 日，卡斯泰洛（Castello）组建军事法庭，起诉缪拉挑起内战和对两西
西里国王宣战。法庭由一帮曾由他提拔的军官组成，缪拉拒绝在他们面前说话和做
出任何辩解。只是在一项并非控诉他的指控中，他大声地反驳了波旁存心置他于死
地的罪责，"我什么都没有做，"他抗议道，"昂吉安公爵的悲剧与我无关！费迪
南（Ferdinand）国王存心报复我。我以上帝的名义起誓，我说的话句句属实。"

庭审一共两次，分别是上午 10 点和下午 4 点，各种证人证言都呈交到了法庭。
第二次庭审中，所有人一致认为被告有罪并应该在一小时之内处决。

缪拉在一间被当作囚室的房间里得知了判决结果后，他请求允许为他的家人写
最后一封信：

"亲爱的卡罗琳①，我最后的时刻到了；几分钟后我就要和我的生命告别了，几
分钟后你便不再有丈夫。不要忘记我，我的一生不会被任何不公掩盖。再见了，我的
阿希尔；再见了，我的莱蒂齐亚；再见了，我的吕西安；再见了，我的路易斯，我想
告诉世界你们对我是多么重要。因我敌人众多，我没有留给你们王国，也没有留下财
富；你们要向不幸显示出你们的高贵，时刻记得你们是谁，要做什么，上帝会保佑你
们。不要诋毁我的过去。我生命中最大的悲痛就是要和孩子们永远地说再见了。"

---

①译注：1830 年卡罗琳再婚，嫁给弗朗切斯科·麦克唐纳，此人曾在 1814 年—1815 年期间担任那不勒斯
的战争部长，夫妇二人无子嗣。

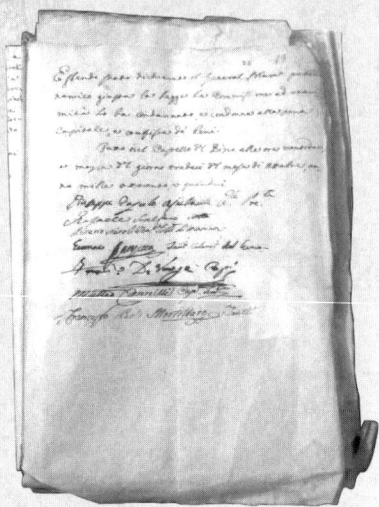
▲缪拉的遗言

他放了一缕头发在信里，递给了那位那不勒斯军官。在他正写着的时候，一个七十多岁的庄严的老人走了进来，他是皮佐的卡农·马斯代亚主教，缪拉起身迎接了神父。神父问缪拉是否还记得两年前他在皮佐给他钱帮助穷人和重修教堂的事，缪拉表示他记得那件事。"先生，"神父说，"我来是向您索要更大的恩惠。"缪拉问他一个戴罪之身能做些什么，神父回答说希望他忏悔。

缪拉拒绝了，他露出了一副不屑的样子，他以为神父无非是想让他承认判决的公正。"先生，"神父说，"我说的不是公正的判决，而是您在上帝面前接受仁慈的审判。""哦，那好吧，我准备好了，但我们能缩短时间吗？"缪拉问道。

就在这时，负责组织行刑队的军官走了进来，并告诉他们没有时间了，一刻钟已经过去了三分之一。马斯代亚告诉来人在他没有赦免忏悔者之前，那一刻钟不能开始计时，而且在这世上没有任何人可以阻止他完成他的职责，如果执意阻止，那么他将向上帝申诉这无礼的行为。军官被说服，退了出去。

神父转告缪拉，继续道："我是为你而来的，不要怕。"缪拉为神父拉了一把椅子让他坐在旁边，直到他跪倒在神父面前，开始他的忏悔。

他已经很多年没有进行宗教活动了，帝国军队里既没有牧师也没有教堂，并要常常面对死亡，所以他长期忽视宗教礼仪；但在这残酷的现实面前，他才感受到了早年信仰的真实。临终前的忏悔往往容易引起人们的怀疑，但缪拉并不在其中。与皮佐神父持相同信仰之人，将这位大兵出身的国王的赎罪行为视为仁慈的恩赐，也许这是缪拉为了报答马斯代亚给他的慈悲对待。即便是信仰其他形式的基督教徒，也视缪拉谦恭的认罪为面对死亡时最后勇敢而荣耀的行为。

在完成忏悔后，他站了起来，再度表现出他惯常的勇气，"现在我们走吧，"他说，"上帝那儿搞定了！"当神父问他是否愿意写一个声明，表明自己是以一个基督徒的身份死去时，他脑子里闪过这张纸可能会被政敌利用的念头，"你是说他们会在我死后对我不敬？"缪拉问道。马斯代亚的回答正好相反，他希望留下证据反驳那些诋毁他的人。缪拉拿起他书写最后遗言的笔,在另一张纸上写道:"我以一个好的基督徒的身份死去。"他把它交给了神父,再次说了句"上帝那儿搞定了"!

▲处决缪拉

城堡外,行刑队已经就绪,12个人,由一个中士指挥。没过多久,行刑队的领队走了进来,命令缪拉跟着他。缪拉告别了神父,迈着坚定的步子走了出去。

缪拉直面着行刑队,拒绝在眼睛上蒙上黑布或者背过身。"士兵们,"他说,"完成你们的使命!瞄准心脏,放过我的脸。"他坚定地站着,微笑着面对枪口。在士兵开火后,他没有发出一声呻吟便脸朝下倒了下去,六发子弹打进了胸膛,一发打进了右侧脸颊。缪拉的尸体于当天晚上被放进了棺材,草草埋在了皮佐教堂的地下墓室里。①

一切都结束了,从某些崇高的角度上看,缪拉并不是英雄。他最后的日子虽然不及他五十余次的征战,但也足以表现出他的勇气和忍耐。他不计后果的冒险精神,鼓舞人心的能力,坚决果断而毫不犹豫,在危险和混乱中可以迅速抓住机会——这些都让缪拉毋庸置疑地成为一个出色的骑兵指挥官。但他并不是一个可以拟定计划、协调各部队的杰出将领,即使身为骑兵统帅,战略眼光的缺乏也将他引入了歧途。

在治理那不勒斯期间,缪拉是个受欢迎的统治者,人们过得不错。像普通人一样,他的错误只停留在表面。他的缺点来自于他不成熟的骄傲,但是缪拉的天性仍是善良的,在战争、革命时期,当怜悯之心毫无价值时,仍旧没有任何暴虐的行为发生在缪拉身上。

这也许听上去很奇怪,这位彻彻底底的大兵,这个在战场上一个命令能够造成

① 缪拉死后流传着可怕的传言:他的头被砍下,被送到那不勒斯做成酒盏,费迪南和他的朝臣为敌人的灭亡而喜悦。萨森伊阁下在《缪拉国王最后的日子》中查阅了所有证据并认为此说法为杜撰,他指出当时所有的作者,即便是对波旁最有敌意的作者对此也只字未提,这只是后世恶意流传的瞎话。

▲永远的骑兵统帅，若阿基姆·缪拉

百余伤亡的人，对任何能够给同胞造成伤害的想法或做法都表示恐惧。阿加尔回忆，在那不勒斯，缪拉曾不止一次对他说过："当我回想起我的戎马生涯，最让我感到满足的事是没有一个人死在我手上。毫无疑问，我可能在自身受到威胁时开枪自卫，也可能在追击时弄伤甚至重伤过敌人；如果真是如此，对此我并不知情。但是若真有人被我杀死，那场景我一辈子都不会忘，它会跟着我走进坟墓。"这也是为什么缪拉在每次冲锋时，他的钻石大马刀会一直在刀鞘里。缪拉对军法审判也是同样的能免则免，卡罗琳曾说，在里窝那暴动之后，三个首领被送上军事法庭并被判处死刑。缪拉被他们的悔过打动，对他们的命运深感同情，于是他在行刑时造了假，安排受刑人在空包弹前倒下，替他们掩饰，借着夜色把他们送到了隐蔽处，用船送出港。

所有了解缪拉的人都知道他对妻儿的疼爱，拿破仑经常调侃他的骑兵元帅在读妻子的信时没有一次不眼含泪水。他想回到老家去，他想精心照顾年迈的母亲和兄弟姐妹，确保他们可以分享他的荣光。缪拉曾写信给老家贫困地区的施赈人员——安德烈，让他照顾当地受人尊敬的主教，安排重修教堂，但后者由于健康问题什么也做不了。他还为了讨这位年迈的主教开心，特意送其一个圣坛作为礼物，这个圣坛至今还在乡间的教堂被视作珍宝。

毫无疑问，缪拉本性的善良、温和为他赢得了很多的朋友，即便是在他除了危险之外一无所有的日子里。那些非常了解他的人，就像他一生的好友阿加尔——莫斯堡伯爵，在这场悲剧结束之后仍对他十分忠诚，拒绝听信任何关于他的恶言。能够让他人对其如此奉献之人，一定是名真正的君子。

阿加尔希望有朝一日缪拉的尸体能够从皮佐的无名小墓中迁出，重新为他立一座符合其身份的纪念碑，不是只写上生卒年，而是恰当地总结他的一生，列举他的头衔、荣耀和功绩，并以"亦明身死"结尾：

若阿基姆·拿破仑·缪拉

1767 年 3 月 25 日生于洛特省的福蒂尼耶

1815 年 10 月 13 日死于皮佐

他是一个士兵

法国元帅

亲王和伟大的法兰西将领

贝格大公

那不勒斯国王

拿破仑皇帝的妹夫

他军功不朽

在意大利和埃及，他是缪拉将军

在奥地利、普鲁士和波兰

他是贝格大公

在俄罗斯和萨克森

他是那不勒斯国王

他善于征战

通晓治国

亦明身死

▼ 在巴黎拉雪茨公墓的缪拉纪念墓

▼ 墓碑缪拉侧像细节

附录

若阿基姆·拿破仑·缪拉遗骨寻踪

1815 年 10 月 13 日，缪拉因被指控妄图颠覆国王统治而在意大利的皮佐被枪决，罪名是战争罪、叛国罪。他的尸体下落有着各种各样的谣言——被偷偷运回法国安葬、被国王割下头颅等。实际上，缪拉的尸体被草草安葬在皮佐圣·乔治教堂的地下室（或者说是地下墓穴）。而巴黎拉雪茨公墓的缪拉墓只不过是一座纪念性的衣冠冢。

　　1899 年，缪拉的孙女莱蒂齐亚·拉斯波尼·缪拉伯爵夫人（Countess Letizia Rasponi Murat）试图寻找爷爷的遗骨，但无功而返。1976 年，教堂翻修地板时无意中发现了地下墓穴，当时只拍下了照片，照片显示下面有很多遗骨和腐土，从当中分辨出缪拉的尸骨无疑是痴人说梦……

　　但故事并没有结束。2007 年 4 月，时任缪拉协会（Joachim Murat Association）主席的皮诺·帕尼奥塔（Pino Pagnotta）教授对 70 年代的照片进行了深入研究，他将照片放大仔细观察，发现了一个用带子捆绑的棺椁。这与帮助缪拉遗体下葬，当时仅 15 岁的安东尼诺·孔多莱奥（Antonino Condoleo）的回忆吻合："运送棺椁的车在路上出了事故，棺材摔到了地上而破裂，人们匆忙用带子将木板捆紧，送到了圣乔治教堂，随意地扔在了地下墓穴……"

　　这一发现在当时立马成了新闻，缪拉协会强烈要求对棺椁中及周围组织做 DNA 鉴定；时隔 8 年，也就是 2015 年，DNA 鉴定的所有手续都已齐全（包括宗教和世俗手续）。2016 年 5 月，生物学家塞尔焦·罗马诺（Sergio Romano）将下到地下墓穴中提取样本，样本将与缪拉的众多后代子孙比对……

◀皮佐圣·乔治教堂的地下墓穴

QUI È SEPOLTO
RE
GIOACCHINO MURAT

LA BASTIDE-FORTUNIÈRE 25.3.1767
PIZZO 13.10.1815

▶疑似缪拉棺椁的图片

译后记

————

很遗憾，直到交稿，意大利皮佐教堂内缪拉遗体的 DNA 检测结果仍未公布，我会一直关注此事的进展。如此英勇骄傲之人，最后却连埋骨何处都不得而知，让人不得不感慨命运的造化。或许缪拉并不像阿加尔所说的"从未在战场上蓄意伤人性命"，但从他的种种表现上可以看出，缪拉的确是一个不滥杀者。

即使说处死昂吉安公爵是他道德上的污点，但在当时的情况下，与拿破仑的意志相悖就意味着放弃事业，而且直到生命的最后一刻，他都在抗议这番指控。如今，我们可以通过历史书籍的分析得知历史事件的走向，可以读着理性分析的论文权衡某一选择的利弊，但身处历史事件中的当事人并无法做到这一点，他们只得凭借自身经验和四处打听的消息来做出选择。横加指责或者过分的期许，对历史人物都是不公平的。我希望读者能够充分了解这位骑兵统帅在波澜壮阔的拿破仑时代的所作所为，然后用心中的标准对缪拉做出客观评价。

国内与缪拉有关的资料并不多，而且对他一直有诸多误解。2015 年，我有幸拜访了缪拉的"衣冠冢"，为这位骑兵将领献过花。正是在墓前我才有了翻译这本传记的打算，希望更多的人能够了解除了拿破仑以外的"关键人物"的一生。在这里我要感谢家人给予我的支持和鼓励，以及中国拿破仑论坛在资料上对我提供的帮助；尤其感谢指文烽火工作室主编原廓先生的工作，让这本书得以面世和出版。

英法百年战争 1415—1453

英法百年战争
1415—1453

THE HUNDRED YEARS WAR
BETWEEN

[上卷]

王一峰 著

英法百年战争
1415—1453

[下卷]

王一峰 著

英法两国争夺欧洲大陆霸主的入场券

近400张图片及战时手绘地图，全面展示了百年战争中英王亨利五世、圣女贞德等一批杰出人物的功业与光辉事迹，细致勾勒了法兰西王国新君主体系建立的关键走向与曲折过程！

战争事典 特辑018

英国历史学家莱恩−普尔的代表作

以摩尔人为主线，展现了西班牙中世纪历史的宏大
以及活跃在地中海的巴巴里海盗群体的兴衰